実践
倒産法入門
——現場経験を通した実務の視点から学ぶ——

弁護士 今泉純一 著

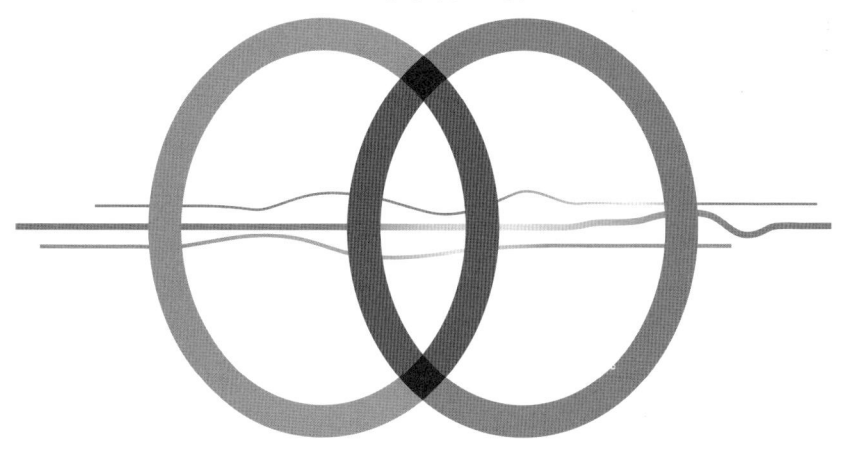

発行 民事法研究会

はしがき

　本書は、法科大学院でこれから本格的に倒産法を学ぼうとする院生や倒産法を修得しないまま弁護士等の実務家になった人を主な読者として想定した、倒産法の重要な基礎知識の獲得を目的とする入門書である。本書を通読してから、倒産法の教科書類や実務書を読まれると、多少は理解が早くなるのではないかと期待している。

　本書は、実務家教員をしている甲南大学法科大学院の倒産法の入門的講義科目である倒産法Ⅰ（2単位で未修2年・既修1年の前期に配当されている）の受講生に配布している講義案を土台にして、これを一般向けにかなり修正して作成したものである。

　倒産法は、倒産に関する法律であるから、経済的に破綻した債務者の法的な債務整理に関する法律を対象としている。

　我が国では、法律の制定の経緯もあって、倒産法は単行法としては作られていないので、本書では倒産に関する各種の法律制度を横並びにして記述している。

　倒産に関する各法律の規律は、制度の理念から共通のものもあるし、目的の相違などから異なるものもある。共通の規律はどのようなもので、なぜ共通の規律に服しているのか、制度目的や技術的な趣旨に応じた相違とはどのようなもので、なぜ相違するのかを基礎的な知識として理解してもらうことも本書の目的である。

　倒産法は、実体法規と手続法規に分かれており、実体法規は民商法などの民事実体法規の特則、手続法規は民事訴訟法などの特則になっている。原則となる民事実体法規と民事訴訟法などの基礎知識が充分でない読者にも理解できるように、できるだけわかりやすく記述するように努めた。

　基礎から段階を踏んで順次倒産制度の概要や基礎的法律知識が理解できるように、理論上あるいは、実務上重要だと思われる事項だけをピックアップして、具体例をあげ、大事だと思われることは繰り返し説明してみたが、全

はしがき

部読んでから前の方を読み返すことによって、最初に読んだ部分の理解が可能になる場合もある。

　入門書という性格から、できる限り判例・通説に従い、自分の見解はあまり述べず、論点は指摘程度にして踏み込まないようにした。また、判例は摘示するようにしたがその出典は省略した。

　本書で使用する法律の略称は、一般的な略記に従って、破産法は破、破産規則は破規、民事再生法は民再、民事再生規則は民再規、会社更生法は会更、会社更生規則は会更規、会社法は会社、特定調停法は特調、民事調停法は民調、民法は民、商法は商、民事訴訟法は民訴、民事執行法は民執、国税徴収法は税徴としている。

　倒産処理の現場を経験した実務家の視点から書いた入門書として、かなりユニークな内容の本書が出版できたのは、講義案に目を通していただき、出版を勧めていただいた㈱民事法研究会の田口信義社長のご尽力の賜物であると深く感謝申し上げる。また、編集・校正作業のすべてにわたって、編集部の松下寿美子さんに大変お世話になったことを記して感謝申し上げたい。

　　平成25年5月

　　　　　　　　　　　　　　　　　　　　　　　　　　今　泉　純　一

目　次

第1章　倒産という社会現象と法規制の必要性 …… 1

Ⅰ　倒産とは……………………………………………………… 1
1　経済用語としての倒産………………………………………… 1
2　手形の不渡りと銀行取引停止処分…………………………… 2

Ⅱ　法規制の必要性……………………………………………… 3
1　倒産状態を放置すると………………………………………… 3
2　どのような法規制をすべきか………………………………… 6
　(1)　債権者平等原則・債務者の再生………………………… 6
　(2)　個別的権利行使の禁止・債権の消滅行為（弁済など）の禁止…… 7
　(3)　債務者財産の確保と債権者平等原則の貫徹…………… 9

第2章　倒産手続の開始原因………………………………11

Ⅰ　破産における開始原因………………………………………11
1　支払不能………………………………………………………11
　(1)　支払不能の定義…………………………………………11
　(2)　弁済期が到来していること……………………………12
　(3)　支払不能の具体例の説明………………………………13
2　債務超過………………………………………………………14
　(1)　資産と負債………………………………………………14
　(2)　資産と負債の評価………………………………………16
　(3)　破産原因としての債務超過の資産の評価方法………17
　(4)　債務超過と株主の財産的権利…………………………18
　(5)　債務超過が法人での破産原因になっている理由……18
3　支払停止と支払不能との関係について……………………19

(1) 支払停止の定義……………………………………………19
　　　(2) 支払停止の具体例……………………………………………20
　　　(3) 支払停止と支払不能に関する規定……………………………21
　Ⅱ　民事再生と会社更生の開始原因……………………………………21
　Ⅲ　特別清算の開始原因…………………………………………………22
　Ⅳ　特別調停の開始要件…………………………………………………23

第3章　倒産債務者・利用目的から見た倒産法 ……… 25

　Ⅰ　倒産債務者と利用目的………………………………………………25
　　1　倒産債務者………………………………………………………25
　　2　利用目的…………………………………………………………27
　Ⅱ　再建と清算……………………………………………………………27
　　1　清算とは…………………………………………………………28
　　2　再建とは…………………………………………………………28
　Ⅲ　現行の倒産に関する法規……………………………………………29
　　1　破　産……………………………………………………………30
　　(1) 同時廃止事件……………………………………………………31
　　(2) 異時廃止事件……………………………………………………31
　　(3) 配当事件…………………………………………………………32
　　2　民事再生…………………………………………………………33
　　(1) 通常再生…………………………………………………………33
　　(2) 個人再生…………………………………………………………34
　　3　会社更生…………………………………………………………35
　　4　特別清算…………………………………………………………35

第4章　倒産法の理念……………………………………37

Ⅰ　法人格の維持と破産予防……………………………37
　1　その意味について……………………………………37
　2　破産予防の理念からみた倒産手続の整序…………38
Ⅱ　債務者財産の確保……………………………………39
　1　否認制度………………………………………………40
　2　相殺の禁止制度………………………………………40
　3　危機時期について……………………………………41
Ⅲ　債権者平等原則………………………………………42
　1　手続債権の弁済における債権者平等原則…………43
　　(1)　原　則……………………………………………43
　　(2)　例外としての衡平………………………………44
　2　不同意債権者に対する担保…………………………49
Ⅳ　清算価値保障原則……………………………………49

第5章　倒産法の沿革……………………………………53

Ⅰ　倒産法の立法主義……………………………………53
　1　商人破産主義と一般破産主義………………………53
　2　固定主義と膨張主義…………………………………54
　3　懲戒主義と非懲戒主義………………………………56
　4　免責主義と非免責主義………………………………57
Ⅱ　我が国の沿革…………………………………………58
　1　江戸時代………………………………………………58
　　(1)　裁判制度…………………………………………59
　　(2)　身代限……………………………………………60
　　(3)　分　散……………………………………………64

2　明治初期…………………………………………………67
　　3　明治中期…………………………………………………67
　　4　旧破産法…………………………………………………68
　　5　和議法……………………………………………………69
　　6　会社整理・特別清算……………………………………70
　　7　会社更生法………………………………………………70
　Ⅲ　平成の倒産法制の抜本的改正………………………………71
　　1　改正の契機………………………………………………72
　　2　民事再生法の制定………………………………………73
　　3　消費者の再建型倒産手続・国際倒産法制……………74
　　4　特定調停…………………………………………………76
　　5　会社更生法の改正………………………………………77
　　6　破産法の改正と倒産実体法の改正……………………77
　　7　特別清算の改正…………………………………………79

第6章　各種債権の処遇……………………………………81

　Ⅰ　実体法上の優劣……………………………………………81
　　1　公租公課と私債権………………………………………81
　　2　私債権間の優劣…………………………………………83
　　3　一般の先取特権のある債権……………………………84
　Ⅱ　倒産手続における各種債権の処遇………………………85
　　1　手続債権…………………………………………………85
　　　(1)　破　産………………………………………………85
　　　(2)　会社更生……………………………………………85
　　　(3)　民事再生……………………………………………86
　　　(4)　特別清算……………………………………………86
　　2　手続債権としての要件…………………………………86

6

(1)　倒産手続開始前の原因に基づくこと……………………………86
　　　(2)　手続債権としての条件付請求権と将来の請求権……………87
　　　(3)　条件付請求権…………………………………………………………88
　　　(4)　将来の請求権…………………………………………………………88
　　　(5)　条件付請求権と将来の請求権の取扱い……………………………90
　　　(6)　その他の手続債権の要件……………………………………………93
　　3　手続債権の金銭化・現在化など………………………………………93
　　　(1)　破　　産………………………………………………………………93
　　　(2)　個人再生………………………………………………………………94
　　　(3)　通常再生・会社更生・特別清算……………………………………95
　　4　手続外債権………………………………………………………………95
　　　(1)　財団・共益債権………………………………………………………96
　　　(2)　一般優先債権…………………………………………………………98
　　　(3)　開始後債権……………………………………………………………99
　　5　倒産手続ごとの優先順位………………………………………………99
　　　(1)　破　　産…………………………………………………………… 100
　　　(2)　民事再生…………………………………………………………… 101
　　　(3)　会社更生…………………………………………………………… 101
　　　(4)　特別清算…………………………………………………………… 102

第7章　倒産手続開始の効果の基礎…………… 103

Ⅰ　財産の管理機構の手続上の地位……………………………………… 103
　1　倒産債務者の財産……………………………………………………… 103
　2　管理機構の倒産手続上の地位………………………………………… 105
　　　(1)　破　　産…………………………………………………………… 105
　　　(2)　民事再生…………………………………………………………… 106
　　　(3)　会社更生…………………………………………………………… 106

- (4) 特別清算······107
- Ⅱ 財産の管理機構の実体法上の地位······107
  - 1 管財人と保全管理人······107
  - 2 再生債務者と特別清算人······108
- Ⅲ 倒産開始の倒産手続上の効果······109
  - 1 個別的権利行使の禁止······109
    - (1) 破　産······110
    - (2) 民事再生······110
    - (3) 会社更生······111
    - (4) 特別清算······111
    - (5) 個別的権利行使の禁止の対象行為の相違······112
  - 2 訴訟手続の中断等······112
    - (1) 破産・会社更生······113
    - (2) 通常再生······113
    - (3) 個人再生······114
    - (4) 特別清算······114
- Ⅳ 倒産手続開始の実体法上の効果······114
  - 1 手続債権の弁済禁止······114
    - (1) 破　産······115
    - (2) 民事再生······115
    - (3) 会社更生······116
    - (4) 特別清算······116
  - 2 倒産債務者が手続開始後に債務者財産に関して行った行為······117
    - (1) 破産・会社更生······117
    - (2) 通常再生で管理命令が発令されている場合······118
    - (3) 管理命令が発令されない通常再生と特別清算······118
  - 3 善意取引の保護······119
    - (1) 手続開始後の登記・登録······119

(2)　手続開始後の倒産債務者に対する弁済……………………… 123

第8章　継続中の契約の処理の基礎 ……………… 125

Ⅰ　契約の処理………………………………………………………… 125
Ⅱ　双方未履行双務契約の処理規定が設けられた立法趣旨………… 126
Ⅲ　双方未履行双務契約の処理（原則）……………………………… 127
　1　双方未履行とは…………………………………………………… 127
　2　解除権を行使（解除権を選択）した場合 ……………………… 129
　3　履行の請求をした場合…………………………………………… 132
　4　解除か履行の請求かの選択基準………………………………… 133
　5　相手方の催告権…………………………………………………… 134
Ⅳ　双方未履行双務契約でありながら別の処理がされる契約……… 134
Ⅴ　賃貸借契約………………………………………………………… 135
　1　賃貸人の倒産……………………………………………………… 135
　　(1)　双方未履行双務契約の処理規定の適用排除………………… 135
　　(2)　敷金返還請求権の処遇……………………………………… 136
　　(3)　具体例での説明……………………………………………… 138
　　(4)　将来の賃料支払債務を受働債権とする相殺………………… 140
　2　賃借人の倒産……………………………………………………… 140
　　(1)　履行の請求の場合…………………………………………… 141
　　(2)　解除の場合…………………………………………………… 142
　　(3)　敷金がある場合……………………………………………… 143
　　(4)　具体例での説明……………………………………………… 144

第9章　担保権の処遇の基礎 ……………………… 147

Ⅰ　担保権の処遇の方法……………………………………………… 147

1　別除権方式……………………………………………………148
　　　2　更生担保権方式………………………………………………148
　　Ⅱ　別除権の基礎となる担保権（更生担保権の対象となる担保権）……149
　　　1　破　産…………………………………………………………150
　　　2　民事再生・会社更生…………………………………………151
　　　3　特別清算………………………………………………………152
　　　4　非典型担保……………………………………………………152
　　Ⅲ　債務者財産上にある担保権………………………………………152
　　Ⅳ　担保権の第三者対抗要件…………………………………………154
　　Ⅴ　担保権の行使………………………………………………………155
　　　1　破産・民事再生・特別清算…………………………………155
　　　　(1)　法定担保権の場合…………………………………………155
　　　　(2)　非典型担保の場合…………………………………………157
　　　　(3)　物上代位……………………………………………………157
　　　2　会社更生………………………………………………………158
　　Ⅵ　担保権者に対する対処……………………………………………158
　　　1　担保保存義務（担保価値維持義務）………………………158
　　　2　担保権者に対する対抗手段…………………………………159
　　　　(1)　担保権の実行中止命令……………………………………159
　　　　(2)　担保権の消滅許可…………………………………………160
　　Ⅶ　別除権者の倒産手続参加…………………………………………164
　　　1　不足額の確定事由……………………………………………164
　　　2　不足額が確定しない場合の措置……………………………165
　　　　(1)　民事再生における不足額責任主義………………………165
　　　　(2)　破産における不足額責任主義……………………………166
　　　　(3)　特別清算における不足額責任主義………………………166

第10章　相殺権と相殺禁止の基礎 ……………………… 167
　Ⅰ　相殺権 ……………………………………………………… 167
　　1　債権回収手段としての相殺と相殺の担保的機能 ……… 168
　　2　相殺の担保的機能の保護（相殺権）………………… 169
　Ⅱ　倒産法での相殺の特則 ………………………………… 170
　　1　相殺の特則を設けた理由 ………………………………… 170
　　2　相殺の範囲 ……………………………………………… 171
　Ⅲ　相殺の範囲の拡張等 …………………………………… 172
　　1　破　産 …………………………………………………… 173
　　　(1)　自働債権の拡張 ………………………………………… 173
　　　(2)　将来の請求権・停止条件付請求権を自働債権とする相殺 …… 173
　　　(3)　受働債権の拡張 ………………………………………… 175
　　　(4)　具体例での説明 ………………………………………… 176
　　2　民事再生・会社更生 …………………………………… 177
　　　(1)　将来の賃料債務を受働債権とする相殺 ……………… 177
　　　(2)　破産との相違点 ………………………………………… 178
　　3　特別清算 ………………………………………………… 178
　Ⅴ　相殺の時期等 …………………………………………… 178
　　1　民事再生・会社更生 …………………………………… 179
　　　(1)　自働債権の要件 ………………………………………… 179
　　　(2)　受働債権の要件 ………………………………………… 179
　　2　破　産 …………………………………………………… 181
　　3　特別清算 ………………………………………………… 181
　Ⅵ　相殺の禁止 ……………………………………………… 181
　　1　相殺禁止の立法趣旨 …………………………………… 182
　　2　危機時期の始期 ………………………………………… 182
　　3　手続債権者の主観的要件 ……………………………… 183

4　相殺禁止の効果……………………………………………… 183
　　5　手続債権者の債務負担に関する相殺の禁止……………… 183
　　　(1)　手続開始後の債務負担……………………………………… 183
　　　(2)　危機時期の債務負担………………………………………… 185
　　　　(ア)　支払不能後の債務負担………………………………… 185
　　　　(イ)　支払停止後の債務負担………………………………… 186
　　　　(ウ)　倒産手続開始申立て後の債務負担…………………… 187
　　6　倒産債務者の債務者の手続債権の取得に関する相殺の禁止…… 189
　　　(1)　手続開始後の他人の手続債権取得………………………… 189
　　　(2)　危機時期の手続債権取得…………………………………… 192

第11章　否認権の基礎 …………………………………… 197

Ⅰ　否認制度について………………………………………………… 198
　1　否認の必要性……………………………………………………… 198
　2　倒産手続と否認権………………………………………………… 199
Ⅱ　否認権とは………………………………………………………… 200
　1　手続債権者を害する行為………………………………………… 201
　2　受益者の悪意……………………………………………………… 201
Ⅲ　否認の対象行為…………………………………………………… 202
Ⅳ　否認の一般的要件………………………………………………… 203
　1　行為の有害性……………………………………………………… 203
　2　行為の不当性……………………………………………………… 204
Ⅴ　財産減少行為……………………………………………………… 205
　1　財産減少行為とはどのようなものか…………………………… 205
　2　財産減少行為の否認の種類……………………………………… 209
　　(1)　詐害意思による行為の否認…………………………………… 209
　　(2)　危機時期の行為の否認………………………………………… 210

		（3） 過大な代物弁済	212
		（4） 無償行為	213
		（5） 相当な対価を得て行われる財産処分の特則	216
Ⅵ	偏頗行為		218
	1	偏頗行為の否認の対象行為	219
		（1） 担保の供与	219
		（2） 債務の消滅行為	220
		（3） 既存債務の内容	220
	2	偏頗行為の否認の種類	222
		（1） 危機時期の行為の否認	223
		（2） 非義務行為の否認	225
Ⅶ	否認権の行使とその効果		227
	1	否認権の法的性質	227
	2	否認権の行使方法	228
	3	否認権行使の効果	229
		（1） 財産減少行為の否認の効果	229
		（2） 偏頗行為の否認の効果	231

第12章　手続法としての特則　235

Ⅰ	手続法の特則		235
	1	会社更生・破産・民事再生と民事訴訟法	235
	2	特別清算と非訟事件手続法	236
	3	訴訟と非訟	236
Ⅱ	倒産手続と判決手続の類似点と相違点		237
	1	類似点	237
	2	相違点その1（手続の流れ）	237
	3	相違点その2（審理方法）	238

(1)　審理方法の相違点……………………………………… 239
　(2)　任意的口頭弁論………………………………………… 240
　(3)　職権探知主義…………………………………………… 241
　(4)　不服申立て……………………………………………… 243

第13章　手続債権の調査・確定手続の基礎 …………… 245

Ⅰ　手続債権の確定方法………………………………………… 245
1　実体的確定方法………………………………………… 245
2　手続内確定方法………………………………………… 246
Ⅱ　手続債権の実体的確定…………………………………… 246
1　手続債権の届出………………………………………… 246
2　届出の懈怠……………………………………………… 247
3　債権調査の方法………………………………………… 248
4　異議等がないことによる確定………………………… 249
　(1)　確定する内容…………………………………………… 249
　(2)　確定の効力……………………………………………… 250
5　異議等があった場合の確定方法……………………… 251
　(1)　無名義債権の場合……………………………………… 251
　(2)　有名義債権の場合……………………………………… 256
　(3)　租税等の請求権の場合………………………………… 257
　(4)　更生担保権の確定……………………………………… 258
Ⅲ　手続債権の手続内確定…………………………………… 258
1　議決権だけの確定……………………………………… 259
2　計画弁済の対象となる債権としての確定等………… 259
3　手続債権の存否の確定………………………………… 261

第14章　再建型倒産手続の概要 …………………… 263

- Ⅰ　倒産法における再建とは何か…………………………… 263
  - 1　再建計画……………………………………………… 263
  - 2　財務の健全化………………………………………… 265
  - 3　税金の問題…………………………………………… 266
- Ⅱ　再建・清算の選択基準…………………………………… 267
- Ⅲ　通常再生…………………………………………………… 268
  - 1　再生債務者の業務遂行・財産の管理処分権の観点からの分類… 268
    - (1)　自己管理型……………………………………… 268
    - (2)　後見型…………………………………………… 269
    - (3)　管理型…………………………………………… 269
  - 2　債権確定方法の違いの観点からの分類………………… 270
    - (1)　原則型…………………………………………… 270
    - (2)　簡易再生・同意再生…………………………… 270
  - 3　再生計画……………………………………………… 271
    - (1)　再生計画の条項………………………………… 271
    - (2)　再生計画案の決議と認可……………………… 274
    - (3)　再生計画認可決定確定の効果………………… 275
- Ⅳ　通常再生手続の流れ……………………………………… 275
  - 1　手続の開始…………………………………………… 276
  - 2　保全措置と監督命令………………………………… 276
  - 3　開始決定……………………………………………… 279
  - 4　同時処分……………………………………………… 279
  - 5　報告書等提出と再生債権届出……………………… 280
  - 6　債権調査……………………………………………… 280
  - 7　再生計画案の提出…………………………………… 280
  - 8　付議決定……………………………………………… 281

9　再生計画認可決定……………………………………………… 282
　　10　再生計画の遂行………………………………………………… 282
　　11　再生手続終結決定……………………………………………… 283
　Ⅴ　会社更生……………………………………………………………… 283

第15章　清算型倒産手続の概要 …………………………… 285

　Ⅰ　倒産法における清算とは…………………………………………… 285
　Ⅱ　事業者破産…………………………………………………………… 286
　　1　配当事件………………………………………………………… 287
　　2　異時廃止事件…………………………………………………… 288
　Ⅲ　事業者破産手続の流れと手続運用………………………………… 289
　　1　財産状況報告集会……………………………………………… 290
　　2　破産債権の調査方法…………………………………………… 291
　　3　破産債権の届出………………………………………………… 291
　　4　配　当…………………………………………………………… 291
　　5　異時廃止に関する意見聴取と任務終了の計算報告………… 293
　　6　開始から終了までの期間……………………………………… 294
　Ⅳ　特別清算……………………………………………………………… 294

第16章　消費者倒産手続の特色 …………………………… 297

　Ⅰ　消費者とその倒産原因……………………………………………… 297
　Ⅱ　高利金融に対する規制……………………………………………… 298
　　1　利息制限法……………………………………………………… 298
　　2　貸金業法………………………………………………………… 299
　　3　出資法（出資の受入れ、預り金及び金利等の取締りに関する法律）… 299
　　4　サラ金の利息…………………………………………………… 299

　　　5　過払金……300
Ⅲ　消費者倒産手続における法律関係……301
　　1　賃貸借契約……301
　　　(1)　破　産……301
　　　(2)　個人再生……302
　　2　労働契約……303
　　　(1)　破　産……303
　　　(2)　個人再生……304
Ⅳ　破産免責……304
　　1　免責の根拠……305
　　2　免責の理念……305
　　3　免責不許可事由……306
　　4　免責手続の審理……308
Ⅴ　消費者倒産を考えるうえでの視点……308
　　1　倒産原因をつくったのは誰か……308
　　2　価値観の解釈への反映……309

第17章　消費者倒産手続の概要……313

Ⅰ　特定調停……313
Ⅱ　小規模個人再生……315
Ⅲ　給与所得者等再生……317
Ⅳ　破　産……319
Ⅴ　倒産手続の選択基準……321

・事項索引……323
・著者略歴……327

第1章　倒産という社会現象と法規制の必要性

I　倒産とは

1　経済用語としての倒産

　倒産法と一口に言われるが、「倒産」という用語は法律用語ではない。法律では倒産という用語は使用されていない。倒産は経済用語だといわれている。だから、法的には倒産の定義をする必要も意味もないが、一応の説明をしておく。

　経済用語でいう倒産とは、経済主体（経済活動をしている企業や個人のこと）が経営破綻して、弁済期にある債務一般を支払うことができないという経済状態をいうものとされている。経営が破綻している（何をもって経営破綻というのかよくわからないが、まともな資金繰りができないという程度の意味である）かどうかは外部からはよくわからない。

　信用調査機関は、「手形の不渡り」や「銀行取引停止処分」を受けた場合、経営者が経営の破綻を表明した場合、倒産手続の開始申立てをした場合を倒産として取り扱っていることが多い。

　手形の不渡りや銀行取引停止処分が何であるかがわからないと思うので、以下簡単に説明する。

2　手形の不渡りと銀行取引停止処分

　手形とは、権利の発生、権利の移転、権利の行使の全部に証券（要するに紙切れのことである）が必要な有価証券のことである。ここにいう権利とは手形金債権とか単に手形金と呼ばれる金銭債権である。手形には約束手形と為替手形があるが、一般に流通しているのは約束手形であるから約束手形について説明する。

　権利の発生とは手形金支払債務（権利者からいうと手形金債権）という金銭債務の発生のことで、手形の振出しという書面行為によって発生する。権利の移転とはこの手形金債権が表章されている有価証券を譲渡することで債権譲渡のことである。権利の行使とは手形金債権の支払請求のことである。手形の不渡りと銀行取引停止処分について簡単に説明しておく。

　手形の不渡りとは、満期（手形という有価証券に弁済期として記載されている日）に、支払人（振出人）に手形金（手形に記載されている金額の金銭のこと）の支払いを拒絶されることをいう。実際には支払いを委託されている金融機関が支払いを拒否する。不渡りの理由はいくつか定められているが、倒産とされるのは、そのうち、手形金支払いの委託を受けている金融機関に委託者の当座預金残高が足りないことを理由とする「資金不足」である。

　ところで、手形は何のために振り出されるのだろうか。売買などの商取引によって生じた金銭債務の支払方法として約束手形を振り出すのが通常である。商取引によって生じた債務の弁済期を猶予してもらい、弁済期（満期）に商取引によって生じた債務の支払いとして手形金額を手形の所持人に支払うということである。だから、手形を不渡りにしたということは、商取引を行う事業者にとっては、資金調達能力がなくなって（要するに、支払いのための金もなく金を借りることもできないということである）、商取引によって発生した債務の弁済期の支払いができないということを外部に黙示的に表明したということでもある。

　銀行取引停止処分とは、6カ月間で2回以上、手形・小切手の不渡りを出

した場合は、当該手形交換所の加盟している金融機関は、以後2年間はその手形・小切手の最終支払義務者（約束手形の場合は振出人）と当座取引や融資などの信用取引をしないという銀行協会（社団法人や任意団体であり各地にある）の処分のことをいう。

　ここ10年ほどで、手形の流通量は3分の1程度に減っていて、満期の日まで支払いを猶予してもらうという手形の信用の用具という役割はだんだん薄れつつある。

　電子手形とでもいうべき電子債権記録機関のコンピューター上の記録原簿に記録するという電子記録債権の制度（電子記録債権法）ができて、金融機関を網羅するものとして設立された電子債権記録機関の株式会社全銀電子債権ネットワークによる手形交換制度に代わる電子記録債権の口座間送金決済制度（ここでは電子記録債権の不払いを支払不能と呼んでいるが、倒産法でいう支払不能とは異なる）も作られて、平成25年から本格的に稼働することになった。このようなことから、今後はさらに手形の流通量が減って手形に代わって電子記録債権の利用が多くなると思われる。電子記録債権についても、株式会社全銀電子債権ネットワークでは取引停止処分制度を設けている。

II　法規制の必要性

1　倒産状態を放置すると

　倒産状態に立ち至ったときに法の規制がされない場合、といっても、倒産債務者の大半は法的倒産手続を選択しないで済ませてしまうのであるが、法規制がない場合は、どうなるかということを考えてみよう。

　読者が、あるメーカーか商社の営業担当者だとして、取引先の倒産情報が流れた場合はどうすればよいか考えてみよう。売買契約をした商品を取引先に代金後払いで先に引き渡しているのが通常の商取引である。後払いの商品代金は「売掛金」（掛売りのことである）と呼ばれている（債務者側からは「買

掛金」と呼ばれる）。民法の同時履行の抗弁権を放棄して売買目的物の引渡しを先履行したということに他ならない。その売掛金が1,000万円あるとしたらどうすればよいだろう。上司に報告すると、お前は今まで何でそんなことがわからなかったのかと叱責されることになる。売れた後に売掛金を回収して初めて売り上げたといえるからである。取引先に倒産の事情を聞きに行くというような生ぬるいことを考えたら担当者としては失格である。売掛金回収ができない損失を少しでも軽減するために、トラックで納入商品を引き上げ（取戻し）に行くのである。倉庫に行ってみたら取引先の担当者がいれば交渉して納入商品を引き上げてくるのであるが、担当者がこれを拒否したり、担当者がいないとか倉庫が無人であった場合はどうすればよいか。実力で拒否する担当者の抵抗を排除するか、鍵を壊して倉庫内に侵入して無理矢理に商品を引き上げる（もちろん、犯罪行為である）か、諦めて帰ってくるかである。

　街金（街の高利金融業者をこのように呼んでいる）は、倒産情報を非常に早く察知する。街金はもともと経営状態がよくない者に高利で融資をするから、倒産情報をいち早く察知して手を打たなければ回収不能となって貸し倒れてしまうからである。街金は、かつては、融資に際しては債務者に売掛金の債権譲渡通知書（内容証明郵便）に譲渡人として署名させ、不動産の担保権設定書類、担保目的不動産の賃貸借契約などの書類をとるのが通常であった。倒産情報を察知すると直ちに債権譲渡通知、担保権の設定登記を行っていた。場合によると、賃貸借契約の書類を利用して、占有屋と称する者に賃借権があるとして担保物件の占有をさせることもあった。占有によって立退料をせしめて少しでも債権を回収しようとしたのである。最近では、不動産登記法が改正されて訳のわからない登記をすることが難しくなった（司法書士や弁護士が代理人となって登記をする場合は本人の意思確認のうえ、それを情報として登記申請の際に登記官に提供しなければならず、虚偽の本人確認情報を提供した場合は罰則がある（不動産登記法23条4項1号・160条））し、短期賃貸借は民法改正で認められなくなった（平成15年の民法改正で、抵当権設定後の短期賃

貸借の保護規定が削除され、6カ月間だけ使用が認められる395条に改正されている）が、占有屋の存在は民事執行妨害の種みたいなものであった。

　債権者としては、場合によれば犯罪行為を行ってでも、抜け駆け的な債権回収を図ろうとすることになり、そのような結果、被害を受けるのは、善良かつ即時に対応しない債権者ということになる。強硬な債権者は債務者について回って取引先から売掛金を回収させて、それを自己の債権に充当するということもよくすることである。

　債務者も善良で誠実とは限らない。再起を図ろうとして、親戚などからの借入（恩借ということもある）や、今後の仕事のために必要な特定の債権者や強引な取立てをする債権者にだけ債務を弁済しておいて後は知らん顔をする者も多いし、再起のために財産を隠すこともある。

　債務者が、経営や経済生活が破綻して債務の弁済ができなくなったときに最初に考えることは、自分の財産は確保しておいて債務だけを支払わないで済ます方法はないかということで、都合のよいことを考えるのである。これは、古今東西を問わず同じようである。このような虫のよい相談を受けることもあるが、そんな方法はないと答えると、債務者は2通りの反応をする。一つは、全財産を投げ出すので倒産処理手続をしてほしいという反応である。もう一つは、「わかりました」といって、倒産処理手続をしないで、極端な場合は財産をお金に換えて夜逃げをしたり、「ない袖は振れない」から何とでもしろと開き直るのである。

　最近は、聞かなくなったが、整理屋と称する債務整理に介入して不正な利益を得ようとする者もある。整理屋は債務者と共謀して架空の債権をでっちあげて、債務者の財産を取り込んでしまって、他の債権者にはほんの少しだけの弁済を行うというのがその典型例である。最近では、サラ金の借入で困っている消費者を相手に債務を一本化するなどと言って手数料を取る者を「整理屋」と呼ぶようになってきたが、ここでいっている「整理屋」とは、そうではなくて、前記のように企業倒産に介入する者のことをいう。

　もう一度いうが、倒産によって一番の被害を受けるのは善良な債権者で債

務者ではないということである。債務者はいずれにせよ、結局は「ない袖は振れない」から債務を踏み倒すことになる。

　第2番目は債務者ということもできる。善良な債務者は何とか債務の弁済をしようとジタバタする。強硬な債権者や街金などは、いろいろな手段を利用しても債権を回収しようとする。債権回収のために、債務者を合法・非合法の方法で責め立てることを、追い込みといっている。債務者は最後に切羽詰まって、極端な例は自殺をする。自殺する者の中には生命保険金で債務返済をしたいと考える者もいるのである。夜逃げしても自殺しても法律的な問題解決にはならない。

2　どのような法規制をすべきか

(1)　債権者平等原則・債務者の再生

　こんなことを放置することは、債権者にとっても債務者にとっても、不正義である。

　手の早い者や強硬な者勝ちは許さない、債務者の財産の隠匿などの詐害行為は許さない、整理屋などの不当な目的の第三者の介入を許さない、公平・平等な処理を行う、というためには、どのような法規制をすればよいだろう。

　債権者に対する債務の全部の弁済が無理になった以上、公平の観点からみて、法律上の同順位の債権者は平等に弁済を得られるようにする必要がある。これが「債権者平等原則」の根拠である。債権者平等とは頭数で平等（債権者ごとに同じ額の弁済が受けられる）という意味ではなく、債権額に応じて平等という意味（債権額で按分される）である。だから、債権額に応じた平等原則であるが、それを債権「者」平等原則と呼んでいる。

　強硬な取立てや抜け駆け的債権回収による弊害を防止する方策は、法技術的にはそれほど難しいものではない。債務者が法的倒産手続に入った場合は、債権者の個別的な債権取立てなどの権利行使や弁済などの債権の消滅行為を法律で禁止し、それに反した行為は無効とし、法律の規定を無視して倒産手続外の弁済を強要することを罰則をもって禁止すればよい。次に、債務者に

はその財産や今後の儲け・収入を原資にして、法律上の順位に従って各種債権者に平等に弁済させればよい。債務弁済の方法は、国家（裁判所）が機関（管財人）を選任してその機関にさせるという方法と、債務者自身が国家（裁判所）の監督の下に行うという方法が考えられる。

　強硬な取立てや抜け駆け的債権回収による弊害は法的倒産手続に入る前の危機的状況で生じる場合が多いから、危機的な状況下でされた特定の債権者に対する弁済や担保供与等の偏頗（へんぱ）な行為についてはその効力を否定するような規制をすればよい。

　一方では、債務者が過酷な取立てによって危険にさらされることを防止する必要もある。債務者に債権者の追及からの逃げ道を用意しておく必要もある。実際にも、倒産手続の申立ての大半は、債務者自身の申立てである。破産では債務者申立てを自己破産と呼んでいて破産の大半が自己破産である。倒産手続が開始されると債権者からの追及は止む。

　また、債務者が個人の場合は、一定程度の債務弁済をしたときは残額を免除し、あるいは全財産を債権者に投げ出したときはそれで弁済されない部分は一定の要件があれば残債務の支払責任を免除（免責）するなどして、債務者をもう一度健全な社会人として社会復帰させる必要もある。この点を捉えれば、倒産法は債務者お助け法である必要もあるということである。

(2)　個別的権利行使の禁止・債権の消滅行為（弁済など）の禁止

　倒産法では、倒産手続開始によって一般的な債権をいったん棚上げにして、債権者の強制執行などの個別的な権利行使を禁止し、すでに着手された手続は中止や失効させるとともに、棚上げした債権の弁済を禁止して債権者には倒産手続の中でしか権利行使を許さないことにし、これに反した個別的権利行使や弁済は無効（債権者が善意であっても無効）としている。条文を挙げると、破産法42条1項・43条1項・100条1項、民事再生法39条1項・85条1項、会社更生法47条1項・50条1項・2項である。ただし、特別清算では個別的な権利行使だけを禁止している（会社515条1項など）。

　要するに、倒産手続開始によって一般的な債権者は倒産手続に参加して倒

産手続で弁済を受ける以外には、債務者の財産についてアンタッチャブル（手を出すな）にするということである。これは、権利行使の面で手続開始後の債権者平等原則を担保しているということに他ならない。

以下、個別的権利行使の禁止等に関してよく使用される用語を説明しておく。

　(ア)　権利固定

倒産手続開始の結果、一般的な債権が棚上げされて、個別的な権利行使が禁止・中止・失効することを、債権者の側からみて「権利固定」と呼ぶことがある。倒産手続の開始によって、いったんは、その権利が固定されてしまうということである。よく使用される用語なので、覚えておいてほしい。

　(イ)　倒産手続に服する債権の呼称

どのような債権を棚上げするかは立法政策の問題で、倒産手続ごとに異なっているが、棚上げする債権の名称も、破産債権・再生債権・更生債権というように各法律で異なっている。この債権の一般的な呼称は法律上はないのであるが、講学上は、「棚上債権」とか「倒産債権」とか「手続債権」とか呼ばれる。本書では「手続債権」と呼ぶことにする。手続債権と呼ぶのは、倒産手続でしか権利行使ができない債権という意味である。わかりにくい用語であるとは思うが、符号のようなものだと考えてほしい。「手続債権」という用語は、これからも頻繁に出てくる。

　(ウ)　包括的差押え（包括的執行）

倒産手続開始によって債権者の個別的な権利行使を禁止することは、債務弁済の引当てとなる債務者の財産を手続開始でいったん凍結することになるから、倒産手続開始を「包括的差押え」と呼ぶことがある。倒産手続の開始で債務者の財産に民事執行法上の差押えが実際にされるわけではないから比喩に過ぎないが、よく使われる用語である。

また、倒産手続は、倒産債務者の財産を換価して分配し、あるいは換価しないでも倒産債務者の財産に相当する価値を債権者に再分配する（観念的清算）手続であることを理由に、倒産手続を包括執行手続と呼ぶこともある。

(エ)　**責任財産**

　無担保の一般的な債権、それも金銭債権の引当てになっている債務者の財産のことを「責任財産」と呼ぶことが多い。民法で用いられる用語であるが、倒産法でもよく用いる。

　ここにいう「責任」とは、一定の財産が債務の引当てになっていること、つまり、債務が履行されない場合は、債務者のその財産が債務履行のための担保となっていることをいう。担保といったところで抵当権などの担保権の対象となっている財産という意味ではなく、債権回収のために強制執行の対象となる財産という意味である。もちろん、この責任は人格的なものではなく（債務不履行は犯罪であるから刑務所へ行け、という制度は現在ではない）、財産的なものである。この責任財産に債権者が手を付けられることを債権の掴取力（かくしゅりょく）という。責任財産とは債権者の掴取力の対象となっている債務者の財産のことをいうのである。だから、「責任財産」とは、一般的には「無担保の一般債権者による強制執行の対象となる債務者の財産」のことをいう。担保権の対象となって担保権者に優先弁済される財産などは責任財産の範囲に入らないから、責任財産は債務者の全財産ではない。

　倒産法では、手続開始によって、強制執行の対象となる財産である責任財産に対する手続債権者の強制執行を禁止・中止して掴取力を排除することになる。

　(3)　**債務者財産の確保と債権者平等原則の貫徹**

　倒産手続が開始されるまでの倒産に瀕した危機的な時期以降に、手続債権者全員に損害を与えるような財産の廉価販売などの財産を減少させる行為がされると責任財産が逸失してしまうし、特定の手続債権者だけに対して担保供与や債務弁済などの偏頗行為がされると、債権者平等原則に違反し責任財産も弁済等によって逸失することになるから、そのような債務者の行為に対しては、否認という制度を設けて、責任財産を回復させることにしている（破160条から176条、民再127条から141条、会更86条から98条）。さらに、債権者平等という観点から、偏頗行為の否認以外に、倒産に瀕した危機的な時期以

降に取得した債権や負担した債務による相殺も禁止している（破71条・72条、民再93条・93条の2、会更49条・49条の2、会社517条・518条）。相殺を際限なく認めると、特定の手続債権者だけが危機的時期になって価値の下落している手続債権を自己の債務の範囲で100％弁済を受けたのと同じことになるので債権者平等原則に反することになるし、債務者の財産である債権も消滅して責任財産から逸失してしまうので、相殺を禁止する必要があるからである。

　倒産手続が開始されると、倒産手続による手続債権の弁済は、破産配当、再生計画、更生計画、協定による弁済として各倒産手続でされることになる。倒産手続で弁済を受けられることが、倒産手続における権利行使の主たる内容である。この弁済は同種の手続債権者間では平等に行うことが規定されている（破194条2項、民再155条1項、会更168条1項、会社565条）。これも債権者平等原則の一つである。

第2章　倒産手続の開始原因

　倒産を、法律の倒産手続の開始原因の面からみてみよう。倒産手続開始原因の勉強である。

　我が国の法制では、倒産について一律に定める単行法はなく、いくつかの倒産に関する法律、一般には、破産法、民事再生法、会社更生法、会社法の特別清算を総称して、講学上、倒産法（倒産処理法、倒産4法と呼ぶこともある）と呼ぶことが多いし、特定調停は倒産手続ではないが債務整理のために利用されるから、特定調停も倒産手続に含めてもよいだろう。

　これらの法律では、手続開始原因（特定調停も含めるとすると、その利用要件）を個別に定めているが、それを見てみよう。

I　破産における開始原因

　まず、清算型の一般法である破産では「支払不能」が開始原因である。支払不能以外に人的会社（合名会社と合資会社）以外の法人では「債務超過」が開始原因とされている（破15条・16条）。相続財産の破産では「債務超過」だけが開始原因である（破223条）。

1　支払不能

(1)　支払不能の定義

　支払不能という用語は、倒産法の条文には随所（否認権や相殺禁止の始期要

11

件となるなど）に出てくるし、同じ内容の定義規定が置かれている。支払不能とは、「債務者が支払能力を欠くために、その債務のうち弁済期にあるものにつき、一般的かつ継続的に弁済することができない状態」をいう（破2条11項、民再93条1項2号かっこ書、会更49条1項2号かっこ書、会社517条1項2号かっこ書）。

「支払能力を欠く」や「一般的かつ継続的に弁済することができない状態」とはどのような状態のことをいうのか、よくわからないと思う。

「支払能力を欠く」というのは手許資金が不足しているうえに借入などによる弁済資金の調達もできないし、稼働して資金を生み出すこともできないという状態、つまり資力もないし信用もない（誰も金を貸してくれない）し稼働力もないという状態である。「一般的かつ継続的に」とは、弁済期が到来した債務一般についてその全額の弁済はできないという状態で、今後もその債務不履行が続くという状態のことである。だから一時的に資金ショートしても直ちに回復する場合は支払不能とはいえない。

支払不能はこのような状態で、客観的な財務状態をいうのである。債務者自身がどう考えていたか、債務者がどのような行動をしたかは、無関係である。

こんな状態で債権者の一部だけに弁済を許すこととすると、債権者平等に反することになる。だから、支払不能になると破産手続を開始すべきだということになるのである。

(2) **弁済期が到来していること**

弁済期が到来すれば確実に弁済ができないという場合でも、「弁済期が到来して」始めて支払不能となる。条文を読んでも「弁済期にあるものにつき」と書いてあって明らかであるし、立法担当者の意見でもあり通説でもある。もっとも、返済の見込みのない借入れや商品の投売りで資金を調達して弁済期にある債務を支払って延命を図っているなど、支払不能の時期を先送りするだけの目的で資金調達を行っているような場合は「支払不能」と判断してもよいと思われるが、この点に関して、もっと進んで、支払能力を喪失

していて近い将来の弁済期が到来したら確実に債務不履行になると予想される場合には、支払能力喪失時点で支払不能になり得るとする説も主張されている。

支払不能の時期に関する最高裁の判例はないが、下級審の判例がいくつかある。そのいずれもが、弁済期が到来して始めて支払不能だということを前提としている。

(3) 支払不能の具体例の説明

具体的にどのような事実があれば「支払不能」といえるのかは、それほど簡単ではない。

支払不能は非日常的な出来事であるから、イメージとして理解することが困難である。

次のような例で説明してみる。

甲は個人で、小さなスーパーマーケットを経営しているが、昨年近隣に大型スーパーが出店してきて1カ月3,000万円程度あった売上げが2,000万円程度に減ってきた。甲はそれなりに売上げ回復のために努力もしたし、従業員を減らし（リストラ）、その他の経費を節減して経営のための努力をしてきたが、今月25日に従業員に支払う給料の支払資金はあるものの、それを支払ってしまうと、月末に支払う商品の仕入代金（これは後払いの特約のある売買代金支払債務つまり買掛金）やスーパーマーケットの建物の家賃など1,600万円の支払資金が足りない。これまでは、甲は自分の預金を取り崩し銀行からの借入などで支払資金を工面してきたが、もう限界に達していて、預金も底をつき、銀行はこれ以上の貸付はできないといっているし他から借入の目処もない。今月末の支払いを待ってもらっても、来月に2カ月分支払うことは無理であるし、来月分だけでも払える目処はない。今後も劇的に売上げが回復でもしない限り同じであるし、売上げが回復する目処もない。

この例では、「月末になれば、支払不能になる」ということである。弁済する金銭もないし借入等による資金調達能力（信用）もなくなっているし、この状況では稼働しても必要な弁済資金を生み出す力もないし、弁済期の到

来した債務を一般的かつ継続的に弁済できない状態になることがわかると思う。

債務者が支払不能になると、債権者の全部が弁済期に弁済を受けられないということになる。

支払不能とは、要するに、目の前の債務弁済が完全にできなくなってニッチもサッチも行かない状態のことである。支払不能の定義は経済用語の倒産とよく似ている。支払不能の概念をよく理解しておいてほしい。

2 債務超過

前記のように、債務超過も人的会社以外の法人の破産の開始原因であるが、相続財産と信託財産の破産では債務超過のみが破産の開始原因である。

債務超過という用語も、破産の開始原因ばかりではなく、倒産法の随所に出てくるし、ほとんど同じ内容の定義規定がある。債務超過とは「債務者が、その債務につき、その財産をもって完済できない状態」をいう（破16条1項かっこ書、民再43条1項・166条2項・166条の2第2項、会更166条2項、会社510条2項かっこ書）。理解が難しい定義のようである。

(1) 資産と負債

初学者は「債務」といったら金銭債務を考えて、「財産」といったら不動産や動産を考えてしまうから、条文の意味がよくわからないかもしれないが、金銭以外の財産は売却して金銭に換えて金銭債務を支払うこともできるから、そう考えると多少はわかると思う。

債務超過とは、要するに、負債（債務で消極財産）の額が資産（財産で積極財産）の額を上回ること、つまり、「資産の額－負債の額（これを純資産と呼ぶ）がマイナスであること」をいう。

ここにいう「額」とは金銭による評価額のことである。金銭債務以外の負債や資産は、金銭に評価しないとプラスマイナスの計算ができない。

ある時点（通常は決算期）の財産（資産）と債務（負債）を金銭評価して左右対照にして記載した一覧表を貸借対照表と呼んでいる（会社法の決算書類

の一つである）が、資産と負債の額は日々刻々と変化している。なお、ここにいう財産は全財産のことで責任財産だけではない。

資産や負債といっても余りピンとこないだろうが、無理矢理、想像してみよう。

甲株式会社は、衣料品（ブラウスやＴシャツやセーターでも何でもよい）の製造販売を商売（「業とする」という）にしている株式会社である。自社で縫製工場を持っていて、縫製機械も持っているが、工場の敷地と建物は銀行からの借入金で取得している。衣料品の原料は、いくつかの商社から仕入れているが、その支払いは、毎月末日に仕入れした額の計算を締め切って、当月中に仕入れた原材料の仕入代金（買掛金）は翌月25日に50％は現金で、残りの50％はそれから２カ月後を満期とする約束手形を振り出している。つまり代金が後払いになっている。製造した衣料品は直接消費者に販売する小売としての販路は持っていないので、何社かの商社（問屋）に売っているが、毎月末に計算を締め切って当月中に売却した衣料品の代金は翌月末日から３カ月後に現金が30％、70％はそれから３カ月後を満期とする約束手形を振り出してもらっている。これも代金が後払い（売掛金）になっている。

この甲株式会社のある時点の主な資産は、工場とその敷地、現金、工場の什器備品や縫製機械、銀行預金、仕入れた原材料、加工中の衣料品、完成した衣料品、受け取った手形の手形金、売掛金といったものである（それ以外に株やゴルフ会員権も持っているかも知れない）。甲株式会社のその時点の主な負債は、銀行からの借入金、衣料品の原材料の買掛金、振り出した手形の手形金の支払債務、といったものである。負債は通常は金銭債務である。

このような「資産の額－負債の額＝純資産」がマイナスになることを債務超過というのである。

債務超過になれば、当たり前のことであるが、その時点では全部の債権者には100％の弁済ができないことになる。

なお、債務超過かどうかは当該債務者だけの資産と負債で判断すべきことで、保証人がいることや物上保証人がいることは、債務超過かどうかの判断

15

には無関係である。

(2) 資産と負債の評価

「債務超過」かどうかの計算は、簡単なようで簡単ではない。前記のように、計算は、「財産＝資産」を金銭で評価して、その額から、「債務＝負債」を金銭で評価した額を控除するという方法によることになる。負債の方は通常は金銭債務であるから評価は簡単であるが（甲株式会社の例で考えてみるとよい）、難しいのは、財産の評価（甲株式会社の例で考えてみるとよい）である。

「債務超過」とは多少離れるが、財産を金銭で評価することを倒産法では「財産評定」と呼び、破産でも民事再生でも会社更生でも債務者（管財人）がまず行わなければならない行為である。なぜこのような評価作業をするのかというと、倒産手続を進める上で、倒産した債務者の財産状況を把握しておく必要があるし、手続の透明化の観点からもこれを債権者に公開する必要がある（債権者はどの程度の弁済を受けられるか知りたいでしょう）からである。

評価方法に戻る。預金や現金の金銭評価は簡単であるが、在庫商品、設備、不動産など簡単に金銭化できないものや売掛金や貸付金などで回収ができないものもあるので、この財産評定はかなり難しい。実際に処分（換価・金銭化）しないで換価するものとして評価するのであるが、どのような方法で評価するのかという難しい問題がある。

在庫商品（甲株式会社の例でいえば、製造したが出荷していない衣料品ということになる）は売れ残り商品がある場合（なぜ売れ残ったかというと需要がなかったからである）は、廃棄するか大幅な値引きをしなければ売れないであろうし、まともな商品は少なくとも製造原価程度では売れるということに一応はなる。仕入れた商品をそのまま販売する事業形態（商社や問屋）の場合も同じである。まともな商品は少なくとも仕入価額程度では売れるということである。ところが、これは事業を継続する場合のことで、事業を廃止して清算する場合は、商品は投げ売り状態（半値8がけ、といわれる）でもなかなか売れないのである（二束三文である）。要するに、清算の場合は仕入金額を大幅に下回る価格でなければ処分できないということである。

16

不動産にしても、正規の処分をするときの価格（これを不動産鑑定では正常価格と呼ぶ）と早期に処分するときの価格（早期に処分しようとすれば買いたたかれるので、不動産鑑定では特定価格とか早期処分価格と呼ぶ）とは、評価方法が異なる。早期処分価格は正常価格の7割程度と評価される場合が多い。担保権者が把握している担保不動産の価値は、通常は早期処分価格である。担保権の実行をすると競売手続では早期処分価額程度でしか買受けがされないということは経験的事実である。工場の機械にしてみても、事業を継続した場合はそれなりの価値があるが、清算する場合はその機械に汎用性がないときは鉄くずとしか評価できない。

　このような評価額は、帳簿上の価額（簿価と呼んでいる）とは異なるのは当然である。税法などで用いられる会計原則は、原価主義といって、取得した価額を資産の額とすることにしている。だから、たとえば、バブル時代に土地を高額で取得してもその購入額が帳簿上の資産に計上されているが、倒産でいう資産とはその時点の評価額であるから、帳簿上の価額よりは大幅に少なくなる。

　このように、財産の評価方法はいくつもあるということである。

(3) 破産原因としての債務超過の資産の評価方法

　最初に戻って、破産開始原因である「債務超過」かどうかについて、財産をどのような方法で評価するかを巡っては、①処分価格（清算価値）で評価する、②事業を継続するものとして評価する、③事業継続中の場合は事業継続価値で、すでに事業を廃止している場合は清算価値で評価するなど、いくつかの見解があって意外に難しい。

　かなりの会社が資金繰り（弁済期がきたら弁済できる原資が調達できることをいう）ができて支払不能ではないが、資産を現価で算定すると「債務超過」だといわれている。この事実は司法統計で破産配当率（実際に破産管財人が処分するから処分価格である）が25％以下の事例が大半であるということからも裏付けられる。実際には、債務超過を理由として破産が開始される例は余りない。どうしてかというと、債務者である会社は支払不能ではないから破

産手続によって清算しようとは考えないし、債権者（破18条1項で破産申立権がある）も自己の債権が順調に回収できる限り債務者の破産を申し立てようとは考えないからである。

このようなことからすると、①説は余り妥当とは思えない。債務超過の会社が多いことも考えると、負債は金銭債務だけで評価し非金銭債務は債務として評価すべきではなく、債務の額は控え目に算定すべきであろう。

なお、開始原因とは関係がないが、債務超過が要件となる民事再生や会社更生の各種の制度では、事業の継続が通常だから、資産評価も事業継続をするものとしてされることになる。

(4) 債務超過と株主の財産的権利

破産原因とは関係ないが、債務超過と株主の財産的権利についても説明しておく。株式会社では債務超過になると、株式の財産的価値がゼロになる。

株主権の財産的価値は残余財産分配請求権であるが、残余財産分配請求権とは、資産で負債を支払った残りの財産、つまり残余財産について分配を受ける権利（会社502条）であるから、債務超過では残余財産自体がないので、株主権の財産的価値はゼロ（株主は有限責任であるから超過した会社の債務の支払義務がないのは当然である）になるということである。だから、株主の財産的権利（残余財産分配請求権）は会社債権者より劣後するということになる。したがって、株式会社が倒産手続に入った場合は、株主は経済的には保護されないし、保護する必要性も多くない。

その理解ができないとわからない倒産法の制度（民再43条の事業譲渡の株主総会決議による承認に代わる許可など）がある。

(5) 債務超過が法人での破産原因になっている理由

人的会社以外の法人では、支払不能以外に債務超過が破産開始原因となっているのはなぜだろう。

人的会社（合名会社や合資会社には、会社債務を負担する無限責任社員がいるから個人と余り変わらない）以外の法人は、法人の債権者にとっては人的な信用は無関係で法人の財産だけが債務の引当てになっているから、債務超過を

破産原因にしたというのが立法趣旨だといわれている。

　債務超過でも、将来、儲けを出すことによって債務超過が解消されることもあるし、債務超過でも会社に信用があれば借入も受けられるから支払不能にならないことも多いのに、債務超過であれば支払不能でなくても破産が開始されてしまうのはおかしいのではないかという立法論的な疑問は出てくる。

3　支払停止と支払不能との関係について

　倒産法では、条文の随所で支払停止（「支払を停止」とか「支払の停止」と条文ではなっているが、同じことである）という用語が用いられる。

　破産開始原因に関して、破産法15条2項は「債務者が支払を停止したときは、支払不能にあるものと推定する」と規定している。ここでは支払停止の内容を説明して、破産開始原因に関して、支払停止を支払不能と推定するという意味について説明する。

　なお、倒産法では、支払停止と支払不能との関係については、①支払停止を支払不能と推定する場合、②支払停止後を要件とするが、支払不能でないことが要件の除外事由になる場合、③支払停止後が支払不能後とは独立の要件になる場合の3種類がある。ややこしい。

　①は、破産開始原因の推定（破15条2項）と、偏頗行為の否認（第11章で述べる）における危機時期の始期（支払不能）の推定（破162条3項、民再127条の3第3項、会更86条の3第3項など）がある。

　②は、相殺の禁止（第10章で述べる）の始期要件である（破71条1項3号・72条1項3号、民再93条1項3号・93条の2第1項3号、会更49条1項3号・49条の2第1項3号、会社517条1項3号・518条1項3号）。

　③は、財産減少行為の否認（第11章で述べる）の始期要件である（破160条1項2号、民再127条1項2号、会更86条1項2号）。

(1)　支払停止の定義

　法律には支払停止の定義規定はないが、判例（最判平成24・10・19、それ以外に最判昭和60・2・14など）によると、「債務者が弁済能力を欠くために一

般的かつ継続的に債務の支払いをすることができないと考えて、その旨を明示的または黙示的に外部に表示する行為をいう」とされていて、学説上も特に異論はない。要するに、債務者が支払不能になったと考えて支払不能であると外部に明示的または黙示的に表明する行為をいうのである。

支払不能は「客観的状態で法的な評価をしなければならない事実」で、客観的な財務状態で、債務者がどのように考えていたかは関係がない。

支払停止は、債務者が支払不能だと考えて私は支払不能ですと外部に表明する「債務者の行為」であるから、債務者が支払不能だと考えていても実際には支払不能ではなかったということはあり得る。だから、法律ではこれを想定した規定（破71条1項3号ただし書など、前記の②の相殺の禁止に関する規定にある）を設けているが、実際にはこんなことはほとんどない。

(2) 支払停止の具体例

具体的な債務者の行為が支払停止に該当するかどうかも、それほど簡単な問題ではない。評価ないしは解釈問題である。

具体的には、明示のものとしては、債務者が債権者に対して「皆さんに負担している債務の弁済ができなくなったので、倒産手続をとります」といった通知（通常は倒産事件を受任した代理人弁護士が文書で行う。これを「介入通知」と呼んでいる）がこれに当たるが、債務整理を行うという代理人弁護士の債権者向けの通知を支払停止とした判例（上記の最判平成24・10・19）もある。

「外部に表明」は黙示的でもよいので、このような通知以外に、債権者に対して弁済期が到来した債務一般について弁済の猶予を依頼すること、店舗の閉鎖、営業の停止、銀行取引停止処分や手形の不渡り、古典的なものとしては夜逃げ、などが支払停止に当たると「解釈」されている。

手形の不渡りは前記のようなもので、手形の不渡りは支払停止かどうかについては多少の争いがあるが、実務では、前記の手形の授受の実態から第1回目の不渡りでも特別の事情がない限り支払停止であると考えて処理がされている。判例には、第1回目の不渡りで支払停止としたものがある（最判平

成6・2・10)。

支払停止は、外部に対する表明行為であるから、債務者が弁護士に倒産手続を依頼して、破産開始の申立ての方針を決めただけでは、外部に表明した行為(弁護士には守秘義務もあって代理人となるから、内部の人間である)とはいえないとするのが判例(最判昭和60・2・14)で、学説にも特に異論はない。

(3) 支払停止と支払不能に関する規定

ここは、破産開始原因に関する説明であるから、支払停止を破産開始原因である支払不能とする推定規定についてだけを説明することにする。

前記のように、支払停止を支払不能と推定するという規定が破産法15条2項にある。

支払停止を前提事実とし支払不能を推定事実とする法律上の事実推定の規定であるといわれている。この推定規定がおかれている理由は2点ある。第1点は、破産開始原因である支払不能は客観的状態で、支払不能に該当する事実を証拠で直接証明することは困難な場合があるということである。たとえば、債権者が債務者の破産手続の申立てをした場合に債務者が抵抗して関係資料を裁判所に提出しないときなどは、証拠資料が充分に収集できないことがある。第2点は、債務者が一番自分の財務状況を知っているはずで、通常は支払不能だから債務者は支払停止に該当する行為をするので支払停止は支払不能である蓋然性が非常に高いということである。このようなことから、推定規定をおいて証明を容易にしようとしたのである。

Ⅱ 民事再生と会社更生の開始原因

再建型の一般法である民事再生では、「破産手続開始原因となる事実が生じるおそれがあること」または「事業の継続に著しい支障を来すことなく弁済期にある債務を弁済できないこと」が開始原因となっていて(民再21条1項)、再建型の特別法である会社更生でも条文の内容はやや異なるが、民事再生と同じである(会更17条1項)。

21

民事再生や会社更生では、このまま推移すれば支払不能や債務超過になる、あるいは、弁済期が到来する債務を弁済してしまえば事業継続に著しい支障が生じる、ということが手続開始原因になっているので、経済用語の倒産よりは前の状態でも申立てが可能となっているのである。

どうしてかといえば、民事再生と会社更生は再建型の倒産手続で、債務者の事業を再建することが目的（債務者自体の再建を目的としていないことに充分な注意が必要である）だから、倒産のおそれのある状態でできるだけ早く法的手続を開始する方が再建しやすい（傷は浅い方がよいのである）ので、上記の開始原因を定めているのである。

もっとも、それは理屈の世界で、実務上は破産開始原因が生じてから申し立てられることが多いし、破産開始原因がすでにある場合も民事再生や会社更生の開始原因がある、と解されている。

III　特別清算の開始原因

清算型の特別法である特別清算では、清算手続に入った株式会社について、「清算の遂行に著しい支障を来す事情があること」、または、「債務超過のおそれがあること」が開始原因となっている（会社510条）。

清算は、会社を解散して資産を換価しながら債務の弁済を行っていくということであるから、「清算の遂行に著しい支障を来す」という中には、清算手続を開始してみたが一部の債権者の反対で清算手続が円滑に進行しない場合も含まれるが、通常は、資産を換価しながら通常の弁済期にある債務の弁済をするということができないことをいうものと考えてよい。つまり、清算業務における支払不能的な状況ということができる。

債務超過の場合は債務を残して清算を終了することになり、会社法上、通常清算ではできないから、債務超過の場合は債務の一部免除を得て債務超過を解消しながら清算をする必要があるということになる（これが特別清算の特徴でもある）。つまり、資産を処分して債務弁済に充てていき、資産がゼロ

になったときに債務も一部免除などでゼロにして清算手続を終了（結了）するのである。

債務超過の「おそれ」のある状態で手続が開始されるのは、早いうちに手続を開始した方が債権者の利益（財産を高く処分できて弁済率が高くなる可能性がある）になるので、破産予防のために早いうちに開始することができることとしたのである。

Ⅳ　特定調停の開始要件

法的倒産手続とはいえないものの、債務整理に利用される特定調停の利用要件は、①金銭債務に限られること、②債務者が支払不能に陥るおそれがあること、③事業の継続に支障を来すことなく弁済期にある債務を弁済することが困難であること、④債務超過に陥るおそれのある法人、である（特調2条1項）。

①は、債務者の債務は通常は金銭債務であるが、非金銭債務（引渡債務などの作為債務など）もあるわけで、このような債務も倒産における債務になる（その取扱いは、破産と民事再生・会社更生・特別清算では異なっている。これは後に述べる）が、特定調停では金銭債務に限っているということである。

②は、消費者（事業を営まない自然人のことである）と事業者（事業を営む法人と自然人のことである）に共通の要件、③と④は事業者用の利用要件である。民事再生と似たようなものである。

第3章　倒産債務者・利用目的から見た倒産法

　倒産法は手続が主体で、倒産手続開始には原則として申立主義（申立てなければ裁判なし）をとっているので、倒産法は民法などのように通常の日常生活を営んでいると自動的に適用される法律ではなく、利用する法律ということになる。いろいろなメニューが用意されているが、利用者は最初からどの倒産手続を行うかを選択する必要がある。倒産手続の申立権は、債務者以外に債権者など一定の利害関係を有する者にも与えられる（破18条・19条、民再21条2項など、法律により債務者以外の申立権者は異なっている）から、倒産手続は債務者の自己利用ばかりではないが、そのほとんどが債務者申立てである（破産では「自己破産」と呼んでいることはすでに述べた）。

　本書では、倒産手続上の債務者をまとめて「倒産債務者」と呼ぶこととする。

I　倒産債務者と利用目的

1　倒産債務者

　倒産債務者の呼称は各法律によって異なっている。破産では、申立て後破産手続開始までを「債務者」、破産手続開始後を「破産者」と呼んでいる。民事再生では、申立て後を「再生債務者」と呼んでいる。会社更生では、申立て後会社更生手続開始までを「開始前会社」、会社更生手続開始後を「更

生会社」と呼んでいる。特別清算では、清算開始後の株式会社を「清算株式会社」と呼んでいる。倒産債務者の呼称を時期的に使い分けている法律もあり、ややこしい。

　倒産手続の対象となり得る法主体性を、講学上は「倒産能力」と呼んでいる。破産では破産能力、民事再生では再生能力と呼ぶ。

　倒産能力といっても、倒産するのに何かの能力が必要ということではない。民法の権利能力とか民事訴訟法の当事者能力と同じような用語法で、これを倒産に借用しているのである。倒産能力とは、要するに法的倒産手続の対象となれる法的な資格のことである。

　破産と民事再生では、倒産債務者を法人格の面からいうと、大きくは法人と自然人に分けられる。法人の中には権利能力なき社団も含まれる。公法人に破産能力や再生能力があるかどうかは争いがあるが、国や地方公共団体は本源的統治団体であるから破産能力はないというのが定説である。地方公共団体の再生能力については争いがあるが、我が国では自治体財政健全化法は債務の一部免除は認めていないし、地方公共団体の再建は民事再生の法定多数の同意という手法には馴染まないから、地方公共団体には再生能力はないと考えるべきだろう。

　破産では法主体性がないにもかかわらず明文で破産能力が認められているものがある。それは相続財産と信託財産である（破222条以下・244条の2以下）。これらは、その財産だけを取り出して破産による清算手続を行う必要があるので、破産能力を認めているのである。

　会社更生と特別清算は株式会社しか対象とならないから、このような問題は生じない。

　倒産債務者を破産・民事再生手続の種類の面からいえば、事業（営利事業かどうかは関係ない）を営む法人と自然人（「事業者」と呼んでいる）と事業を営まない自然人（「消費者」と呼んでいる）、つまり、「事業者」と「消費者」の2種類に分けられる。倒産手続の面から事業者用の手続と消費者用の手続は異なることが多い。

2　利用目的

　倒産処理の目的は大ざっぱには再建と清算に分けられる。したがって、手続は再建型と清算型に分けられる。倒産債務者と再建型と清算型の組み合わせを述べると以下のようになる。

　事業者の場合は再建型と清算型がある。

　倒産債務者が法人の場合は事業を再建するとき（事業主体である法人自体の再建ではなく事業自体の再建をいうので間違いのないように）は再建型、事業を清算してしまうときは清算型ということになる。

　倒産債務者が個人事業者の場合は、事業自体は清算しても自然人自体は清算の対象とはならない（自然人の人格が消滅するわけではなく、健康で文化的な最低限度の生活を営む権利は基本的人権である）から、事業自体は清算型、個人自体は再建型ということになる。

　倒産債務者が消費者の場合は再建型しかあり得ない。特定調停や個人再生では消費者の経済生活の再建が目的であるが、消費者破産でも同じである。消費者破産は消費者の財産の清算手続という面もあるが、消費者はめぼしい財産を持ってないのが通常で、「免責」といって、破産手続で弁済（配当）を受けられなかった債権の弁済責任の免除（債権は消滅しないから責任なき債務つまり「自然債務」になる）を受けて、経済生活を再建することが目的になる。

Ⅱ　再建と清算

　再建と清算は、倒産法を勉強するために非常に大事な基礎的事項なので、後にも述べるが、ここでは簡単に述べておく。清算というイメージは何となくわかるかも知れないが、再建というイメージがわかないであろう。再建型の手続であるとされる民事再生法や会社更生法の条文を読んでも、教科書的書物を読んでも、事業の再建とは何のことか具体的にはわからない。再建と

は何かが具体的にわからないと何のために事業者の再建型の手続が作られているのか皆目見当がつかないのである。

1 清算とは

最初に清算について簡単に説明する。

事業者の破産、特に法人の破産では、その財産（現金、動産、不動産以外にも債権も財産である。銀行預金を考えてみればよい）を全部現金に換えて（換価と呼んでいる。債権を回収して現金に換えることも当然に含まれる）、債権者に法律上の順位に従った平等分配をして手続自体はお終いということである。

倒産債務者が法人の場合は、財産がなくなる（弁済でなくなるのである）から通常は破産手続の終了によって未払債務を残したまま法人格は消滅することになる。法人の破産手続は、法人の清算手続に代置されることになるからである。

法人は破産手続開始決定で清算が開始（法人に関する法律には解散事由の一つに破産手続開始決定が定められているのが通常である）し、清算手続に代わって破産手続が行われ、原則として法人の財産が換価されて弁済等でなくなるから、破産手続の終了で清算が終了して法人の法人格は消滅することになる。特別清算は、株式会社の清算手続の一つであるから、特別清算が終了すれば法人格は消滅する。

2 再建とは

次に、再建について簡単に説明する。

まず、事業者の場合の再建について説明する。

債務弁済が充分にできなくて事業経営が破綻したのであるから、法定多数の債権者の同意によって負債の一部免除を受けながら、事業を継続させて事業を再建するということが再建の目的となる。再建の対象は、あくまでも「事業」であって「債務者ではない」ことを充分に理解しておく必要がある。

負債を債権者の法定多数の同意等で資産の額程度（事業を継続するものと

して評価した額程度というのが一般である）まで一部免除等で圧縮して、圧縮後の債務を、スポンサーがいればそれからの借入金、遊休資産の売却代金や将来の収益で支払うというのが、再建のイメージである。なぜ、資産の額程度まで圧縮するのかは、債権者と債務者の利害が先鋭に対立する点ではあるが、債務超過の解消と税金の関係から、この程度がバランスがよいのである。第14章で多少詳しく述べる。

次に、消費者の再建では、消費者は資産をほとんど持っていないから、債権者に投げ出すべき財産がほとんどない。したがって、現行法では、①財産があればそれを換価した金額で一部弁済をするが（財産がなければその弁済もできない）、支払えなかった債務の支払義務は免責してもらうという方法か、②将来の収入を主たる弁済原資にして法律の定めた額を支払うと債務の残りは支払いを不要とする方法か、③将来の収入を主たる弁済原資にして債権の元金を分割弁済する方法かで、経済生活を再建するということになる。①は破産、②は個人再生（小規模個人再生と給与所得者等再生の総称）、③は特定調停による再建方法である。

Ⅲ　現行の倒産に関する法規

清算型は、一般法として主体に制限がない破産法、特別法として株式会社にだけ適用される会社法の特別清算がある。

再建型は、一般法として主体に制限がない民事再生法、特別法として株式会社にだけ適用される会社更生法がある。

個人（特に消費者）の場合は、破産は清算ではなく免責（破産手続とは異なる手続であるが連動している）という弁済責任の強制的免除の制度を利用した再建型の倒産手続であるということになる。それ以外に主として消費者向けに特定調停という制度がある。

法的倒産手続は、全部裁判所が主宰して行われる裁判上の手続である。全部の法的倒産手続の裁判所の管轄は地方裁判所で専属管轄である。特定調停

だけは簡易裁判所が原則的な管轄裁判所である。

　講学上は、個々の破産事件を担当する裁判体を破産裁判所、民事再生事件を担当する裁判体を再生裁判所、会社更生事件を担当する裁判体を更生裁判所と呼ぶ場合がある（特別清算を行う裁判体については名称がない）が、法文上は全部が「裁判所」と表現されている。法文で破産裁判所、再生裁判所、更生裁判所とされているのは、当該倒産手続が係属している官署としての裁判所のことをいっていて、管轄裁判所のことである（破173条2項、民再106条2項、会更97条2項など、かなりある）。

　以下、簡単に、破産、民事再生、会社更生、特別清算について説明する。この説明では何のことかよくわからないと思うが、本書は、各種の規定について横並びに書いているので、ここでは、その前提となる基礎知識として手続の概要だけでも覚えてほしい。

1　破　産

　破産法は清算型の一般法で、相続財産と信託財産を除けば、債務者は誰でも倒産債務者（破産者）になれるが、手続は後述の同時廃止以外は、裁判所が破産管財人を選任する管理型の一種類だけである。

　破産管財人は同時廃止以外は必ず選任されなければならない。破産管財人は任意の機関ではないということである。管理型という意味は、裁判所が破産管財人を選任し、破産管財人は破産者の財産の管理処分権を行使（破産者から財産の管理処分権を剥奪する）し、破産者の財産を換価して債権者に弁済するという破産手続を進めていくが、破産管財人を裁判所が監督するという手続のことである。

　破産は倒産手続の最後の受け皿である。民事再生・会社更生・特別清算に失敗したときには、各法律によって破産に移行することにする場合が多い。倒産手続開始によって債権者の権利行使を大幅に制限した以上、債務者にいいとこ取りをさせておいて食逃げをすることを許さず、債務者を法的倒産手続から簡単に逃がすわけにはいかないからである。民事再生・会社更生・特

別清算とは異なり、破産に失敗するということはないから、最後の受け皿だといわれているのである。

破産を破産手続の終了事由という観点から分けると、同時廃止・異時廃止・終結決定の3種類がある。もっとも、この終了事由の区別は、債権者に分配する財源の有無・多寡による区別にすぎない。

(1) 同時廃止事件

最初から破産手続を進めるのに必要な費用がなく、破産債権者（手続債権である破産債権を有する者）に按分弁済（配当という）できるような財産がないことがわかっている場合は、同時廃止といって、破産手続開始と同時に破産手続を廃止（将来に向かって手続を終了させる裁判所の決定）することになり（破216条）、破産管財人は選任されず、破産者の財産が換価されることもない。破産手続開始と同時に破産手続が終了するから、「同時」廃止と呼んでいる。

事業者でも破産法上は同時廃止が可能であるが、事業者の場合は同時廃止をしないという運用をする裁判所が多いので、そのほとんどが消費者用の手続である。

破産手続は開始と同時に終了するから、以後は何の破産手続もされずに免責手続に連動していくことになる。破産手続の開始という事実だけが残るだけである。それなら何のための破産手続かという立法論的な疑問は残るが、個人の債務者の場合は、債務者を破産者にして区切りをつける代わりに、免責を得させて経済生活を再建させることが主眼なのである。破産法には破産者になったことによる不利益はないが個別法にはある。たとえば、破産者になると弁護士の欠格事由になる。

消費者の破産は同時廃止が通常の実態である。だから、実際は、破産手続は何もされないで免責手続だけがされるということになる。

申立事件の7割程度が同時廃止である。

(2) 異時廃止事件

ある程度の財産があって破産管財人を選任して財産を換価してみたが、財

団債権という破産債権に優先する債権全部の弁済ができないことが判明した場合は、財団債権に劣後する手続債権である破産債権に配当することができないから、換価終了時点で財団債権に按分弁済（ただし、財団債権間でも順位がある。破152条）して破産手続を廃止することになる（破217条）。破産者の資産は全部換価されて、弁済に使われて弁済原資（資産）がなくなった以上、清算の目的は達したといえるし、これ以上、破産手続を進める意味がなくなるからである。

　これを異時廃止と呼んでいる。破産手続開始と同時に破産手続を廃止するのではなく、破産手続開始後に破産手続を廃止して終了させるから、「異時」廃止と呼んでいるのである。

　実務上は、財団債権は、管財人報酬以外は税金や社会保険料といった公租公課がほとんどである。

　消費者の場合は財団債権となる公租公課の滞納はあまりない（というより給与所得者は源泉徴収がされて最初から滞納という事態が生じない）から異時廃止の例はほとんどなく、事業者の場合が大半である。破産管財人が選任される事件（同時廃止ではない事件で管財事件と呼ぶ）では、7割程度が異時廃止である。

　異時廃止では、手続債権者である破産債権者に対する配当はない（できないから異時廃止となるのである）。破産管財人は、破産債権者のために破産手続を遂行するのではなく、財団債権者のために手続を進めているようなものであるが、資産を換価して清算するという目的自体は達することができる。

　　(3)　配当事件

　財団債権の弁済が全部できて、さらに手続債権である破産債権に配当という強制的な按分弁済を行い、その目的を達して破産終結決定で破産手続を終了する場合である（破220条）。

　本来の破産の姿であるが、管財事件の3割程度しかない。また、配当率は25％未満が大半である。つまり、破産では、債務者の財産がほとんどないか、あっても非常に少ないというのが特徴である。破産原因との関係では、支払

不能と判断されて開始された破産手続では破産者はほとんどが大幅な債務超過であったということでもある。

2 民事再生

再建型の一般法である民事再生法は、倒産債務者（再生債務者）は誰でもがよいが、手続中にたくさんのメニューが用意されている。ただし、個人再生（小規模個人再生と給与所得者等再生をまとめてこのように呼んでいる）は、自然人に限られる。

再生債務者は、手続開始によって債権者に対する公平・誠実義務が課せられる（民再38条2項）。

(1) 通常再生

主として法人（中小企業を念頭においてつくられたが大企業の利用もある）や個人事業者向けの再生手続である。

民事再生法が施行された平成12年4月の時点では、この再生手続しかなかったから「通常」再生と呼ばれている。もちろん、事業者でない個人も利用は可能である。いくつかのメニューがあり、どのような機関を選択するかという観点からみると、裁判所が監督委員も管財人も選任しない自己管理型、裁判所が監督委員を選任する後見型、裁判所が管財人を選任する管理型（債務者が法人の場合だけ）に分けられる。監督委員も管財人も任意の機関であるから、これらの機関を選任するか選任しないかは裁判所の裁量で、運用次第である。自己管理、後見、管理というのは比喩的な講学上の用語で、後見型の場合は監督委員が後見人になるのではない。

管財人は、事業の経営や財産の管理処分権を与えられた（債務者は権利を剥奪される）裁判所が選任する機関のことである。監督委員は、債務者から裁判所が定めた事項について同意することや調査をするなどして債務者を監督する機関で、裁判所が選任する機関のことである。

通常再生では、手続債権である再生債権の調査・確定手続をとるのが原則であるが、調査・確定手続は時間も手間もかかる。この調査・確定手続をと

らないで手続の簡略化ができる簡易再生、同意再生という手続も選択できる。

通常再生では、再生手続を開始してみたものの、再建の可能性がなくなるなどの理由で手続の中途で挫折して再生手続が廃止される（民再191条から194条）場合がある。

再生手続が廃止される割合は、2割から4割程度で、中途での挫折もかなりあるということである。実務的には、職権で破産に移行（民再250条）していると思われる。

(2) 個人再生

個人向けの再生手続である。個人とは自然人のことである。

継続反復して収入を得る見込みがある小規模な個人事業者や消費者向けには小規模個人再生、給与などの定期収入のある者向けには給与所得者等再生という簡易な再生手続がある。一般の負債総額が5,000万円以下という要件がある。この2種類の再生手続を総称して「個人再生」と呼んでいる。

小規模個人再生は小規模の個人事業者も利用可能であるが、通常は消費者に利用されているし、給与所得者等再生は消費者以外にはありえないから、個人再生は基本的には消費者向けの再生手続で、手続も簡略化されている。

この二つの手続は、基本的には自己管理型であるが、個人再生委員という裁判所から選任される任意機関もあり、個人再生委員に再生計画の作成の援助を行わせるときは後見型ということになろう。

小規模個人再生と給与所得者等再生の違いは、①利用者要件が給与所得者等再生の方が狭い（定期収入が必要）、②再生債権者に支払う最低弁済額が給与所得者等再生の方が多くなる可能性が高い、③小規模個人再生では再生債権者の法定多数の同意が必要であるが、給与所得者等再生では、このような同意が不要である、という点である。

申立件数は、小規模個人再生の方が給与所得者等再生より圧倒的に多い。小規模個人再生の方が多いのは、給与所得者等再生の利用要件を満たす者は小規模個人再生の利用も可能であるが、法律で要求される最低弁済額が小規模個人再生の方が少ない場合が多いことと、法定多数の同意が受けられる可

能性が高いことがわかってきたので、弁済額のハードルが低い小規模個人再生の方へ流れているのである。

小規模個人再生も給与所得者等再生も、手続の中途で再建見込みがないなどの理由で廃止できるが、再生手続が廃止される率は非常に低い。

3　会社更生

大規模な株式会社の再建を想定した手続である。最近では、武富士や日本航空やエルピーダメモリの倒産で適用された法律である。

再建型の特別法である会社更生は、手続は一種類だけで、裁判所が管財人を必ず選任する管理型である。倒産債務者（更生会社）は株式会社だけで、担保権者や税などの債権に幅広い制限を加える反面、資本と会社組織の組換えが必須で、債務者の経営者は原則として放逐され、裁判所の選任した管財人の手で再建させることを原則とする手続である。債務者は基本的に信用しないというのが会社更生のスタンスだといえる。

年間申立件数は20件から30件程度で、最近は10件に満たないこともある。大半が東京地裁と大阪地裁に申し立てられるが、その他の地裁にはほとんどない。大企業用で利用件数そのものが少ないのである。

会社更生でも、通常再生と同じような廃止事由が定められている（会更236条）が、廃止がほとんどないのが特色である。

4　特別清算

株式会社だけの制度である。

清算人が手続を遂行する。清算人は基本的には株主総会や定款で選任される株式会社の機関であるが、裁判所が選任する場合もある。

清算人は、特別清算開始命令によって公平・誠実義務を課せられる（会社523条）。開始後の清算人は、会社法上の名称は清算人であるが、講学上は特別清算人と呼ばれる。

自主管理型に近い。

特別清算は、清算手続開始後、すでに述べた開始原因で開始されるが、あくまでも株式会社の清算の一つの方法である。もっとも、実際上は、特別清算の目的で解散決議がされ、清算開始直後に特別清算開始の申立てを行うのが通常である。

　特別清算には、本来的な目的による利用以外に、対税型と呼ばれる特殊な利用形態がある。対税型とは、親株式会社が債務超過の子株式会社を清算する際に、子株式会社に対する債権を免除しても法人税法で損金として認められないことがあり、特別清算になると免除額は当然に損金となるので法人税が軽減されるから、その点を狙って特別清算を利用する形態をいうのである。本来型と対税型の利用割合は1対1くらいだとされている。

　特別清算は清算型の倒産手続であるから、再建型のように再建に失敗するということはないので、手続廃止という制度は設けられていないが、協定という法定多数の同意による権利変更をするので、協定の見込みがない、法定多数の同意がないなどの理由で特別清算による清算に失敗した場合は破産に移行することとなっている（会社574条）。特別清算の中途挫折ということである。

第4章　倒産法の理念

　倒産法にはどのような理念があるかについて説明する。

　一定の理念に基づいて法律はできているから、倒産法にも理念がある。その理念を理解するためには倒産法全部の勉強をしてみないとよくわからないのであるが、ここでは一応の説明をしておく。最初の方で説明するのが筋だろうが、倒産法に関する多少の知識があった方が理解しやすいと考えて、ここで説明することにした。

　倒産法の理念のうち、ここでは、法人格の維持・破産予防、債務者財産の確保、債権者平等原則、清算価値保障原則について説明する。すでに述べたことと重複する部分もあるが、大事なことなので、もう少し詳しく説明することにする。倒産法の理念には、これ以外に手続保障とか手続の迅速性・透明性といったものが考えられるが、ここでの説明は省略する。

I　法人格の維持と破産予防

1　その意味について

　法人格維持と破産予防は、同じような意味で、法人の破産手続が終了すると原則として破産法人の法人格は消滅することになるが、法人は社会的存在であるから、できるだけその存立を維持した方がよいという理念である。また、清算するにしても破産という方法より同意型の特別清算の方がソフトラ

ンディングで清算を進められるから、破産より穏当であるということになる。

清算による社会的な悪影響をできるだけ防止するために、再建を清算に優先させることが必要である。破壊よりは再建の方がよいということである。しかし、何が何でも再建が清算に優先するということではない。清算した方が再建した場合より債権者に支払う弁済額が多いときは、清算した方が債権者に有利であるから、このような場合にまで債権者の犠牲において再建を清算に優先させるという必要性はない。

法律的には、再建型の倒産手続が清算型の倒産手続に優先するという理念である。

2 破産予防の理念からみた倒産手続の整序

再建は清算に優先するという理念の次に、同種手続間では特別法は一般法に優先するというのが、法的な一般原則である。この二つを組み合わせると、倒産手続の優先順位は、株式会社では、会社更生、民事再生、特別清算、破産の順で、株式会社以外は、民事再生、破産の順になる。

倒産法という単行法はなく、倒産手続は基本的に申立主義であるから、先に優先順位の手続の方の申立てをしなければならないということではなく、①開始前の複数の申立てがある場合の手続間の優先劣後、②劣後順位の手続がされた（手続開始も含む）後に優先順位の手続の申立てがされた場合の劣後順位の手続は中止、失効という劣後化（ただし、破産と特別清算の間では破産の開始前に限って特別清算を優先させている）、③優先順位の手続が先に開始されているときは劣後の順位の手続の申立てはできない、という三つの形になって各法律の条文として現れる。条文はかなり多いのでいちいち挙げないが、法律のあちらこちらを探してみてほしい。申立ての箇所、開始の効果の箇所、再生計画・更生計画の効果の箇所に規定がある。これを倒産手続の整序と呼ぶ。

優先順位の手続に失敗した場合はそれでお終いにしてしまうことは、いったん裁判所の倒産手続に乗った以上、手続のよいところ取りをして食い逃げ

は許さないという観点からは問題であるし、破産手続は他の倒産手続の受け皿であるから、他の倒産手続がその目的を達せないで終了したときに破産原因がある場合（ほとんどが支払不能という開始要件を満たす）は、裁判所は職権で破産手続開始決定をして破産手続に移行させることができるようにしている（民再250条1項、会更252条1項、会社574条）。他の倒産手続に失敗した場合に連続性を維持しながら破産手続に移行させることを、講学上は牽連（けんれん）破産と呼んでいる。牽連破産は、職権による場合と申立てによる場合がある。「牽連」とは難しい言葉であるが、ここでは連続という意味である。

　倒産手続の整序や倒産手続間の移行がこのようにややこしいことになっているのは、歴史的経緯から各種の倒産手続がバラバラにつくられてきたことが原因で、どの倒産手続を利用するかを最初から選択させることになっているから、手続開始における順位や倒産手続が行ったり来たりする場合の手当ても必要であり、平成16年の倒産法の改正で規定が整備されている。

　食い逃げは許さないという観点から少し付け加えると、申立て後、保全命令などを発令した後は手続開始前の申立ての取下げは裁判所の許可が必要となっている（破29条、民再32条、会更23条）。保全命令を発して債権者に権利行使の制約を課した以上、裁判所は倒産債務者を法的倒産手続から逃さないということである。なお、手続開始後は判決手続のように申立ての取下げというようなことは認められていない。手続開始による債権者などの利害関係人に対する効果（個別的権利行使の禁止など）がすでに発生しているからである。

II　債務者財産の確保

　すでに述べたが、一般債権者の債権の引当てとなっている責任財産を不当に減少させたり、特定の債権者にだけ弁済をするなど有利な取扱いをすることは、手続の公平や公正という点からみても許すことはできない。そのため

には、手続開始後は債権者の個別的権利行使をさせないことも大事であるが、手続開始前のこのような行為も規制して債務者財産を確保する必要がある。

1 否認制度

　手続開始前の危機時期に行われる、責任財産を不当に減少させる財産減少行為（詐害行為）や、特定の手続債権者だけに利益を与えて債権者平等原則に反する担保供与行為や弁済などの債務消滅行為といった偏頗行為を特定の要件で否認して、その行為の効力を失わせて責任財産から逸失した財産を原状に復させて債務者財産を充実させる必要がある。これを否認制度と呼んでいる（破160条以下、民再127条以下、会更86条以下）。

　否認権は裁判上行使することが必要な権利として制度設計がされているので、否認制度は、通常再生、会社更生、破産の場合だけに設けられている。

　個人再生や特別清算では否認制度は設けられていない。その理由は、否認制度を採用すると裁判手続が必要となるから、手続が複雑で大変になるので、これら簡易な倒産処理と否認制度は相容れないからである。

　また、通常再生で管財人や監督委員が選任されない場合と破産の同時廃止（破産管財人が選任されない）の場合も、否認制度は適用されない。

　破産の同時廃止は、ほとんど財産がない場合の手続であるから、否認権を考える実益に乏しいし、否認権を行使して相当程度（管財事件にできる程度）の財産を回復できるようなときは同時廃止をしないで管財事件として管財人を選任すればよい、ということになる。また、否認対象行為自体が、場合によれば免責不許可事由（財産の隠匿行為など）になることもある。

2 相殺の禁止制度

　相殺には自己の債務の範囲で自己の債権を回収できるという担保的な機能があることから、倒産手続でも債権者平等原則の例外として倒産手続外で相殺をする権利（相殺権）を認めているが、手続開始前の危機時期に取得した手続債権や倒産債務者に負担した債務の相殺を許すと、その債権者は実質的

に手続債権を自己の債務の範囲で全部回収したのと同じ結果になり、債権者平等原則に反することになるから、一定の範囲で相殺を禁止して債務者財産を確保することとしている。

全額回収の意味がよくわからないと思うので、ここで簡単に説明しておく。甲が乙に貸付金100万円の債権を有しているが、買掛金50万円の債務を負担しているとする。乙が倒産すると、貸付金100万円の全額弁済は受けられなくなるが、相殺を認めると、甲は買掛金50万円の債務の限度で貸付金50万円の100％弁済を受けたのと同じになるという意味である。

このような相殺を無制限に許すとすると、債権者平等原則に反することになる。前記の否認の対象となる偏頗行為である債務弁済と結果は同じだからである。だから、相殺には担保的機能があることを理由に手続債権者の相殺権を債権者平等原則の例外として認めつつ、危機時期における債務負担と手続債権取得による相殺を禁止する（破71条・72条、民再93条・93条の2、会更49条・49条の2、会社517条・518条）ことによって、債権者平等原則を貫徹し、債務者財産（債務者が有している債権も財産である）の散逸を防止することとしている。

相殺の禁止に反する相殺は当然に無効となるので、相殺禁止の制度は全部の倒産手続（破産・民事再生・会社更生・特別清算）で認められている。

3　危機時期について

ここまでの説明で、倒産手続開始前の危機的な状況といったり、否認権や相殺の禁止の説明で「手続開始前の危機時期」などと説明したりしているが、この意味が正確にわからないと思うから、ここで簡単に説明しておく。

危機時期とは、倒産手続開始に至るまでの財政的に危機的な状況にある時期をこう呼んでいるが、講学上の用語である。「危機時期」は「危機時機」というときもある。

破産を例にとれば、破産者は最後までジタバタするのが通常であるから、次のような順序で破産開始に至る場合が多い。①債務超過になる、②支払不

能になる、③支払停止をする、④破産申立てをする、⑤破産手続開始決定、という時系列である。②の支払不能と③の支払停止が同時にくることもあるし、③の支払停止の直前に④の破産申立てをすることもある。

①の債務超過になるから資金繰りが苦しくなって②の支払不能になる、②の支払不能になるから支払停止や④の破産申立てをする、というように危機状態は進行していくということである。

危機時期は、一般的には①の債務超過以降の時期をいうが、危機時期になると否認対象行為も行われる可能性もあるし、債権者平等原則違反の行為も行われる可能性があるということである。

民事再生や会社更生では、④の申立ては、破産よりは早い場合が多く、②の支払不能、③の支払停止より前に行われることも多い。

否認対象行為の始期要件や相殺の禁止の始期要件は危機時期であるが、規定ごとに具体的な始期要件は異なっている。条文に書いてあるが、かなりややこしい。

Ⅲ　債権者平等原則

大事な知識なので、ここで改めて詳しく説明しておく。債権者平等とは、公平の理念から導き出される理念で、①実体法上の順位に従って、②同順位の債権を有する債権者は平等に取り扱われなければならないということだ、と説明される。

債権者平等原則は理念としては存在するが、平常時（債務超過でも支払不能でもない状態）はこれが意識されることはない。平常時では、債務者は弁済期がきたら順次その債務の全額を優先劣後を問わず弁済していくので、債権者平等原則を考える意味がないからである。しかし、全部の債務の全額弁済を受けられない状態になったとき（債務超過や支払不能の状態）には、債権者平等原則が表に出てくることになる。

倒産法では、危機時期以降に債権者平等原則を要求するが、債権者平等原

則は倒産法全体の理念であり、どの制度も債権者平等原則に行き着くといっても過言ではない。

危機時期以降手続開始までの債権者平等原則違反を立法趣旨にしている制度は、相殺の禁止と偏頗行為の否認制度であるが、すでに簡単に説明しているので、ここでは、手続開始後の手続債権の弁済の面での債権者平等原則について説明する。

1　手続債権の弁済における債権者平等原則

(1)　原　則

前記のように、債権者平等とは、公平の理念から導き出される理念で、①実体法上の順位に従って、②同順位の債権を有する債権者は平等に取り扱われなければならないということだ、と説明される。

㋐　実体法の順位

①の実体法上の順位に従うのは、実体法秩序を尊重するということで、債権者一般の期待（法律で優先権があれば優先弁済を受けられるという期待があるし、劣後の関係があればそれに従うしかないと考えることである）に沿うからである。

しかし、倒産処理の場面における債権者等の関係人の優先順位は、民事実体法だけで決まるものではなく、民事実体法秩序を超越した倒産処理における経済的、社会政策的要請による修正が加えられる。倒産法が民商法の民事実体法規の特則だといわれる一つである。

民事実体法上、私債権に優先する公租公課（私債権に優先することは国税徴収法などに規定がある）は、本来的には優先的な債権に過ぎないが、会社更生ではその一部が共益債権（更生債権・更生担保権に優先して更生手続外で弁済を受けられる債権）に格上げされ、破産でも、公租公課の一部は財団債権（破産債権に優先して破産手続外で弁済を受けられる債権）に格上げされている。

労働債権も破産や会社更生では一部が財団・共益債権化されて優遇されている（民事再生では一般優先債権は最初から手続外債権で共益債権と並んで第1

順位の債権である)。

　民事再生や会社更生では、少額債権や下請業者の債権は手続債権であるが、一定の範囲で手続外での弁済が認められ、優先化が図られている。

　これらの民事実体法秩序の修正は、経済的・社会政策的要請によるもので、この経済的・社会政策的な要請は時代によって変容するものである。

　債権の優先順位が変更される具体的内容については、後に説明するが、ここでは、倒産法で民事実体法上の優先順位が変更されているということを覚えてもらえばそれでよい。

　(イ)　同順位の債権者の平等取扱い

　次に、②の同順位の債権者間の平等について、手続債権の弁済という点についていうと、形式的な債権者平等原則とは、弁済は、まず実体法・倒産法上の優先順位に従って行うが、同順位の債権全部に弁済ができない場合は、頭数ではなく債権額に応じた按分弁済を行うことをいう。

　債権額に応じた按分弁済は、民事執行法でも採用される方法であるから、債権者平等原則は債権額平等原則のことをいうと法律では考えられているということである。

　もっとも、破産では破産債権は手続開始で確定額の金銭債権に変更される(破103条2項・3項。金銭による強制的な按分弁済である配当をするからである)から、文字通り債権「額」の平等であるが、民事再生と会社更生と特別清算では、非金銭債権や額が不確定な金銭債権は手続開始後もそのままの状態で破産のように確定額の金銭債権に変更されるわけではないから、権利変更では、金銭的な評価もしたうえで確定金銭債権と平等に取り扱うということになる。

　条文でいうと、破産法194条2項、民事再生法155条1項本文・229条1項本文、会社更生法168条1項本文、会社法565条本文である。

　(2)　例外としての衡平

　手続債権の弁済に関しては、民事再生・会社更生・特別清算では、債権者平等原則の例外を認めるが、破産では例外を認めない。

例外は、法律上の同順位の債権者間に関するものと優先劣後の関係にある債権者間に関するものがある。

(ア) **同順位の債権者間に関する平等原則の例外**

民事再生・会社更生・特別清算では、手続債権の弁済の前提として権利変更を行う。権利変更とは、たとえば、債権の80％相当額の免除を受けて免除後の20％相当額を10年間の分割弁済をするといった、一部免除や弁済期の猶予などをいうものであり、要するに、権利変更とは債権者に対する債権の不利益変更をいうのである。

権利変更に際して同順位の債権者間で形式的な平等原則によるのが原則であるが、形式的な平等では個別的・具体的事情からバランスを欠くという場合もあるので、その場合は手続債権者の権利変更は、衡平を害しないときは例外的に一定の差を設けることも可能としている（民再155条1項ただし書、会更168条1項ただし書、会社565条ただし書）。形式的平等が原則であるが、衡平の観点から一定の差を設けてもよいということで、一定の差を設けなければならないということではない。

このような差を設けることが許されることについては、平等原則は公平原則に内包され一般化的正義としての公平が個別化的正義としての衡平によって修正されるものである、と説明されることもあるが、衡平が公平を修正する基準が抽象的すぎてあまりよくわからない。

倒産法では、要保護性が高いなどの種々の理由から、本来的には同順位であるはずの債権の優先劣後が法定されているのだから、それを超えてまで具体的事情に応じて差を設けるのはおかしいといえるが、技術的な理由などで立法化がされていない場合もあるので、個別的・具体的事情によって差を設けることを可能としたということである。

その具体的な「衡平」について通常再生の例で説明してみる。かなり詳しいので、第14章の通常再生の再生計画の項を読むときに読み返してほしい。

民事再生法155条1項ただし書（会社更生でも特別清算でも同趣旨の規定がある）では、再生計画の条項で別段の定めや差を設けてもよいのは、①不利益

を受ける債権者の同意がある場合、②少額の再生債権について別段の定めをする場合、③再生手続開始後の利息・損害金・再生手続参加費用について別段の定めをする場合、④その他差を設けても衡平を害しない場合、となっている。

①の同意がある場合とは、特定の債権者を「不利益」に扱うときに、その不利益を受ける再生債権者が予め同意している場合は、私的自治の原則から許されるということである。

②の少額債権（たとえば10円以下とか30万円以下というような債権で具体的には弁済資金や債務者の財産規模によって決められる）は、手続外弁済が可能（民再85条5項。裁判所の許可を受けて再生手続による弁済ではなく直ちに全額弁済ができる。民再85条1項の再生債権の弁済の禁止の法定の除外事由である）とされているのとのバランスから「優遇」してもよいということである。少額の債権者は経済的弱者であるから、判官びいきの国民性から優遇できるということであるといわれるが、本当だろうか。

③の再生手続開始後の利息・損害金、再生手続参加費用は、再生手続開始後の原因によって生じた債権で、これらの債権は議決権も与えられず（民再87条2項）、実質的には他の再生債権に劣後する（破産では劣後的破産債権とされる。破99条）から、「劣後化」してもよいということである。

④の「その他衡平を害しない」とされるのは、実務では、㋐手続開始前の利息・損害金の全額免除、㋑不法行為による人身損害の被害者の損害賠償請求権を優遇すること、㋒実質的に労働債権に類似する請負代金（派遣労働者の賃金分など）を優遇すること、などとされてきたが、衡平かどうかは当該債権自体の性質から考えるべきである。親会社や経営者の貸付金債権等をこれらの者には内部的関係があることを理由に劣後的に取り扱うことは問題であろう。親会社の債権を劣後化した更生計画について、衡平の原則に一致するとして肯定する判例（福岡高決昭和56・12・21）と、債権者平等原則違反とする判例（名古屋高金沢支決昭和59・9・1）がある。最近の再生計画では、④の例はほとんど見かけなくなっている。手続開始前の利息・損害金の全額

免除条項も見かけないし、親会社や経営者の債権の劣後化は①の同意を得るようになっている。

個人再生でも、権利変更は一定の例外を除いては再生債権者の間では平等でなければならないとされている（民再229条1項・244条）が、その内容は、通常再生・会社更生・特別清算とは異なっている。

例外とされるのは、①不利益を受ける債権者の同意がある場合、②少額の再生債権の弁済の時期について別段の定めをする場合、③再生手続開始後の利息・損害金・再生手続参加費用について別段の定めをする場合、である。

個人再生では、再生計画認可決定の確定で再生債権の金銭化・現在化がされ（民再232条1項）、権利変更後の債権について原則3年間で3カ月に1回以上の分割による金銭弁済をすることになっていて（民再229条2項）、貸金業者や信販会社などの同質の債権者が大半であり、負債の規模も大きくないので、できる限り形式的平等を貫くこととしているのである。

①と③は、通常再生で説明したのと同様である。②については、通常再生とは異なり、少額債権について弁済率の優遇は認めないが弁済期の点で優遇している。これは少額債権を優遇するというよりは、分割払いになる関係で手数の省略と弁済のための振込料の費用がかかるので費用倒れになるという技術的なことによる。だから、この少額とは通常再生とは異なり1,000円未満程度をいうのである。

(イ) **法律上の優先劣後の関係がある債権者間の例外**

会社更生では、手続債権は更生担保権と更生債権に分かれて、更生債権はさらに優先的更生債権、一般更生債権、劣後的更生債権、約定劣後更生債権の4種類があり、権利変更を行うに際しては、同じ種類の債権者間では民事再生と同じようになっているが、異なる種類の債権者の間では、この順番でその順位を考慮して公正かつ衡平な差を設けなさいと条文（会更168条1項・3項）に書いてある。

異なる順位間では、破産のように、絶対的に先順位を優遇するまでの必要はなく相対的に優遇すればよいといわれているが、どの程度の優遇で公平・

衡平な差になるかははっきりしない。少なくも清算価値保障原則（後に述べるように、破産配当より実質的な弁済額が多くなければならないという原則）に違反するような権利変更や差を設けることは許されないと考えるべきであろう。

　(ウ)　破産における債権者平等原則の貫徹

　破産では例外を認めず、弁済（配当）に際しては形式的平等が貫かれている。破産では手続開始によって手続債権（破産債権）は全部、金銭化・現在化がされて、破産債権には優先劣後が定められているから、その順位は絶対的なもの、つまり、優先順位の債権者に全額の配当ができてなお剰余がある場合に次の順位の債権者に配当ができるということで、かつ、同順位の債権者に全額の配当ができないときは債権額で按分した配当がされることになる。債権者の意思とは無関係に債権額による金銭の強制的按分弁済である配当がされることになっている（破194条2項）から、個別事情による例外を認める必要が余りないからだろう。

　実質的な衡平の問題は、形式的平等が貫かれる破産でも生じる。衡平かどうかは、破産債権の金銭化・現在化や強制的按分弁済（配当）とは無関係だからである。立法論としては、破産でも衡平を理由とする劣後化や優遇化をしてもよいのではないかと考えられるが、配当における差を設けるような立法はされていない。個別具体的な事情により配当率を変動させるといったことは、法的安定性を欠き技術的にも困難だからである。立法で最初から特定の債権の順位を変更して、劣後的破産債権や優先的破産債権とすれば、衡平の点を問題とする必要はないのであるが、破産法改正議論の際に親会社や内部者（取締役など）の破産債権を劣後的破産債権とするかどうか議論されたが、このような立法は見送られた。下級審の中には破産会社を実質的に支配していた会社の求償権を信義則から破産債権と認めなくてもよいとするもの（広島地福山支判・平成10・3・6）があり、この解釈に好意的な学説もあるが、他の判例は否定しており、この福山支部判決の見解は解釈論ではなく立法論であろう。

実際上は、破産会社の経営者は破産債権を有していても責任を感じて届出をしない場合も多いし、届出があっても破産管財人は債権を認めず破産債権の取下げを説得することもあって、実際には破産会社の経営者に配当するということは余りない。

2 不同意債権者に対する担保

通常再生・小規模個人再生・会社更生・特別清算では、権利変更は債権者の法定の多数決で行えることになっているが、同意・不同意にかかわらず平等な権利変更をすることになっていて、債権者平等原則は清算価値保障原則と並んで、不同意債権者の意向を無視する多数決原理の少数者の保障（担保）の一つになっているということもできる。つまり、不同意にしたことによって差別的取扱いはしませんよ、ということである。

Ⅳ 清算価値保障原則

清算価値保障原則とは、破産以外の倒産手続（民事再生・会社更生・特別清算）では、最低限度、破産配当額より実質的に多くの弁済が受けられるべきであるという原則である。破産は倒産手続の最後の受け皿とされている以上、破産より優先される倒産手続では、弁済額（これが債権者保護の最大の眼目である）が、破産の配当額よりも実質的に多くなければならないという原則である。一般的には、破産配当率と他の手続の権利変更による弁済率との比較による。

条文上は、再生計画や協定の認可要件としての「債権者の一般の利益」の内容になると考えられている（民再174条2項4号、会社574条1項3号）。会社更生法にはこのような規定はないが当然のことと考えられている。

清算価値保障原則が条文で正面から明確に定められている場合もある。それが小規模個人再生と給与所得者等再生の再生計画の取消事由（民再236条前段・242条前段）で、個人再生では、手続が簡易・迅速なため、清算価値保障

原則違反が看過されて再生計画が認可される場合があるので、認可決定確定後に再生計画による権利変更の結果が清算価値保障原則違反であることが判明した場合に再生計画の取消事由としたのである。

　また、破産配当が最低限度の権利保障であるということは、再生計画案・更生計画案の決議で劣後順位の手続債権者の組で法定多数の同意が得られなかった場合において、裁判所は破産手続が開始されたときに配当を受けることが見込まれる額の弁済をする条項（権利保護条項）を定めて再生計画・更生計画を認可することができるとされていること（民再174条の2第1項、会更200条1項2号）からも裏付けられる。

　破産以外の倒産手続では、給与所得者等再生以外は法定多数の同意によって不同意の債権者も含めて権利変更を行い不同意債権者に不利益を課することになるから、清算価値保障原則は、不同意債権者の保護という面もある。もう少しいうと、清算価値保障原則は、破産配当を受けられることが債権者の倒産手続における権利保障で、破産以外の給与所得者等再生を含めた倒産手続で破産配当以下の弁済という不利益を債権者に与えないという原則であるから、少なくとも、多数決原理で少数者の権利を剥奪することを正当化する根拠とはなる。しかし、清算価値保障原則は、再建を清算に優先させる根拠にはならない。特別清算でも破産より実質的な弁済額が多くなることが要求されているからである。

　清算価値保障原則の基準時をいつにするかという問題があり、争いがある。開始時点なのか、清算価値保障原則が要求されている制度に関する判断（たとえば再生計画認可決定）時なのかが、主な争点である。倒産手続開始時点と清算価値保障原則に反するかどうかの判断時点では、債務者の財産内容は変動しているのが常で、破産配当率を試算すると手続開始時より判断時の方が低い場合と反対に高い場合がある。前者の場合は清算価値保障原則違反として不認可として破産に移行させても再建手続開始時点の配当が得られるはずがないし、後者の場合は債務者の財産は、手続開始後は債権者のためにも存在するから判断時までに増加した資産は債権者への弁済に反映させるべき

ではないかということや、倒産手続ごとの手続の迅速性・簡易性等も絡んでややこしい問題である。

　なお、「債権者の一般の利益」という用語は多義的な用語で、清算価値保障原則の意味だけに用いられるわけではなく、他の倒産手続が先行している場合等に倒産手続を開始するための要件として用いられるときもある（民再25条1項2号、会更41条1項2号、会社514条3号）し、担保権の実行中止命令の要件（会社516条、民再31条1項）となる場合などもある。

第5章　倒産法の沿革

　法律制度の歴史みたいな箇所で、古い時代の法律を研究する分野は「法制史」とか「法史学」とか呼ばれる分野である。

　ここでは、破産に関する立法主義を簡単に述べたうえ、我が国の沿革と最近の改正までを説明する。立法主義以外は倒産法全般の知識がないと何のことかわからないだろうから、漠然とこのようなものかという程度の理解でよいことにしておこう。

I　倒産法の立法主義

　法体系は、大陸法（ヨーロッパ法）系と英米法系に大別され、大陸法系は、さらにフランス法系とドイツ法系に区分されている。

1　商人破産主義と一般破産主義

　誰が破産（広くいうと倒産）の対象となるかという立法主義であり、商人のみを対象とする立法主義を商人破産主義、商人以外の者も対象となるとする立法主義を一般破産主義という。

　商人破産主義は狭い範囲でしか破産を認めないように思うかも知れないが、商人を現在でいう事業者のことだと考えると、事業者以外は消費者であるから、商人破産主義とは、破産は商売に特有のもので事業者だけが破産の対象となるが、消費者は破産の対象とはならない立法主義だと考えるとわかりや

すいだろう。

　沿革的には、今日の破産制度の原型が中世都市の商人社会における懲戒制度として成立したことから、ヨーロッパ法では長い間、商人破産主義がとられてきたといわれている。しかし、商人が中心ではあったものの、中世のイタリア倒産法では商人以外にも倒産を認めていた時期があったし、中世のフランス倒産法でも商人以外にも倒産を認めていた時期もあったから、ヨーロッパ法が商人破産主義であったとは一概にはいえず、商人にしか破産を認めない商人破産主義が採用されるようになったのは19世紀以降のことであると思われる。

　我が国でも、後述する江戸時代の身代限や分散は商人に限られていなかった。

　近年では、一般破産主義を採用する国が通常であるが、破産を含めた倒産法制は、事業者と消費者とでは異なった法制がとられることが多い。

　フランスでは、1989年になって消費者の債務整理手続が認められるようになったが、会社と個人事業者の倒産手続を商法典に、消費者の倒産手続は消費者法典に規定している。

　アメリカでは、倒産法制は連邦倒産法に統一され、企業の再建手続は第11章、清算手続は第7章、自然人の再建手続は第13章に規定されている。

　ドイツでも、事業者と消費者は異なる倒産制度になっているが、同一の法典に規定されている。

　我が国の現行倒産法は一般破産主義であるが、倒産法制は、立法の経緯もあって、倒産手続ごとに別々の法典に規定されているうえ、事業者・消費者を問わず利用できる制度、特定の事業者（株式会社）だけが利用できる制度、消費者だけが利用できる制度などがあり、ややこしい。

2　固定主義と膨張主義

　弁済原資、つまり、換価して債権者への分配の対象とする債務者の財産を、倒産手続開始時の財産に限るかどうかに関する立法主義で、個人の破産の場

合だけの問題である。

　固定主義は倒産手続開始時の財産に限るという立場で、膨張主義は倒産手続開始後に破産者自身が取得した財産も対象財産となるという立場である。

　近年の立法例は固定主義が通常である。

　我が国の破産法は、旧破産法時代から固定主義を採用している。

　固定主義に立つと、破産者が破産手続開始後に取得した財産は、「新得財産」と呼ばれ、破産者が破産手続とは無関係に自由に管理・処分することができる。

　我が国では、消費者は配当の財源になる財産を持ってないのが通常で、破産手続は開始決定と同時に終了（同時廃止で破産管財人は選任されない）するので、財産の管理処分権が奪われないし、その後の免責を受けることを目的に自己破産の申立てをする。同時廃止の場合は配当の前提となる財産自体がないのであるから、固定主義以前の問題ということになる。

　法人破産の場合は、破産法人の財産の管理処分権は破産管財人に帰属するから、破産法人の代表者によって破産法人が破産手続開始後に財産を取得するということ自体がないので、固定主義や膨張主義とは関係がない。

　第三者である破産管財人が破産手続開始後に取得した財産（これも破産法人の財産である）も弁済の財源になるので、常に膨張主義「的」である。

　民事再生では第三者である再生管財人が選任されたときは、法人破産と同じであるが、管財人が選任されないときも、再生債務者自身が再生手続開始後に財産を取得することは当然にあるが、これも弁済の財源になるから、常に膨張主義「的」である。

　会社更生では、第三者である更生管財人が管理処分権を有するから法人破産と同じように膨張主義「的」である。

　もっとも、民事再生や会社更生では、事業が継続されるから財産を全部換価して弁済原資にするということ自体が想定されていない（そんなことをしたら事業継続ができなくなる）が、弁済の額に関しては、手続開始時点の資産の継続的な企業価値を再分配するということだといわれることが多い。つま

り、手続開始時点の企業の継続価値に相当する程度の額を倒産手続開始で棚上げした債権の弁済に充てるということである。

3　懲戒主義と非懲戒主義

　個人の破産者に対して、破産を理由として何らかの懲罰を与えるかどうかに関する立法主義で、懲戒主義は破産そのものを他人に迷惑をかける犯罪行為であるとみなし、公私の資格剥奪（選挙権や被選挙権を奪うという公民権の停止等）を含む制裁を行うという立法主義、非懲戒主義はこのような制裁を加えない立法主義である。なお、これは、民事と刑事が分化した現代では、倒産に至る過程での債務者の行為を犯罪行為として処罰するかどうかとは別の問題である。

　大陸法系の国では長らく懲戒主義が行われてきて、現在でも懲戒主義の色彩が濃い立法例が多い。

　ローマ法では、紀元前5世紀の12表法時代は、債務不履行は犯罪で、債務の履行がされない場合は、債務者は債権者に身柄を拘束され、債権者の所有物になるか奴隷として売られるか死をもって償わせることとしていて、財産手続ではなく人身手続（つまり、身体で償えということである）であった。その後は奴隷化は緩和されていったが、紀元前2世紀の共和国時代末期には、債務者の財産の清算という財産手続が支配的になり、債務者の財産売却と公民権の停止などの恥辱を与えるという手続に移行していった。

　フランスでは、長らく公民権は停止されたが、1894年に倒産者（商人）にも選挙権を認めたものの、1985年には個人商工業者や法人の経営者にも倒産手続を認めたが、公民権は停止されている。2005年になって個人事業主の倒産による被選挙権の喪失を廃止している。

　英米法系の国では、非懲戒主義である。

　我が国では、かつては懲戒主義であったが、現行の破産法自体は非懲戒主義で立法されている（公民権は停止されない）ものの、他の法律で資格制限をする場合も多い（弁護士・公認会計士・税理士・司法書士・後見人・保佐人な

どの欠格事由になっているのがその例であるが、平成17年の商法の改正で破産者も会社の取締役になれるようになった）ので、実質的には懲戒主義であるともいえよう。

4　免責主義と非免責主義

個人の破産（倒産）手続で、弁済（配当）されなかった残債務の弁済責任を免除するかどうかに関する立法主義で、大陸法系の国では長らく免責を認めない非免責主義がとられてきたが、近年では、要件は厳しいものの、免責を認めることになってきている。たとえば、ドイツでは債権者の多数決によらない免責が認められるようになったのは1994年のことであり、フランスでは消費者の残債務の免責が認められたのは1998年のことである。英米法では、早い時期から免責主義がとられてきている。

我が国では、かつては非免責主義であったところ、第2次世界大戦後の昭和27年に破産に免責主義を導入して現在に至っているが、免責不許可事由（浪費や射倖行為で過大な負債を抱えたなど破産法には11個が規定されているが、不許可事由がある場合でも裁判所の裁量で免責されることもある）があり、免責が許可されても公租公課や扶養料など免責の対象とならない破産債権（非免責債権）もある。

なお、免責は債権者の同意なくして、裁判所の許可で債務の弁済責任を免除することであり、免責の効果は裁判所の免責許可決定の確定で生じるが、債務自体が消滅するのではなく（消滅するとする少数説もあるが）、責任なき債務、つまり、自然債務になる。

前記のように、我が国では、免責を受けることを目的に自己破産の申立て（通常は破産手続は同時廃止）をするのである。このような「同時廃止＋免責」が、破産の大半を占めている。

我が国の現在の消費者の倒産法制では、後述のように、消費者は、破産以外にも個人再生の利用が可能で、個人再生では、再生計画の権利変更条項で債権の一部免除を受けて免除後の残額を支払うこととなるので、再生計画の

認可の段階で債務の一部免除がされるから、免責主義とは直接の関係がないということになるのではあるが、個人再生の一つである給与所得者等再生では、再生計画案に対して再生債権者の同意が不要とされているので、裁判所の再生計画認可決定の確定で、債権者の同意なくして強制的に再生計画の条項で再生債権の一部免除がされるから、免責と実質的な効果（ただし一部免責である）は変わらないといえるし、個人再生では、再生計画による権利変更後の残債務の支払いが困難になった場合は、すでに4分の3以上の額を支払っているなどの厳しい条件があるが、残部の免責が認められる（ハードシップ免責）。

　法人の破産では、破産手続で配当を受けられなかった債権は免責されないが、法人は破産手続の終了で清算が完了して法人格が消滅するのが原則だから、債務者の消滅で債権自体が債務者との関係では消滅することになるから、免責主義を採用する必要はない。

II　我が国の沿革

1　江戸時代

　江戸時代より前から現在でいう倒産処理に似たような制度はあったものと思われるが、成文として破産類似の制度がまとまって制定されたのは、江戸時代の中期、享保年間（徳川吉宗・大岡越前の時代）の公事方御定書（くじがたおさだめがき。1742年の御定書100箇条）からである。公事方御定書には上巻と下巻がある。

　その後も増補修正がされて、1754年には、上巻は81通の法令が収録された法令集となっているが、下巻は従来からの判例・先例集といった趣きで103箇条ある。

　内容は現在の刑事事件と民事事件の双方にまたがっている。江戸時代は、刑事と民事が未分化であった。

なぜか、下巻は制定されても公布されなかった。下巻は奉行等以外は見ることが禁じられていたが、成立直後から外部に流失し、広く流布された。

その下巻29には「身代限」(しんだいかぎり、公事方御定書では「身体限」と書いてある)という制度について簡単な記載があり、下巻35には「分散」(ぶんさん)という制度について簡単な記載がされている。

(1) 裁判制度

まず、最初に江戸時代の裁判制度について話しておく。

江戸幕府では「吟味筋」と呼ばれる逮捕・召喚の上、糾問するという刑事事件と、「出入筋」と呼ばれる申立て・対審型の民事事件・刑事事件とが行われていた。

吟味筋は、お上対被疑者という糾問的2極構造であるが、出入筋は、訴訟人と相手方から主張を聞いて、お上が判定するという3極構造になっていたようである。

当時は、刑事と民事が未分化で、司法と行政も未分化であったから、出入筋は、現在の刑事・民事の双方の事件を含むが、当事者(刑事の場合は被害を受けたと主張する訴訟人と加害者と主張される相手方)の双方の主張を聞いて法に当てはめるというよりは、刑事を含む民民の紛争については、公権的に裁定ないしは処分するという行政処分的な性格が強いといわれている。出入筋の判決は裁許と呼ばれたが、必ずしも、判例や先例に基づかない行政的な自由裁量の判断がされたということのようである。落語や講談で有名な「三方一両損」(3両を拾った者が落し主に届けたところ、落し主は落としたものだから要らないと受け取らない。受け取る、受け取らないで揉めたことから、この揉め事が奉行所に持ち込まれ、奉行の大岡越前守が、自分の1両を加えて4両とし、2両ずつを両名に渡し、両名および奉行の三方が1両ずつ損をするという話で実話ではない)のような裁許も可能であったということである。

出入筋のうちの民事事件については、債権は、本公事(ほんくじ)と金公事(かねくじ)に分けられていて、金公事は現在の貸付金などの利息付きの債権がこれに当たっていて、金公事は本公事(金公事以外の債権で賃料や労賃

など）に比較すると保護が薄く、たとえば、金公事のうち無担保の利息付きの貸付金は元禄時代までは訴権も認められていなかった。

享保時代は急増した金銭貸借関係の訴訟を取り上げないこととして、相対済令（あいたいすまし れい。当事者同士で話し合いによって解決し奉行所に紛争を持ち込むな、ということである）を発している。

士農工商の身分制度の下では、商人の債権である金公事債権は下賤なもので、お上はそれほど保護する必要がないと考えたということに他ならないし、急増する訴訟事件（人口との関係では現在よりかなり多かったようである。当時の日本人は聖徳太子以来の話し合い民族ではなかったということかも知れない）を奉行所で捌ききれないということも理由だったと考えられている。

(2) 身代限

身代限（しんだいかぎり）について説明する。

公事方御定書下巻の29は次のようになっている。

29　身体限申付方之事

（従前々之例）

　田畑屋敷家蔵家財取り上げ

（寛保2年、4年極）

　但し他所に家蔵これ有る分も取り上げ、尤も金子は立会吟味の上、金高不足候えば追って身上取り立て次第相かかるべき旨申し付け、金高より余分にこれ有れば滞る金に応じ相申し渡すべき候。小作が滞れば身体限り、田畑屋敷は金主へ渡し置き候上年々作徳をもって滞る金相済ますにおいては、他所元地主へ相返すべき候事

（享保6年極）

　店借に候はば、家財取り上げ、但し地借にて家作が自分に仕り候はば家財家作とも取り上げ申すべく候

身代とは今で言う債務者の財産のことで、限りというのは、お上が財産を債務者から強制的に取り上げるというような意味である。

内容は、読んだら何となくわかると思う。

「従前々之例」とは、以前から判例がありそれによったということであり、「享保6年極」とは享保6年（1721年）の法令として定めた、つまり極めたということである。

「家蔵」とは家の財産、「小作」とは他人の田畑を耕作する農民、「店借（たながり）」とは借家人、「地借」とは土地を借りて借地上に家建物を有している者のことである。

身代限とは、本公事債権であれ金公事債権であれ、その債務の弁済をしない債務者の全財産を取り上げて債権者に渡すという制度である。

倒産法の教科書の中には債務者の財産が売却されて債務の清算がされるというような説明がされているものもあるが、必ずしもそうではなく、天保時代（1830年以降）頃までは奉行の身代限という裁許によって町村役人が債務者の財産を取り上げてこれを債権者に債権額に応じて交付（現在の代物弁済）していたが、その後は財産を売却して金銭で配当をしたようである。

出入筋の訴訟手続は、奉行所ごとに地域性があって様々であるが、一般的には、①債権者の奉行所への申立て（目安と呼ばれる訴状の提出）、②債務者の返答書の提出、③吟味（主張を聞いたり証拠を調べたりすること）、④吟味の間の内済（ないさい。当事者間の分割払いなどの和解）、⑤内済ができない場合は日切済方申付（ひぎりすみかたもうしつけ。期限付支払命令で、その期間は300日程度から30日程度まで地域性があり、何度か猶予期限を狭めながら繰り返し、その間に切金という一部の弁済があれば、これを繰り返すという方法がとられた）、⑥弁済が完了しない場合は手鎖（てぐさり。手錠をかけられて謹慎）または所預（ところあずけ）、⑦それでも弁済できない場合は身代限の裁許という手順で行われるのが一定の基準のようである。⑥は人身拘束であるが、懲罰的な間接強制のようなものだといえる。訴えの提起、判決、強制執行という手続が、一連の手続となっていたことがわかる。

債務者は商人・非商人を問わないが、武家や寺社が債務者の場合は身代限の手続はとられなかった。

身代限の対象となる財産は、家屋敷、田畑、鍋釜も含めた家財道具、日用品、債権も含めた一切の債務者の財産で、町村役人が両当事者立ち会いの上、債務者財産の債権者への引渡しや他への換価が行われたということである。この債務者の財産目録は「諸色付立帳」（しょしきつけたてちょう）と呼ばれていた。

　この点から見ると、身代限は現在の強制執行に相当することになるが、この強制執行は財産全部に対して包括的に行われるもので、現在の強制執行は、判決手続とは連動せず、新たに財産の種類ごとの申立てが必要で、個別的な執行になっているので、大分異なっている。

　法制史の学説では、身代限は債権者1名でも可能であるから、その性質は強制執行だという見解と、債務者の財産全部の包括執行であるから債権者申立ての破産に近いという見解に分かれている。身代限は弁済不能を理由とする包括執行のようであるから、破産は支払不能を理由とする包括執行で、国税徴収法では破産は強制執行などと並んで強制換価手続とされているから、どちらともいえると思うが、強制執行だ破産だといって議論する実益があまりあるとも思えない。

　身代限は、過酷なようにみえるが、従来は債務者が弁済不能の場合は、契約とは無関係な家主や入居の際の保証人などにも弁済を命じていた一種の連座制が、債務の弁済義務は債務者や保証人（請人とか加判人と呼ばれた）という本来の契約上の義務者だけに義務を認め、それ以外の者には義務を負担させないための施策であったということのようである。

　身代限は、要するに債務者を「身ぐるみはがす」ことになるが、それでも債務の全額が弁済されない場合は、後に債務者が立ち直って財産を蓄えた際には再度、身代限を行うことができ、これを「跡懸り」（あとがかり）といった。前記の公事方御定書では「身上取り立て次第相かかるべき」という下りである。

　つまり、現在の破産の場合の免責に相当する制度は認められていなかったということになる。

しかし、実際には、債務者の立ち直りは稀で、結局のところ、身ぐるみはがれるが、債権者はそれ以上の取立ては諦めざるを得ないことになり、実質的には無借金になるというのが身代限の効用のようである。

　身代限は江戸では行われることが非常に少なく、大阪では頻繁に行われていた。大阪では、江戸法のように、金公事・本公事とは呼ばず、金銀出入と呼んでいた。

　江戸では、奉行所の属吏（吟味方与力など）が当事者をなだめたり脅したりしながら、当事者に内済という互譲による分割弁済の合意を執拗にさせていた。

　もっとも、内済は裁判外の示談というよりは奉行所が間に入った現在の和解や調停に相当するもので、内済の合意ができれば証文の形にして奉行所へ提出していた。

　一方、大阪では、簡単にかつ頻繁に身代限の裁許をしていた。

　江戸では、債務者保護、大阪では、債権者保護ということで、武家が多い江戸と商人が多い大阪との違いと考えられている。江戸では、身代限をしてみても債権者は多くの弁済が受けられるものではなく、それよりは内済で長期分割にしても身代限よりは多額の弁済をさせた方がよいという判断があったようであるが、自分に有利な内済が可能となるように賄賂もあったようである。

　大阪では、身代限を受ける債務者の財産隠匿、債権逃れが横行していたようで、大阪町奉行も天明時代（1787年〜）に「親類や知人などの名前で新たに別の場所に借家を借り、別の屋号で商売をし、屋号と名前だけを残した居住地で身代限の裁許を受けて僅かばかりの財産を渡し、以前のように商売を営みながら他の債務を遁れるという算段をする者が多いから、このようなことは連座を適用してもこれを禁止する」という触書を出している。このような算段をした者は処罰の対象となるが、連座とは、名義貸人、家主、町年寄にも咎めを及ぼすということである。

　さらに、天保時代（1842年〜）には大阪両町奉行名で「身代限を受け、全

財産を債権者に渡したはずの者が家名再興の志もなく着飾って交際するのみならず、代々の家筋を断絶させ、父祖に対して申し訳なく思うべきところ、安易に身代限を受ける者がいるのはよろしくない。今後、身代限を受けた者は、男女とも、家名再興まではわら草履を履き、雨天には笠・下駄は用いず簑、合羽を着用し、慶弔の行事にも出席してはいけない。男も上下・袴・羽織を着用してはならず、我が身の恥辱をわきまえ、身代限を軽々しく考えてはいけない」という触れを出している。

倒産法の教科書の中には、江戸時代は、身代限には懲戒主義が徹底して行われていたと書かれているものがある。身代限が社会的恥辱であることは間違いないが、地域的な特色があり、大阪では、気軽に身代限を受けるという風潮があって、奉行所が道徳に訴えて身代限を受けた者の身なりまで規制しなければならないというのが当時の現実ではないかと思われる。

(3) 分　散

次に、分散について説明する。

公事方御定書下巻35では次のようになっている。

> 35　借金銀分散申付方之事
> （寛保元年極）
> 　金銀借り方の者身体分散の節、貸し方の内で少々不心得の者これ有る由の願い出候はば分散請け候よう申し聞かせ、若し不心得に候はば得心の者ばかりへ分散割合を行い相渡し申すべき候、尤も借り方の者身上持ち次第割合請け取り候ものも請け取らざるものも一同に追って相かかり候ように申し渡すべき事

これも、たった、これだけである。

分散とは、分けて散じるという意味で、債務者の財産を債権者に分配するということである。

奉行所は、願いがあれば、分散に参加しない債権者があるときは参加するように申し聞かせ、それでも同意しないときは、その債権者を除いた参加債

権者だけで分散を行う。ただし、分散に参加した者も参加しなかった者も、債務者が身上持ち直し次第「跡懸り」ができるとされているのである。

　分散とは、債務者の申出で、債務者が多数の債権者との合意で自分の総財産を引き渡し、これを債権者達が入札・売却で換価し、その代金を債権額に応じて分配するという手続である。

　『徳川時代ノ文学ニ見エタル私法』（中田薫）という本には、「徳川時代分散ト称スルハ仏蘭西ノ中世ノ破産手続ノ一種トシテ行ハレタル財産委付（Abandonnement de biens）ニ相当スルモノニシテ、競合セル多数債権ヲ満足セシムルコト能ハザル債務者ガ、債権者ノ同意ヲ得テ自己ノ総財産ヲ彼等ニ委付シ、其価額ヲ各債権ニ配当セシムル制度ナリ」と書いてある。

　このフランスの中世の破産手続の一種として行われた財産委付（債務者が財産を投げ出して債権者間で分配する制度）とは、1673年王令により倒産による投獄等の過酷な制裁を免れるための救済策として設けられた、債権者との示談による資産譲渡契約のことだと思われる。この資産譲渡契約は、裁判所の承認で効力を生じるとされている。

　フランスのことはともかく、我が国では、お上である奉行所は、債権の種類による配当率を定めたり、分散の参加者の範囲を触れ出したり、債務者の財産調査に関与したりしていたが、大阪では、身代限の法制が整備されるにつれて町奉行所は分散には関与しなくなったようである。

　分散の法的性質は、奉行所がほとんど関与しない私的な処理で、現在の私的整理や自己破産に近いといわれている。分散の債務者は商人・非商人を問わず、実際にも分散は庶民の間ではよく行われたようで、分散を破産と考えれば、一般破産主義だったともいえよう。

　江戸法では、1740年（元文5年）以前は、分散に同意しない者の債権についても分散に参加したものとして、その取り分（配当分）を不同意債権者が所属する町の名主に預けていた。つまり、現在でいう供託をしていたが、不同意の債権者がこれを取りに来ないということで、法律を変えて1740年以降は、分散に参加した債権者だけに分配し、不同意債権者には分配（供託）を

しないということになった。分散に参加した債権者も参加しなかった債権者にも「跡懸り」が認められた。その後、さらに法律を変えて、1800年（寛政12年）以降は、分散に同意した債権者は分配を受けたら残額については「跡懸り」を認めないが、分散に不同意の債権者は分配を受けられないが「跡懸り」ができるということにしたようであるので、分散に応じた債権者の債権の残額は免責があったのと同様ということになる。

　倒産法の教科書の中には、分散の効果として免責が認められていたと書いているものもあるが、不正確で、「跡懸り」ができるのだから「跡懸り」が認められない場合を除いて免責はなかったと考えるべきである。

　しかし、身上持ち直しがない場合は、結局は身代限の場合と同じように実際上は免責と同じだったといえるかも知れない。

　また、財産を隠蔽しておいて、分散し、巧みに債務を免れる債務者もあった。前記の『徳川時代ノ文学ニ見エタル私法』という本にはそのような話が紹介されている。井原西鶴の『日本永代蔵』（公事方御定書発布以前の出版物である）に、近いうちに倒産するだろうと考えて弟に別家させて分散を逃れさせたり、別の場所に他人名義で家屋敷を求めておいたり、近在の親類に田畑を買わせたりして財産を隠し、自分の居場所を先に決めておいてから残り滓のような財産を債権者に渡して、古い帳面を枕にして寝て（横着をきめこんで）、見苦しい限りである。町役人が調停して年賦返済で家を再建しないかというと、これを迷惑がって、財産を形だけ全部債権者に渡して住居を立ち退いた後に、3月の節句に桃の酒を祝ったという話が載っていて、現在では詐欺破産罪や強制執行妨害罪になりそうな話である。

　身代限になるにせよ、分散をするにせよ、社会的恥辱であったことは間違いないと思われるが、一方では、財産隠匿、債権逃れがあったということであり、財産隠匿、債権逃れは、古今東西を問わず、何も我が国特有のことではない。破産自体に抵抗感が少なくなっているという点は、現在の消費者破産も似たようなところがある。

　地域性（各地の慣習法）があって、身代限と分散は運用も様々で、江戸末

期は、その区別が曖昧になり、「身代分散」として融合していた場合もあるといわれている。

2 明治初期

明治政府は、明治5年（1872年）の太政官布告で「華士族平民身代限規則」「僧侶身代限規則」を布告した。

身代限規則は、従来の慣習法にフランス民事訴訟法を参考にして若干の修正を加えたものだといわれている。

身代限規則は、江戸時代は対象とならなかった士族や僧侶にも身代限を可能とし、身代限の処分として差押えができない品類の指定と、身代限の手続について規定している。

差押禁止物は、服2枚、夜具1枚、職業をするために必要な物品、1カ月間の食糧、鍋釜炊事道具などで、このような差押禁止物を定めたのはフランス民事訴訟法の影響ではないかといわれている。現在の民事執行法上の差押禁止財産とよく似ている（民事執行法の方が範囲は広いが）。

身代限の方法は、入札払いに処し、入札の場所・時刻を裁判所の門前や新聞に掲載するなどの周知方法をとり、町村役人は最高価の買受人に財産を売却してその現金は裁判所を提出するとなっている。いわゆる競争入札方式で、町村役人が現在の執行官の役目も担っていたようで、競争入札は現行の民事執行法と似ている。

この身代限の手続は、明治23年に旧民事訴訟法（強制執行編）が制定されるまでは強制執行の方法であった（旧民事訴訟法の強制執行編は昭和55年に民事執行法が制定されるまであった）。

もちろん、免責は認められないから、「跡懸り」という身代限の繰り返しも可能であった。

3 明治中期

商人の破産に関しては、明治政府はフランス法を参考にして旧商法典の中

に第3編として統一的な破産法典の条項を定め、明治26年7月から施行された。最初の破産法である。

　これは、裁判所の関与の度合いが高く、商人破産主義・懲戒主義・膨張主義をとるフランス法の考え方が我が国の実情に沿うものとして採用されたものといわれている。

　この時点で、商人については財産を換価して債権者に分配するという破産の手続が我が国にもできたことになる。

　一方では、非商人の破産については、明治23年に家資分散法を制定していると説明されることもあるが、かなり不正確である。

　家資分散法は、5条からなる簡単な法律で、商人にも適用があり、強制執行によっても債務の弁済をする資力のない債務者は、裁判所は、職権または申立てによって、決定で家資分散者の宣告ができ、その宣告（決定）に対しては即時抗告が可能であること、宣告を受けた者は選挙権・被選挙権がなくなること（公民権の停止）が定められていて、また破産宣告を受けた者（商人）の公民権の停止も定められていた。

　なお、旧商法破産編では、破産者の資格喪失については、無限責任社員、会社の取締役等になれないという資格制限だけがあっただけである。

　つまり、家資分散法は、強制執行でも債務の弁済ができなかった者と破産者（商人）の双方の懲戒（公民権の停止）に関する法律であるということができる。

　非商人の場合は破産は認められなかった。非商人は、強制執行されても弁済が完了しなかった場合は家資分散者の宣告を受けることがあり、公民権が停止されたということである。

　この時代も免責は認められていないから、家資分散者や破産手続終了後の破産者に対して強制執行を繰り返すことも可能であった。

4　旧破産法

　旧商法破産編は、商人破産主義をとっていたことや、財団債権、否認権、

取戻権などの明確な規定を欠いていて批判も多く、改正作業がなされて、大正12年（1923年）に単行の破産法が施行された。家資分散法は廃止された。

　この旧破産法は、ドイツ破産法の影響を受けたといわれているが、①商人破産主義を改めて一般破産主義に変更したこと、②破産法を手続規定と実体規定に区分したこと、③別除権、破産債権、財団債権、否認権などに関する規定を整備したこと、④破産原因を支払停止に代えて支払不能の概念を導入したこと、⑤監査委員の制度を導入して債権者を代表する監査委員に破産管財人の監督権限を与える制度を設けたこと、⑥懲戒主義を緩和したこと、⑦強制和議の制度を導入したこと、⑧膨張主義を捨て固定主義に変更したこと、⑨小規模の破産について小破産の制度を設けたこと、だといわれている。

　旧破産法は、その後は、第2次世界大戦後の免責制度の導入の他、小規模の改正がされてきたが、平成17年1月1日に新破産法が施行されたことに伴って廃止された。だから、旧破産法は最近までであり、平成16年末までは、この法律（もちろんカタカナである）に従って破産実務が運用されてきたのである。判例や学説も旧破産法時代のものが大半であるから、注意が必要である。

5　和議法

　一方、再建型の倒産処理手続は、旧破産法と同時に、当時の最新の再建型手続であったオーストリア和議法にならった和議法が制定された。

　我が国では始めての再建型の倒産手続として制定されたのである。

　対象者は破産と同様に制限はなかった。

　和議法は、手続としては破産と違って簡易な手続であり、①和議条件という再建計画（要するに債権の一部免除を受けて残部を支払うという条件である）が申立て時に示されなければならないこと、②手続債権である和議債権の実体的債権確定手続がなく、確定されるのは議決権の額だけであるという手続内確定手続がとられること、③手続は和議の認可決定の確定で終了し、和議条件による和議債権の弁済確保の方法がほとんどないこと、④従来の経営者が財産の処分権や経営権を失わないこと、⑤否認権がないこと、などの特徴

（これが欠点でもある）があることである。

　和議法は、和議が認可されて手続が終了したら、弁済をしようとしないたちの悪い債務者もいたことから、「詐欺法」と揶揄されて、評判が悪い法律であった。

　和議法は、民事再生法の施行（平成12年4月1日）によって廃止された。

　民事再生法は、和議法とはかなり異なっているので、和議法の改正という方法はとらず、新たな民事再生法の制定という方法がとられた。

6　会社整理・特別清算

　昭和13年（1938年）に商法会社編の大改正が行われたが、その際、株式会社の再建型の倒産手続である会社整理と株式会社の清算型の倒産手続である特別清算の制度が導入された。

　この制度は模倣する外国の制度はなく、我が国独自の制度であるといわれている。

　会社整理は、株式会社用の簡易和議、特別清算は、株式会社用の簡易破産といった趣きである。

　会社整理は、平成18年5月1日に会社法が施行されて廃止された。

　特別清算も事情は同じであるが、会社法に特別清算の規定が整備されて設けられているので改正されて会社法に規定され直したということになる。

7　会社更生法

　第2次世界大戦後の昭和27年（1952年）、アメリカ法を模範として株式会社に適用される強力にして厳格な手続を行う会社更生法が制定された。

　この法律の最大の特徴は、会社再建のために、組織や資本の組み替えを行うとともに、担保権者の担保権の実行を認めない（他の倒産法制では担保権の実行は自由である）という、世界でもほとんど例がない再建型の倒産処理制度である。担保権の行使は認めないが、担保権の対象物の価値に相当する被担保債権を更生担保権という債権として優先的に更生計画で弁済するという

方法である。

また、その際に、破産法も改正されて、大陸法系の立法としては初めて免責制度を導入して従来の懲戒主義を廃止し、当然復権の制度も導入した。アメリカ法の影響によるものであるといわれている。

この会社更生法も、平成15年4月1日に新会社更生法が施行されたのに伴って廃止されている。

新会社更生法は、旧会社更生法の基本的な枠組は踏襲したが、細部の改正部分が多くなったことから、旧会社更生法の条文を改正するという方法ではなく、新たな会社更生法を制定するという方法で改正がされた。

Ⅲ　平成の倒産法制の抜本的改正

会社更生法が制定された昭和27年以降は大きな改正もなく、再建型としては会社更生・会社整理・和議、清算型としては破産・特別清算という5個の倒産手続（これを倒産5法と呼んでいた）が安定的に運用されてきた。

利用件数は徐々に増加していたが、平成に入ってからは、会社更生は年間数十件、和議は年間200～300件程度、会社整理は年間100件程度、特別清算は年間200～300件程度という状態であった。破産は、事業者の破産は年間2万件程度で推移していたものの、サラ金による消費者金融が多くなったことからサラ金からの借入で首の回らなくなった消費者の免責目的の破産が昭和50年代後半から激増し、クレジットカードの普及と相まって、破産事件の大半を占めるような状況になってきていた。

旧破産法は、主として事業者を想定した清算型の手続で迅速な処理が難しいので、裁判所は事業者の破産では迅速な処理のために破産法の手続規定を実質的に無視した運用を行ってきていたし、消費者の破産では分配の対象とするような財産は最初からないから、破産法の規定のほとんどは適用されないで、破産宣告（破産手続開始決定のことを旧破産法では破産宣告と呼んでいた）と同時に手続が終了する同時廃止で、後は免責手続に移行するという不自然

な運用（破産法上は可能であるが、破産法はこんなことは想定していなかったので充分な手続上の手当がなかった）がされていた。

　和議法は、裁判所の運用も異なり（東京方式と大阪方式があった）、手続が認可決定で終了してしまい、その後の裁判所の監督がないし、前記のように、不誠実な債務者は和議条件の弁済をせず履行確保の方法もないといったことから、和議法ではなく詐欺法だと言われたりして評判はよくなかった。

　また、倒産者の大半を占める消費者については、事業者のような再建型の倒産手続がなかった。

　消費者は弁護士に債務整理を頼む任意整理か破産かの二つの選択枝しかなく、任意整理ではサラ金等は元金の一部免除はしないので、その中間型、つまり元金の一部免除を受けて残額を将来の収入で分割弁済するという事業者と同じような再建型の倒産手続がなかったのである。

　さらに、我が国の倒産法制は属地主義という鎖国的な態度をとっていて、これには国の内外から批判があった。

1　改正の契機

　日本経済の高度成長期は終了し、平成3年のバブル崩壊後の長期にわたる景気低迷の中で、倒産処理の実効性の確保が、不良債権処理などの解決による金融システムの安定ひいては日本経済の再生のための不可欠な課題だとされ、その制度的な基礎として倒産法制度の抜本的な改正が必要不可欠だとされるに至った。

　その契機となったのが、平成7年（1995年）の住専の破綻処理の問題であった。住専、つまり、民間の住宅金融専門会社は、種々の金融機関が母体行として出資や貸付をしていたが、住専はこれらの金銭をバブル期にマンション業者や住宅建設会社などにジャブジャブ貸し付けていたのである。

　ところが、バブル崩壊後の長引く不況から貸付先が破綻し、地価も急激に下落していったことから、住専の貸付金は不良債権化していって、住専自体が破綻してしまい、これを放置すると住専に巨額の資金を貸し付けていた母

体金融機関やその他の金融機関自体も破綻する危険性が増大することとなったために、税金を投入する形で住専の裁判外の破綻処理を行うこととなったわけである。このような破綻処理に対しては批判も多く、会社更生などの法的手続で行うべきだという批判も多かった。これに対して、裁判上の倒産手続では時間がかかりすぎ、その結果、金融システム自体が破綻してしまうという反論がされた。これが倒産法の抜本的改正につながっていくことになるのである。

　平成8年（1996年）に法務大臣から、法務大臣の諮問機関である法制審議会に倒産制度の改正が諮問された。法制審議会は、法務大臣の諮問を受けて同年10月に倒産法部会を設けて、抜本的改正の審議を開始した。法制審議会の倒産法部会は、当初は5年間程度で改正問題の検討を終えるということで始まった。改正の柱としては、①基本的枠組みについて問題の多い和議法に代わる一般的な再建型の新制度（新再建型手続と呼んでいた）をどのようにするか、②個人債務者特に消費者の再建型倒産手続（個人債務者更生手続と呼んでいた）をどのようにするか、③清算型の破産制度を効率よく運用するためにはどうするか、また特別清算という簡易破産型の制度をどうするか、④実態に合わなくなった倒産実体法をどのように改正するか、⑤国際倒産法制をどのように整備するか、の5つであった。平成9年12月には「倒産法制に関する検討事項」として公表され、各界に意見照会がされた。

2　民事再生法の制定

　ところが、長引く不況による倒産事件の激増を背景にして、中小企業を対象とする再建型倒産手続の早急な整備が、再度、法務大臣から諮問されたことから、この部分だけを切り離して前倒しで審議して、平成11年（1999年）に、民事再生法として国会で成立させて、平成12年（2000年）4月1日から施行された。これに伴って和議法は廃止された。

　民事再生法は、中小企業の事業の再生を想定して制定された再建型の倒産手続であるが、一般型の再建型倒産手続として、大企業、その他の法人、個

人にも適用がある。

　和議法の欠点であるといわれた点は、ほとんど克服されている。①債務者には手続開始後は公平誠実義務を課すとともに、債務者の財産管理等が失当である場合は管財人を選任して管財人に再生手続を遂行させること、②原則として債権の実体的な調査確定手続を行うこと、③和議条件に相当する再生計画案の提出は開始後とされたこと、④履行の確保の方法として再生債権者表に基づく強制執行や再生計画の取消しや監督委員による履行監督制度を設けたこと、⑤否認制度を導入したこと、などである。また、再生計画案の可決要件は、議決権を行使する議決権者の過半数で議決権総額の2分の1以上の同意というかなり低いハードルで足りることとしている。

　平成12年から適用されている民事再生は、通常再生と呼ばれている。

3　消費者の再建型倒産手続・国際倒産法制

　次に改正の課題となったのは、消費者用の再建型倒産手続と国際倒産法制であった。

　この二つの改正は、平成12年（2000年）に行われ、平成13年（2001年）4月1日から施行されている。

　消費者用の再建型倒産手続は、検討事項では個人債務者更生手続と呼んで単行法を制定する方向で進んでいたのであるが、民事再生法の特則として制定されることになったのである。

　個人の再生手続は2種類あって、小規模個人再生と給与所得者等再生がある。まとめて個人再生と呼ばれるが、いずれも住宅ローン債権など以外の債権総額が5,000万円以下（制定当初は3,000万円以下であったが5,000万円以下に改正された）という利用要件がある。

　小規模個人再生は小規模な個人事業者を想定したものであるが、利用要件が個人で将来、継続または反復して収入を得る見込みがあることとなっているから、そのような消費者にも適用されるので、実際には大半は消費者に利用されている。給与所得者等再生は給料などの定期収入がある個人であるこ

とが利用要件であるから、そのような消費者専用の制度である。

これらの2制度は、民事再生の特則として規定された（給与所得者等再生は、小規模個人再生の特則になっている）ことから、民事再生法を読んでみるとわかるが、特則と準用される条文、準用されない条文というような構成になっていて、おまけに性質上適用されない条文もあって、複雑で非常にわかりづらいのが最大の欠点である。

小規模個人再生と給与所得者等再生では、法定されている最低弁済額（債権総額によってその額は変わるが、100万円未満は全額、100万円以上500万円までは100万円である。給与所得者等再生ではこの額と原則2年間程度の可処分所得額との多い方の額であるが、可処分所得の額の計算方法は政令で詳細に定められている）以上の額を、将来の収入などで原則3年間で金銭で3カ月に1回以上分割弁済することになっていて、残額は再生計画の権利変更条項で免除されるが、権利変更の対象とならない再生債権（破産の場合の非免責債権と大体同じである）もある。個人再生では、債務者は法律で定めた以上の額を債権者に支払いなさい、債権者はその額で我慢しなさいという制度にしたということである。

小規模個人再生と給与所得者等再生は、通常再生とは異なり、個人専用であるから、費用も低廉で簡易迅速な手続でなければ意味がない。通常再生とは異なり、管財人も監督委員もおかれないし、債権の実体的確定手続も取られないし、再生計画認可決定の確定で手続は終了する。再生手続中は強制執行を受けることもなく再生債権の支払いも禁止される。手続終了後に再生計画で定められた免除後の分割弁済を行うことになる。

なお、個人再生には否認制度が適用されないし、破産の場合の免責不許可事由がある債務者も利用が可能である。

それ以外に、住宅ローンについては特則を設けて、住宅ローン債権は延滞額を上乗せして分割弁済したり、弁済期間を長くしたりするものの、債権の全額を支払う代わりに住宅を手放さないで再建を可能とする方法も創設された。住宅資金貸付債権の特則である。

国際倒産法制は従来の属地主義をやめて、国内手続の効力を外国に拡張するとともに外国倒産手続に対して我が国が協力することを定めている。

外国の倒産手続について、我が国で一定の効力を認めて、様々な援助処分を定めた外国倒産承認援助法を制定し、破産法、民事再生法、会社更生法を改正して、これらの倒産法規に国際倒産関連規定を新設している。

4 特定調停

法制審議会とは無関係に、サラ金等の貸金業者等を相手とする特別の調停の制度が平成12年に議員立法で成立して、同年10月1日から施行されている。特定調停は、事業者も消費者も一定の要件で利用できるが、割と簡単に民事執行を回避できることや、サラ金業者に債権の現在額に関する資料を文書提出命令の制裁で強制できることなどの特徴がある。

消費者の特定調停の実務運用は、元金（利息制限法で引き直し計算した額である。引き直し計算は申立人自身でする必要はなく、調停委員会がサラ金業者等から取引履歴を開示させてする）の免除はされず、元金を今後の収入で40回から50回程度に分けて毎月分割弁済するが、分割弁済期間中の利息は免除を受けることになるのが通常である。特定調停は、債権元金を全額分割払いできる程度の定期収入があることが必要である。

調停であるから、債権者との個別の合意が必要となるが、債権者であるサラ金業者等は調停に出頭しないのが通常で、裁判所は17条決定と呼ばれる調停に代わる決定を行い、サラ金業者等はこの17条決定に対して異議をほとんど述べないので、異議がない場合はこの17条決定には裁判上の和解と同じ効果が付与されるから調停が成立したのと同じことになる。合意を守らない場合は、調書に基づいて強制執行を受けることがある。

特定調停は、各債権者との間の個別の調停であるから、否認の問題もないし、破産の場合の免責不許可事由がある債務者も利用が可能である。

5　会社更生法の改正

前記のように、新会社更生法として、平成15年（2003年）4月1日から施行されている。旧会社更生法は、柔軟性・迅速性に欠け、時間と費用がかかりすぎることが難点で、これらの難点を是正し、民事再生での有効な制度を会社更生にも導入するという観点から改正が行われたのである。

6　破産法の改正と倒産実体法の改正

4番目の課題となったのは、破産法の改正と倒産実体法の改正で、前記のように、合理性や迅速性に欠ける破産手続を実務運用に合うように改正するとともに、倒産手続間の移行規定や実態に合わなくなっている倒産実体法も整備することになり、平成16年（2004年）に新破産法の制定と、民事再生法、会社更生法の実体規定、倒産手続間の移行規定の改正がされ、平成17年1月1日から施行されている。

新破産法は、民事再生法、会社更生法と同じように手続規定の中に実体規定を入れる形になっていて、実体規定と手続規定に分けた旧破産法とは体裁が異なっている。

改正箇所は非常に多いが、簡単にいうと、①土地管轄の緩和、②保全処分の拡充、③債権者集会の任意化、④破産債権の調査確定手続の合理化、⑤換価時期の早期化、⑥配当手続の合理化・迅速化、⑦自由財産の拡張、⑧破産手続と免責手続の連動、⑨免責手続中の強制執行等の禁止、⑩非免責債権の範囲の拡張、⑪賃貸人破産の場合の賃借人の保護、⑫公租公課の一部の破産債権への格下げ、⑬労働債権の一部の財団債権への格上げ、⑭否認要件や効果の整備、⑮相殺制限の要件の見直し、⑯監査委員制度・強制和議制度・小破産制度の廃止、などである。

その利用は、大半が消費者破産である。消費者破産では、債務者は破産者になるが、破産開始決定後は免責の許否の決定までの間は強制執行等を受けることもなく、免責不許可事由がない場合や裁量免責を受けられる場合に限

ってではあるが、免責されると通常の破産債権は全額の弁済を免れられる（特定調停や個人再生とは異なり、今後の収入で弁済しなくてよい）。

　免責不許可事由は11個あるが、裁量免責も認められており、悪質で不誠実な債務者でない限り免責が許可されている。

　破産債権者からすると、借りるだけ借りておいて簡単に免責を受けて1銭も支払わなくてよくなるのは、モラルハザード（倫理の欠如）だといいたくなるが、現行の免責制度は、免責が不許可になる場合もあるし、免責が許可されても要保護性の高い破産債権は免責の対象とならないし、債務者の経済的再生の方を優先するということで、割り切ったということである。

　消費者破産の件数が、特定調停や個人再生に比較して圧倒的に多いのは、定期的な収入が見込めないとか債権総額が高額で弁済ができず、特定調停や個人再生を利用できないという場合はともかく、破産は社会的恥辱であるという発想はあまりなくなり、借りたものは返さなければならないというモラルよりは、経済的に楽な方を選択することが多いということかも知れない。

　倒産犯罪についても、抜本的に改正している。倒産犯罪は、①倒産債権者の財産上の利益を保護法益とする実質的侵害罪、②倒産手続の適正な遂行を保護法益とする手続的侵害罪、③個人の倒産債務者の経済的再生を保護法益とする罪、の3種類に分けられる。

　③については、新たに創設されたもので、個人の破産者・個人の再生債務者やその親族等に、破産債権・再生債権の手続外弁済等や保証等をさせる目的で、面会を強要したり強談威迫の行為をした場合は、3年以下の懲役もしくは300万円以下の罰金（または併科）になる。債権者平等原則に反する倒産手続外の弁済等の要求行為等を罰則をもって禁止しようとするものである。

　第1章で説明した法規制を行っても、その法規制を無視して債務者やその親族等に強硬な取立てを行おうとする債権者の行為を罰則をもって禁止するということである。

7　特別清算の改正

5番目の課題は、特別清算で、平成17年（2005年）の商法の大改正に伴って改正がされた。

改正の内容は、従来の枠組みは踏襲しながら、手続の規定を整備したということである。

商法の会社編の大改正は、商法の会社編を全部削除し有限会社法を廃止して、会社を、株式会社、合同会社、合資会社、合名会社の4種類にし、株式会社の組織はものすごくメニューが多くなっているが、会社法の株式会社編の清算の末尾に特別清算の章がある。平成18年5月1日から施行されている。

会社法の施行に伴う整備法によって、会社更生法、民事再生法、破産法も所要の改正がされて平成18年5月1日から施行されている。

法制審議会の倒産法部会は解散して、一応の改正は行われたということになり、その後も所要の改正がされて今日に及んでいるが、今後の課題として残っているのは、株式会社の特別清算のような簡易型の清算型手続が株式会社以外の会社その他の法人や個人事業者にはないということをどうするかということである。

〔参考文献〕
・中田薫『徳川時代の文学に見えたる私法』（岩波書店・1984年）
・マリー＝エレーヌ・ルノー・小梁吉章訳「フランス倒産法の歴史」（広島法学27巻3号・2004年）
・小梁吉章「2008年フランス債務整理法改正の意義」（広島法学33巻2号・2009年）
・小早川欣吾「近世における身体限り及分散続考(1)(2)」（法学論叢44巻1号、2号・1941年）

第6章　各種債権の処遇

　倒産債務者に対する請求権（債権）が倒産手続でどのように処遇されるかについては、民法の債権に関する基礎知識、民事実体法や租税法の知識が必要である。各種の債権が各種の倒産手続でどのように処遇されるかを、いろいろな観点から分類して簡単に説明する。横並びにして倒産手続ごとに異なることを簡単に説明されると、さら難しくて充分に理解できないかも知れないが、大事なことだから基本的なことは理解に努めてほしい。

I　実体法上の優劣

　各種の債権は、税法や民事実体法でその優劣が定められている。これを最初に説明し、倒産法上の取扱いも簡単に説明する。

1　公租公課と私債権

　公租公課は、租税と公の負担金のことをいうとされている。
　公租公課は、国税徴収法または国税徴収の例によって徴収できる債権、つまり、徴収機関が自力で強制的に回収することができる債権のことである。これに対して、私法上の債権は、担保権付きの債権でもそうでない債権でも、原則として民事執行（担保権の実行・強制執行）という裁判所の関与によってしか強制的な回収ができない。
　租税はいろいろな観点から分類ができる。歳入の観点からは国税と地方税、

徴税の観点から直接税と間接税、どの点に担税力（税負担ができる資力）を見いだすかという観点からは所得税、保有税、流通税などの分類が可能である。数多くの種類の税金がある。倒産実務上よく経験するのは、法人では法人税・源泉所得税・源泉住民税・消費税・固定資産税などであり、個人では所得税・住民税・固定資産税などである。

　公の負担金は、個別の法律で負担金の徴収を国税徴収の例によることができると定められている（地方税の徴収の例によるとされるものも含まれる）ものである。倒産実務上よく経験するのは、厚生年金保険料・健康保険料・国民年金保険料などの社会保険料である。下水道料金もそうである。

　これらの公租公課（本税だけでなく、利子税・延滞税・加算税等の付帯金も含まれる）の徴収は、裁判手続の民事執行（強制執行）によることなく、滞納処分という国税徴収法等に基づく徴収機関の自力の徴収手続で行われ、その手続自体は民事執行と余り変わらない。

　公租公課間の優劣は、国税が地方税やそれ以外の公課に優先し、地方税が国税以外の公課に優先する（税徴8条、地方税法14条など）。租税間では、差押えなどを先にした方が優先するという先着手主義がとられている（税徴12条など）。破産における配当では実体法上の順位に従うが、財団債権の弁済では公租公課は同順位とされて按分弁済になり、租税間の先着手主義は、破産手続では排除されている。

　公租公課と私債権の優劣は、一般には公租公課が私債権に優先する（税徴8条など。公の負担金については健康保険法その他の個別の法律で、国税・地方税に次いで徴収すると規定されている）が、抵当権、質権、特別の先取特権、譲渡担保などの担保物権の被担保債権（担保権実行で回収できる額に限られる）との優劣は、これらの担保権の設定（第三者対抗要件の具備が必要）と法定納（付）期限の先後によって決まる（税徴15条など）。法定納期限がこれらの担保権の設定より遅い場合は公租公課の方が劣後する。公租公課は、歳入の確保という国家目的から、一般の私債権に優先させるが、担保権の被担保債権には劣後する場合もあるということである。

倒産法、といっても破産法と会社更生法だけであるが、この公租公課（条文では国税徴収法または国税徴収の例によって徴収できる請求権となっている）を租税等の請求権と呼んでいる（破97条4号、会更2条15項）。もっとも、会社更生法では共益債権となる公租公課は租税等の請求権の概念からは除かれている。租税等の請求権の一般的な実体的優先性は、破産と会社更生でも確保されているし、回収手続の点でも、開始決定時点で着手されていた滞納処分は続行でき（破43条2項）、あるいは、共益債権以外の公租公課についてのみ原則1年間の中止の対象とする（会更50条2項）として、一定の範囲での優先性を与えている。

民事再生法と特別清算では、租税等の請求権という用語を用いない。公租公課は優先債権の一つであるから、民事再生と特別清算でも実体法上の優先性や回収手続上の優先性は確保されていて、優先債権は後述のように手続外債権として倒産手続外の随時弁済を認めるので、公租公課を租税等の請求権と称して独立の概念として用いる必要がないからである。

2　私債権間の優劣

民事実体法には私債権間の優先劣後の規定はほとんどない。もっとも、担保権には、実体法上、順位があるから担保権の被担保債権には順位があることになる。担保権の順位が倒産法で変更されることはない（例外は商事留置権が最後位の特別の先取特権に転化する。破66条1項・2項）から、被担保債権の順位が変更されることもない。

契約当事者間で破産における配当の場合には、他の債権に劣後するという合意をすることがある。劣後債とか劣後ローンとか呼ばれるものがこれに該当する。当事者の合意だけでこのような劣後化が可能かどうかは疑問もないではないが、倒産法ではその合意を正面から尊重することとして、劣後化がされている（破99条2項、民再35条4項かっこ書、会更43条4項1号かっこ書）。この債権は、各法律で、約定劣後（破産・再生・更生）債権と呼ばれている。

3 一般の先取特権のある債権

　一般の先取特権の被担保債権は、共益の費用、雇用関係、葬式の費用、日用品の供給である（民306条）。典型例は、給料・退職金などの労働債権、個人の場合の電気・水道などの公共料金である。

　一般の先取特権は債務者の総財産の上にあるが、一般の先取特権の被担保債権の取扱いは、倒産手続ごとに異なっている。

　破産と会社更生では、一般先取特権は手続では担保権と認めず、その被担保債権を優先的な手続債権として処遇することとしている。債務者の総財産について一般の先取特権の実行をさせることは、倒産手続の包括執行性と相容れないからである。破産では優先的破産債権（破98条1項）、会社更生では優先的更生債権（会更168条1項2号）となる。ただし、労働債権の一部や公共料金などは種々の理由で、手続債権から優先的な手続外債権である財団債権や共益債権に格上げされている場合がある。

　一般の先取特権は担保権で債権ではないから、一般の先取特権を優先債権としているのではなく、その被担保債権を優先債権としているのである。条文上は「一般の先取特権その他一般の優先権がある債権」という体裁になっている（破98条1項、民再122条1項、会更168条1項2号、会社515条3項かっこ書）が、意味はそのようなものである。

　企業担保権は、株式会社の総財産を一体として社債の担保の目的とする（企業担保法1条）から、その被担保債権である社債についてもいえることであるが、その順位は一般の先取特権に劣後すると定められている（同法7条）。

　これに対して、民事再生と特別清算は簡易迅速な手続であるから、包括執行性の有無とは無関係に、優先的な手続債権自体を認めず倒産手続外で権利行使ができる（随時弁済が受けられる）手続外債権にしている（民再122条1項、会社515条3項かっこ書）。特別清算では呼称は特にないが、民事再生では一般優先債権と呼ぶ。一般の先取特権のある債権は公租公課などと同じように優先債権となっている。また、債権回収のために一般の先取特権の実行も可

84

能としている（民再122条4項）。

II　倒産手続における各種債権の処遇

　倒産手続では、債権者全部の債権を全額弁済できないから、正面から各種債権の優先順位を決める必要がある。基本的には民事実体法規上の優劣を尊重しながら、各倒産手続の特質等から優先順位に変更が加えられることがある。つまり、倒産法が民事実体法の特則となっている一例である。

1　手続債権

　手続開始によって棚上げされる債権、つまり手続債権は、一般的には「倒産手続開始前の原因に基づいて発生する無担保の債権」といえるが、どの範囲の債権を棚上げする債権とするかは立法政策の問題で、破産、会社更生、民事再生、特別清算では、それぞれその範囲が異なっている。

　手続債権は手続開始で個別的権利行使は許されず、当該倒産手続でしか権利行使ができない債権である。倒産手続での権利行使というのは、①議決権をもって決議に参加することと、②倒産手続に従った弁済（配当）を受けることの2つが主なものである。

(1)　破　　産

　手続債権の呼称は破産債権である。厳格な清算型の手続であるから、手続債権の範囲を広くして破産手続に服させて、個別的権利行使を禁止している。

　優先債権も優先的破産債権として手続債権としている。もっとも、優先債権の一部（労働債権の一部と公租公課の一部など）は手続外債権である財団債権に格上げされている（破149条・148条1項3号）。労働債権の格上げの理由は労働者の保護、公租公課の格上げの理由は国家等の歳入の確保である。

(2)　会社更生

　手続債権の呼称は更生債権と更生担保権である。厳格な再建型の手続であるから、手続債権の範囲も広くして担保権の実行まで禁止して会社更生手続

に服させて、個別的権利行使を禁止しているのである。

優先債権も手続債権である優先的更生債権としているし、担保権の行使を認めないので、担保権（一般の先取特権と民事留置権以外の担保権である）の目的物の価値に対応する被担保債権部分も更生担保権（ややこしい用語であるが、担保権ではなく債権である）として手続債権としている。

優先債権の一部（労働債権の一部と公租公課の一部など）は手続外債権である共益債権に格上げされているが、その範囲は破産とは異なっている。共益債権とされる労働債権の範囲は破産より広いが、共益債権とされる公租公課の範囲は破産より狭い（会更130条・129条）。

(3) 民事再生

民事再生では、手続債権の呼称は再生債権である。簡易迅速な処理を行うことから、通常の非優先債権を再生債権として再生手続に服させるが、公租公課、労働債権など一般先取特権の被担保債権などの優先債権は手続外で随時弁済される一般優先債権として、手続債権とはしていない。つまり、一般的な優先権のない債権だけを手続債権としているのである。

(4) 特別清算

手続債権の呼称は協定債権である。簡易迅速で柔軟な処理が必要な手続であるから、概略、民事再生と同様である。

2 手続債権としての要件

手続債権とされるためには、いくつかの要件がある。

(1) 倒産手続開始前の原因に基づくこと

原則的な手続債権の要件は、当該債権が、倒産手続開始前の原因に基づいて生じた請求権である（破2条5項、民再84条1項、会更2条8項）ことである。

手続債権の時的な範囲をどう決めるか、どこかで区切りをつけなければならない。一般的には手続開始時点ですでに発生している債権というのがわかりやすい基準ということになりそうであるが、発生とは何かということもあ

るから、債権が成立しているということを基準にしたということである。発生と成立は言葉の綾みたいなもので、厳密な概念があるというものではない。前記の条文の「生じた請求権」の「生じた」時期が条文でははっきりしないが、倒産手続開始後に生じた場合もこれに含めるということである。倒産手続開始前に「発生原因がある」ことが必要であるが、請求権の発生自体は手続開始後でもよい。

　発生原因があるといっても、教科書的には「主要な」発生原因が手続開始前にあればよいといっている。発生原因の全部が開始前になくてもよいという意味で、これを一部具備説と呼んでいるが、一部具備説で立法がされていることは明らかであるものの、何をもって「主要な」発生原因とするのか基準が示されないから、よくわからない。

　たとえば、売買契約の締結と売買目的物の引渡しが買主の破産手続開始前にあれば、売掛金の弁済期が破産手続開始時点で到来していなくても、売掛金は破産債権であるといえるが、委任契約が再生手続開始前にされていたが、受任者の再生手続開始後に受任者が委任に基づく事務処理の結果取得した物についての委任者の引渡請求権（民646条1項）は再生債権だろうか、というようなことである。委任契約は再生手続開始前にされているが引渡請求権は再生手続開始後の事務処理によって発生するからである。

　ただし、特別清算では、開始後に発生原因がある債権も協定債権とされる。手続開始によって協定債権は弁済禁止にならないし、権利固定という概念がないからである。特別清算は、よくいえば簡易迅速・柔軟、悪くいえばアバウトな手続なのである。だから、協定債権には手続開始前の原因という要件自体がない。

(2) 手続債権としての条件付請求権と将来の請求権

　倒産手続開始時点での条件付請求権も将来の請求権も、手続開始前に原因がある限り、手続債権となるとされている（破103条4項、民再87条1項3号ホ・ヘ、会更136条1項3号ホ・ヘ）。

　倒産法でいう条件付請求権は、停止条件付請求権と解除条件付請求権に分

けられるが、債権の発生原因である法律行為に附款として停止条件または解除条件が付されているものをいい、これは民法の条件（民127条）と同じである。停止条件付請求権は停止条件の成就で効力が生じる（民127条1項）。解除条件付請求権は解除条件の成就で効力を失う（同条2項）。

　将来の請求権の定義規定はないが、将来の請求権とは、停止条件が付されている請求権で停止条件が法律の規定で定まっている請求権をいうとされている。つまり、停止条件が法定されている請求権のことである。倒産法では「法定の停止条件付請求権」を「将来の請求権」と呼んでいるのである。

　　(3)　条件付請求権

　停止条件付請求権の例としては、司法試験に合格したら100万円を与えるという贈与契約による100万円の支払請求権が挙げられるが、敷金返還請求権も停止条件付請求権の例とされている。

　判例（最判昭和48・2・2）は、敷金返還請求権は、賃貸借契約終了による明渡し時に敷金額から未払賃料等を控除した残額について発生するといっている。この判例は有名な判例で、本書でもこれから何度でも出てくる。

　敷金返還請求権は敷金契約を原因とし、賃貸借契約終了と明渡しを停止条件として発生する停止条件付請求権だと考えられている。

　敷金返還請求権が手続債権であるための要件は、敷金契約が倒産手続開始前にされていることで足り、賃貸借契約終了や明渡しが手続開始後にあっても手続債権であるということになる。要するに「主要な発生原因」とは敷金契約の締結をいうということである。敷金契約は賃貸借契約に附随する契約であるが、賃貸借契約とは異なる別個の契約である。敷金のない賃貸借契約もあるし敷金の預託は賃貸借契約成立の要素ではなく、敷金は賃借人が差し入れるとは限らないからである。敷金の授受が契約の要素となっているから敷金契約は要物契約である。

　解除条件付請求権は実務上はほとんど例がない。

　　(4)　将来の請求権

　前記のように、将来の請求権とは、倒産手続開始時点で「法定の停止条

が付されている請求権」で、法定の停止条件付請求権のことである。

　民法では法定条件を認めるかどうかから争いもあるところであるが、倒産法では破産法・民事再生法・会社更生法に将来の請求権という明文の規定がある（破103条4項、民再87条1項3号へ、会更136条1項3号へ）。

　ある権利の法規上の発生要件事実に甲と乙があり、その双方が権利発生には必要であるが、甲と乙との間には時間の差があるという権利が法定されているとする。倒産手続開始時点で先行の甲という事実はあったが、乙という事実がまだ発生していないとする。乙という事実が将来必ず発生する事実である場合はこの権利は期限付権利であるが、通常は期限は法定されておらず合意で定められるから、このような例は考えにくい。乙という事実が発生するかどうか不明である場合、つまり、停止条件になっている場合、この請求権を倒産法では将来の請求権と呼ぶことにしているのである。

　将来の請求権の典型例としては、保証人の主債務者に対する事後求償権を挙げることができる。

　保証人の主債務者に対する事後求償権は、保証契約を原因とし、保証債務の履行によって生じると民法に法定（459条・462条）されているから、事後求償権は、保証契約を「主要な発生原因」として保証債務の履行を法定の停止条件とする将来の請求権であるとされている。物上保証人の求償権や連帯債務者間の求償権なども、停止条件が法定されているから将来の請求権ということになる。手続債権であるための要件は、保証人の事後求償権を例にとると、保証契約が倒産手続開始前にされていればよく、保証人の債権者への保証債務の履行は手続開始後でよいということになる。手続開始前に保証債務の履行がされていれば、将来の請求権ではなく現在の請求権であるのは当たり前である。

　将来の請求権を法定の停止条件付請求権と定義すると、こんな請求権は民法や商法などの民事実体法の条文を読むと山ほど出てくる。本当にすべてが将来の請求権となるのか、前記の甲という事実が手続債権としての要件である「主要な発生原因」かどうかという問題もあるし、乙という事実が倒産手

続開始後に発生した場合は、乙の事実によって発生した請求権として、後述の財団・共益債権になるのではないか、なるとすれば、どのような基準で手続債権と財団・共益債権とを振り分けるのかといったことが問題となる。たとえば、(1)で問題にした、委任契約による委任事務の処理の結果受け取った物の引渡請求権は、委任契約で生じる委任事務処理の結果物を受け取ることを法定の停止条件（民646条1項）とした将来の請求権といってよいのか、ということである。

(5) 条件付請求権と将来の請求権の取扱い

これらの債権は、不確定な状態の手続債権であるから、倒産手続でどのような処遇をするべきかという問題があり、各法律によってその処遇は様々である。

停止条件付請求権と将来の請求権は、停止条件が特約（法律行為の附款）によるものか法定されているかの違いだけで、請求権の発生が将来の成否が未確定の停止条件の成就という事実にかかるという点では全く同じであるから、倒産法では両者は同一の取扱いがされている。

解除条件付請求権は停止条件付請求権とは異なり、すでに債権発生の効力が生じているから異なる取扱いがされている。

㈦ 破 産

破産では、条件付請求権・将来の請求権を有する者は無条件の破産債権者として破産手続に参加できると規定されている（破103条4項）。といっても、破産債権の届出だけである。

停止条件付請求権と将来の請求権は、手続開始時点では、その発生が不確実な債権であるから、債権の消滅という相殺や配当という権利行使の場面では、無条件の債権としてまで優遇することは債権者平等原則に反することにもなるので、以下のような取扱いがされている。

相殺では、このような不確実な債権であっても相殺の担保的機能を期待して行われる取引もあるから、そのような場合は相殺権が認められるが、相殺は、（法定の）停止条件が破産手続開始後に成就しないとできない。しかし、

債務の方が先に弁済期が来た場合は、債務の履行時に将来の相殺に備えて履行したもの（受働債権の弁済物）の寄託を破産管財人に請求できるとされている（破70条）。そして最後配当・簡易配当の除斥期間満了時までに停止条件が成就した場合に限って相殺して寄託金の返還が受けられるが、この時点までに停止条件が成就しなかった場合は、寄託額は他の債権者の配当原資になる（破201条2項・205条）。最後配当・簡易配当の除斥期間を基準時としているのは、この時点で配当の対象となる破産債権とその債権に対する配当額を確定してしまう必要があるからである。

　配当では、最期配当・簡易配当の除斥期間の満了時までに（法定の）停止条件が成就した場合に限って配当を受けることができる（破198条2項・205条）が、成就しない場合は永久に配当から除外される。

　解除条件付請求権も、無条件の手続債権者として破産手続に参加できる（破103条4項）。

　相殺や配当の場面では、無条件の債権として優遇する理由がないことは停止条件付請求権と同じであるが、解除条件が成就するまでは債権自体の効力は生じているから停止条件付請求権とは異なる取扱いがされている。

　相殺では、相殺をすることは可能である（破67条2項前段）が、相殺をするときは相殺によって消滅する債務（破産者に対する債務のことである）の額について、債権者が担保を提供するか、破産管財人に対して相殺で消滅する自己の債務額を寄託をする必要がある（破69条）。そして、解除条件が最後配当・簡易配当の除斥期間の満了時までに成就しない場合は、この担保物または寄託額は債権者に返還されるが、解除条件が成就した場合は債権の効力が失われるから、担保権は破産管財人が行使し、寄託額は他の破産債権の配当原資となる。

　配当では、最後配当・簡易配当の除斥期間満了時までに解除条件が成就しない場合は無条件で配当を受けられるが、成就した場合は配当を受けられなくなる。

　双方とも最後配当・簡易配当の除斥期間を基準時としているのは、前記の

ように、この時点で配当の対象となる破産債権とその債権に対する配当額を確定してしまう必要があるからである。

　(イ)　通常再生・会社更生・特別清算

　破産とは大分異なっている。

　弁済の場面では、再建計画の条項で、他の無条件の債権との債権者平等原則に反しないようにその内容を定めなければならない。つまり、停止条件が成就する時点まで権利変更を留保し、停止条件が成就した時点で他の債権と同じ内容の権利変更を行うといったような条項を作る必要がある。解除条件付の場合は無条件の債権と同様に弁済の対象とするが、後に解除条件が成就した場合は返還を受けるという条項にせざるを得ない。

　相殺の場面では、手続債権の届出期間満了時までに停止条件が成就していなければ当該債権を自働債権とすることはできないと解するのが一般的である。

　(ウ)　個人再生

　再生計画案認可決定が確定すると、認可決定確定時点で、条件の成就・不成就が確定していない場合は評価額による金銭債権となり、金銭弁済の対象とされる（民再232条1項・244条）。その後の条件成就の有無に左右されない。個人再生では「原則3年間の金銭による分割弁済」しか認めない（民再229条2項・244条）からである。破産とはかなり異なっている。

　(エ)　特別清算

　特別清算では、停止条件付債権等の額の未確定な債権を弁済する場合は、裁判所に鑑定の申立てをして鑑定人の評価に基づく債権額の支払いをすることとしている（会社501条）。

　(オ)　取扱いが異なる理由

　各法律によって取扱いが異なるから、ややこしい。

　破産では、配当時点で問題を後に残さないように打ち切るという割切りをしないと清算目的が達成できないし、法人の場合は通常は法人格が消滅してしまうからで、通常再生や会社更生は再建型では、手続が終了しても事業は

継続し通常は債務者も存続するから処理を後に残すことが可能だからである。

個人再生では、原則3年間という短期間の金銭による分割弁済が要求されるから、評価した金銭債権として弁済してしまう必要があるからである。

特別清算は破産に比べて柔軟な清算型の倒産手続であるから、評価に基づく金銭債権として支払ってしまおうということである。

(6) その他の手続債権の要件

それ以外にも手続債権としての要件はある。条文にもあるように、「財産上の請求権」でなければならない。身分法上の請求権は手続債権にはならない。

また、財産上の請求権という以上、強制執行可能な請求権でなければならない。責任のない債務(自然債務)は手続債権にならないということである。

倒産手続開始後の原因に基づく請求権は手続債権にならないのが原則であるが、いろいろな理由で手続債権とされる場合もある。明文で規定されている(破54条1項など)。

3 手続債権の金銭化・現在化など

手続債権は、通常は金銭債権であるが、動産引渡請求権のような非金銭債権もあるし、金銭債権であっても金額が確定しない債権(たとえば、毎月月末に5万円ずつ支払うという定期金債権など)もある。また、弁済期が到来している債権もあれば未到来の債権もある。このような債権は、倒産手続が開始されても、そのままの状態で手続債権となるのが原則であるが、破産や個人再生では確定した額の金銭債権となることとされている。

(1) 破　産

破産では、破産配当という債権者の同意を要しない強制的な金銭による按分弁済が行われるから、その前提となる債権は破産手続開始時点を基準に「確定した額の金銭」として評価しないと配当の対象とできないことになる。破産手続開始時を基準時とするのは、権利固定の基準時だからである。

そこで、破産では、手続開始時点で、非金銭債権も金銭で評価し(金銭化

＝金銭債権になる)、額が不確定な金銭債権も金銭で評価し（○○円という金額の確定した金銭債権になるということでこれも金銭化である。破103条2項)、弁済期が未到来の債権は弁済期が到来したものとみなすことにしている（現在化するということである。同条3項)。これらを金銭化・現在化と呼んでいる。破産債権は、金銭配当という技術的な理由で、破産開始によって金銭化・現在化されるということである。

　破産債権の金銭化の効果は、手続開始ではなく破産債権の届出を経て破産債権が確定することによって生じるとするのが一般的な考え方のようであるが、この考え方は実体法を手続法と混同したもので従うことはできない。破産債権の金銭化は、破産債権の実体的確定の効果ではなく手続開始の効果であると考えないと、再生債権の実体的確定がされない個人再生でも後記(2)のとおり再生計画認可決定の確定で再生債権が金銭化されることと整合性のある説明ができないし、破産債権が金銭化されることによって金銭債務との相殺が可能とされている（破67条2項前段）が相殺には破産債権の届出は不要で実体的確定とは無関係に相殺権の行使ができることと整合性のある説明ができないからである。

　この金銭化・現在化の効果は破産手続上だけの効果というわけではなく、当然に金銭債権になると解釈されている。しかし、金銭化・現在化は破産者と当該債権者との間の相対的な効果で、金銭化・現在化の効力は、保証人、連帯債務者、物上保証人には及ばないと考えられる。

(2) 個人再生

　個人再生（小規模個人再生・給与所得者等再生）でも、再生計画で権利変更をした後の再生債権は、金銭による原則3年間の分割弁済をすることになっているから、再生計画認可決定の確定によって金銭化・現在化がされる（民再232条1項・244条)。金銭化・現在化しないと再生計画で定めた金銭による分割弁済ができないからである。

　個人再生が破産と異なる点は、個人再生では、金銭化・現在化が手続開始ではなく再生計画認可決定確定時に生じることとするが、破産より徹底した

金銭化・現在化がされることである。

　前記のとおり、破産では停止条件付請求権と将来の請求権は、配当の対象となるためには、最後配当・簡易配当の除斥期間満了時までに停止条件が成就することが必要であり、解除条件付請求権でも解除条件が成就しなかったことが必要であるが、個人再生では再生計画認可決定確定時に条件の成就がない場合は評価額による金銭化がされるから、その評価方法（民再87条1項3号）で金銭の再生債権になったとみなして権利変更後の金銭弁済がされる。その後の停止条件の不成就などの事情は考慮されない。この評価は、停止条件成就の可能性はどうか、解除条件不成就の可能性がどうかという観点からせざるを得ない。

(3) 通常再生・会社更生・特別清算

　通常再生・会社更生・特別清算では、手続債権の金銭化・現在化がされないで、債権はそのままの状態で手続債権となるから、これらをどのように弁済するかは、再生計画・更生計画・協定の条項で、金銭債権など他の手続債権との間の債権者平等に反しないような権利変更の条項を定めればよいのである。

　なお、金銭化・現在化されないといっても、議決が必要になるから、議決権の算定方法は決めておかなければならないので、議決権の額算定のための金銭評価は必要である。民事再生法87条1項3号、会社更生法136条1項3号に議決権の算定方法が定められている。条件付請求権と将来の請求権の取扱いは開始時の評価額である。

4　手続外債権

　手続債権に対置される債権は、手続外債権と呼ばれる。

　手続外債権には、財団・共益債権があり、倒産手続の中には優先債権を手続外債権としている場合があり、開始後債権とする場合もある。優先劣後はそれぞれ異なるから手続外債権として十把一絡げにすることは、余り意味がないが、ここでは一緒に説明する。

(1) 財団・共益債権

(ア) 財団・共益債権とは

　破産では「財団債権」と呼ばれ、民事再生・会社更生では「共益債権」と呼ばれるが、特別清算では「特別清算の手続のために清算株式会社に対して生じた債権及び特別清算の手続に関する清算株式会社に対する費用請求権」（会社515条3項かっこ書）と規定されるだけで特に呼称はない。

　財団債権や共益債権は種々雑多なものがあり、これを一義的に定義することはできないが、概して共益性が高いから優先的に弁済されなければならない債権であるとされている。その範囲は各法律で異なっているが、破産・民事再生・会社更生では、全部、明文の規定が置かれている。

　財団債権と共益債権は、通常は、①「手続開始後の原因に基づいて生じる倒産手続を遂行するために必要な費用」や、②「手続開始後の管財人等の行為・不当利得・事務管理によって生じた請求権」などをいうが、③手続開始前に発生原因のある債権も財団債権や共益債権とされる（いろいろな理由で手続債権から格上げされる）場合がある。

　本書では、これらの債権をまとめて呼ぶ場合は「財団・共益債権」と呼ぶことにする。

　①の「倒産手続を遂行するために必要な費用」の「費用」とは、手数料のようなものを連想するが、そうではなく倒産手続を遂行するのに要する経費をいう。事業が継続される場合は事業継続に必要な従業員の給料や原材料などの仕入れの経費も当然にこの「費用」になる。倒産手続の遂行費用は、破産の例でいえば、破産債権者の共同の利益のためにする裁判費用、破産者の財産の管理等に要する費用（破148条1項1号・2号など）などである。破産財団に属する不動産の固定資産税もこの管理の「費用」になる。民事再生、会社更生、特別清算も同じようなものである（民再119条1号・2号など、会更127条1号・2号など、会社515条3項）。監督委員の報酬、手続開始後の原因で発生した租税、在庫商品の保管料、開始後の賃料、などなどである。民事再生や会社更生では、それに加えて事業を継続するための仕入れ、従業員

の給料、その他の必要経費がこれに該当する。

②の「手続開始後の管財人の行為・不当利得・事務管理によって生じた請求権」などは、その結果債務者財産に利益が生じているのが通常であるから、これに対する相手方の請求権を公平の観点から財団・共益債権としたものである（破148条4号・5号、民再119条5号・6号、会更127条5号・6号）。

③の手続債権から格上された債権については、政策的な配慮・公平の観点等から種々雑多な債権が手続債権から格上げされている。本来は手続債権であるが、財団・共益債権に格上げしたということである。そのような例として、歳入の確保という観点から公租公課の一部が財団・共益債権に格上げされ、労働者の保護の観点から未払い賃金や退職金の一部が財団・共益債権に格上げされる、などである（破148条1項3号・149条、会更129条・130条など）。

財団・共益債権は、手続債権とは異なり倒産手続外で任意の弁済（随時弁済と呼ばれる）が受けられる。この「随時」という意味は、債務者が支払う気になったら支払うということではなくて、弁済期が来たら通常に支払うということである。

特別清算では、このような詳細な規定はなく、特別清算の手続のために清算株式会社に対して生じた債権および特別清算の手続に関する清算株式会社に対する費用請求権に該当するかどうかの解釈問題であるが、前記の①はこれに該当し、②も該当すると考えられるが、③はこれに該当しない。

(イ) **財団・共益債権による強制執行**

財団・共益債権が支払われない場合、債権者は倒産手続開始後も強制執行が可能かどうかが問題となる。随時弁済の手続外債権である以上、強制執行が可能とするのが本来である。

破産以外の倒産手続では、共益債権に基づく強制執行は可能であるが、破産では財団債権に基づく強制執行自体を認めない（破42条1項）。破産債権以外に財団債権に基づく強制執行も許さないのは、弁済原資が財団債権の総額に満たなくて破産配当ができずに異時廃止（破217条1項）になる確率が高く、このような場合は財団債権に案分弁済をすることになる（破152条）から、

抜け駆け的な債権回収である強制執行を禁止する必要があるからである。

民事再生と会社更生では、共益債権に基づく強制執行は可能であるが、再建の必要性から一定の要件で裁判所の決定で手続を中止できるようにしている（民再121条3項・4項、会更132条3項・4項）。

特別清算では、財団・共益債権に相当する債権については、中止命令の規定もなく（会社516条参照）、通常の強制執行の方法で回収が可能である。

(2) 一般優先債権

破産と会社更生では、優先債権も手続債権とするが、優先的手続債権として他の一般債権より弁済の点で優遇している（破2条5項・98条・194条1項、会更2条8項・168条1項2号・3項）。

民事再生では優先債権は一般優先債権と呼ばれ、手続外債権としている（民再122条）。

優先債権を手続外債権としている点は特別清算も同じである（会社515条1項ただし書）。

優先債権とは、すでに述べたように、①公租公課（税徴8条など）、②企業担保権の被担保債権など（企業担保法2条。他にも原子力損害の賠償に関する法律9条1項の損害賠償請求権などがある）、③その他に民法上の一般の先取特権の被担保債権（民306条ないし310条）がある。

前記のように、優先債権は破産と会社更生では優先的破産債権・優先的更生債権という手続債権であるが、民事再生と特別清算では手続外債権として倒産手続外で優先弁済が受けられることにしている。

民事再生は簡易迅速な手続であるから、優先的な再生債権を作ると、決議等の手続が複雑になる（会社更生は厳格な手続だから複雑でよいのである）から、最初から手続外にして、随時弁済をする（民再122条2項）ことにしている。その事情は、特別清算でも同じである。

民事再生と特別清算では、手続開始前の原因による一般の優先債権となる債権は全部が手続外債権となり、財団・共益債権となるわけではないが、共益債権と同様の弁済が必要で、弁済の順位は実質的には同順位ということに

なる。

　民事再生と特別清算では、手続開始後も優先債権に基づく強制執行や一般の先取特権の行使は可能であるが、一定の要件で裁判所の決定で手続を中止できるようにしている（民再122条4項・121条3項、会社516条）。

(3) 開始後債権

　手続開始後の原因に基づいて発生するが、財団・共益債権とするまでの優位性を与えることは妥当ではない債権も考えられる。このような債権のうち、手続債権とされるものもある（破99条1項、97条各号、民再84条2項、会更2条8項各号）が、手続債権とされないものは、民事再生と会社更生では開始後債権とされている（民再123条、会更134条）。開始後債権の具体例としては、教科書的には、再生債務者がその業務や生活に関係なく行った不法行為を原因とする損害賠償請求権、再生債務者・更生会社の取締役等が組織法上の行為を行うことによって生じた請求権で共益債権とはならないものなどが挙げられるが、実際上はほとんどない。

　民事再生と会社更生での開始後債権は、再生計画・更生計画による一部免除等の権利変更の対象とはならないが、弁済期が手続債権の弁済が終了した後になるという弁済期の劣後化がされている。ただし、権利変更の対象とはならないから全額弁済となる。

　破産では、開始後債権という概念がない。清算型であるから手続債権の弁済完了で手続が終了するが、手続が終了した場合は法人では原則として法人格が消滅するので、民事再生や会社更生のように手続債権の弁済が終了した後に弁済するということが考えられないからである。

　特別清算では、開始による権利固定がされないから、開始後の債権で、特別清算の手続のために生じた債権および特別清算手続に関する費用や優先債権にならないものは、協定債権として手続債権になる。

5　倒産手続ごとの優先順位

　これらを手続ごとにまとめると、繰り返しになる部分もあるが、以下のよ

うになる

　　(1)　破　産

　破産では、第1順位は財団債権、第2順位は優先的破産債権（優先的破産債権の間に実体法上の順位がある場合はこれに絶対的に従う。たとえば、税金が1番、公の負担金が2番、一般先取特権の被担保債権が3番、社債が4番である）、第3順位は一般破産債権、第4順位は劣後的破産債権、第5順位は約定劣後破産債権となる。もっとも、担保権者は担保権の実行を破産手続外で自由に行えるので、被担保債権で担保の価値部分は最優先で回収可能であるから特別第1順位といったようなものである。

　手続開始前に発生原因があった公租公課は、本来は優先的破産債権であるが、歳入の確保の観点から一部が財団債権となる（破148条1項3号）。それ以外は本則に戻って優先的破産債権（破98条1項）になるのであるが、その一部は劣後的破産債権とされている（破99条1項1号・97条3号・5号）。かなりややこしい。

　手続開始前の労務の提供に対する賃金と退職金は、本来は優先的破産債権であるが、労働者保護の観点から、一部が財団債権（破149条）、それ以外は本則に戻って優先的破産債権とされる。

　破産では、民事再生や会社更生とは異なり、開始後債権という概念がなく、開始後に発生原因がある債権の一部は劣後的破産債権とされる（破99条）。

　劣後的破産債権とされるものは、それ以外に、たとえば、弁済期が破産開始1年後以降に到来する無利息債権での弁済期までの中間利息相当額がある（破99条1項2号）が、破産では民事再生や会社更生とは異なり、手続開始時点で債権の額を固定しその額で配当の対象となる額を開始時点で評価するから、中間利息相当額を劣後的破産債権としたのである。

　手続開始後の原因によって生じた請求権で財団債権でも劣後的破産債権でもないものも理論上は考えられるが、このような請求権は破産手続では保護されない。

(2) 民事再生

民事再生では、第1順位は共益債権と一般優先債権、第2順位は再生債権、第3順位は約定劣後再生債権、第4順位は開始後債権ということになる。

担保権の被担保債権については、破産と同じである。

たとえば、従業員の給料（一般の先取特権の被担保債権）は、手続開始前まで労務提供に対する未払部分は一般優先債権となり（民再122条）、手続開始後の労務提供に対する部分は共益債権となる（民再119条2号）が、いずれも手続外での弁済の対象となる。公租公課も手続開始前に発生原因があるものは一般優先債権、手続開始後に発生原因があるものは共益債権となるが、取扱いは同じである。

劣後的再生債権という概念はない。開始後の債権、たとえば、開始後の利息・損害金、再生手続参加費用は、劣後的破産債権と同様に劣後的再生債権とするのも一つの方法であるが、決議で劣後再生債権の組を作る必要もあり手続が複雑になるから、民事再生法はこのような債権も一般再生債権としている（民再84条2項）が、議決権は与えられず（民再87条2項）、再生計画で全額免除の対象となる場合が多い（民再155条1項ただし書）。

(3) 会社更生

会社更生では、第1順位は共益債権、第2順位は更生担保権、第3順位は優先的更生債権（優先的更生債権の間に実体法上の順位がある場合はこれに従うのは破産と同じ）、第4順位は一般更生債権、第5順位は約定劣後更生債権、第6順位は開始後債権となる。

旧法には劣後的更生債権という種類の債権があったが、新法では劣後的更生債権をなくし、従来の劣後的更生債権は、一般更生債権と開始後債権に分けられている。

手続開始前に発生原因のある公租公課・労働債権の一部は、本来は優先的更生債権であるが、労働者の保護等の特別の考慮で共益債権とされる（会更129条・130条）が、残りは優先的更生債権（会更168条1項2号・3項）となる。

担保権の被担保債権が、更生会社に対する債権である場合は、当該担保物

の価値部分を一部超過するときは、当該担保物の価値部分の被担保債権は更生担保権（会更2条10項）となるが、超過する部分は一般更生債権（会更2条8項。被担保債権が優先債権の場合は優先的更生債権）となる。被担保債権が更生会社に対する債権でない場合、つまり、更生会社が物上保証をしている場合は、当該担保物の価値部分は更生担保権となって、債務者ではない更生会社に弁済義務を発生させることになるが、超過部分は何の債権にもならない。本来の債務者である主債務者に請求すればよいのである。

たとえば、更生会社所有の不動産の上に貸付金1億円を被担保債権とする第1順位の抵当権を有している債権者は、当該不動産の価値が6,000万円だとすると、6,000万円が更生担保権、4,000万円が更生債権となる。また、この例で、当該抵当権の被担保債権が更生会社に対する債権でない場合、つまり、物上保証の場合は、更生担保権は6,000万円であるが、あふれた4,000万円は更生債権にはならない。

(4) **特別清算**

第1順位は、特別清算の手続のために生じた債権、特別清算手続に関する費用、優先債権、第2順位は協定債権で、民事再生と概略同じであるが、開始後債権という概念はない。開始後債権も協定債権になるからである。

第7章　倒産手続開始の効果の基礎

倒産手続開始の効果の基礎的なことを概説する。

債務者財産の管理機構の手続法上の地位と実体法上の地位について説明し、倒産手続開始による手続法上の効果を定める規定は多いが、そのうち、手続債権の個別的権利行使の禁止と訴訟手続の中断について説明し、倒産手続開始による実体法上の効果を定める規定も多いが、そのうち、手続債権の弁済禁止と倒産債務者が手続開始後に行った行為の効力と善意取引の保護について説明する。

I　財産の管理機構の手続上の地位

倒産手続上、倒産債務者の財産を管理処分する権限を有する者を管理機構と呼ぶこととする。

管理機構の倒産手続上の地位を説明するが、その前提として、管理機構の管理処分権の対象となる倒産債務者の財産とは何かということも説明する。

1　倒産債務者の財産

倒産手続の対象となるのは倒産債務者の財産である。今までは債務者財産とだけいってきたが、破産法では破産手続の対象となる財産を破産財団と呼んでいる（破2条14項・34条）。

他の倒産手続では、再生債務者財産、更生会社財産、清算株式会社の財産

と呼んでいて、再生債務者・更生会社・清算株式会社の全財産が倒産手続の対象となるのであるが、破産だけが多少異なっている。

　第5章で、我が国の破産法では個人の破産では破産開始時の破産者の財産だけを破産手続の対象とする固定主義という立法主義を採用していることは述べた。だから、破産者が破産開始後に取得した財産は新得財産と呼ばれて、破産者が自由に管理処分でき、破産財団に入らない。

　ところで、固定主義を採用しても、破産法は、個人（事業者・消費者を問わない）の破産では、破産管財人が管理処分権を取得して破産手続の対象（要するに換価して現金化する）とする財産は破産開始時点の破産者の全部の財産ではなく、その中には、破産管財人の管理処分の対象とならない財産を認めている。破産者の経済生活の再建や生存権を確保することが主たる目的で、99万円以下の現金や差押えが禁止されている家財道具等の財産など一定の財産は破産手続の対象となる財産とはしない（破34条3項）。破産手続の対象とならない財産を、講学上は「自由財産」と呼んでいる。自由財産と呼ぶのは、破産者が破産手続の干渉を受けず破産しても自由に管理処分できる財産という意味である。

　本来は自由財産ではなく、破産財団に属する財産であるが、破産者の生活状況等を勘案して、裁判所による自由財産拡張の決定で破産財団から自由財産に組入れが行われる場合もある（破34条4項ないし7項）。

　だから、破産手続の対象となる破産者の財産は「破産開始時点」（固定主義）の「破産者の全財産から自由財産を除外した財産」だけで、これを「破産財団」と呼んでいるのである。この自由財産と固定主義から導かれる新得財産の双方を指す用語として、広義の自由財産と呼ばれる場合も多い。

　なお、同時廃止では破産管財人が選任されないから、破産財団や自由財産という概念自体がない。破産者の財産全部が自由財産のようなものである。

　同じ個人の倒産手続である個人再生でも個人破産における自由財産が必要になるのではないかという疑問も生じるが、個人再生では管財人が選任されないし、再生債務者の財産を換価することは通常はなく、再生債務者は権利

変更後の再生債権を主として将来の収入で支払うことになり、その支払原資は収入から必要な生活費を控除した残額であるから、自由財産というものを認める必要はないのである。

　倒産債務者の財産は誰のために存在するのかということも、よく考えておく必要がある。倒産債務者の財産は倒産債務者のものであるから倒産債務者のために存在するということは当然であるが、倒産債務者の財産は債権の引当てになる責任財産でもあるから、責任財産をもって全債務の弁済ができないという状態、つまり倒産に至った場合は、責任財産は債権者のためにも存在するという点が前面に出てくるということである。債務者財産の処分や維持管理は、債権者のためにもされるのであり、また、されなければならない、ということを理解しておいてほしい。

2　管理機構の倒産手続上の地位

　倒産債務者の財産の管理機構は、手続的には、倒産手続の機関の一部で、すでに述べたところと一部重複する部分もある。

(1)　破　産

　破産では、裁判所から破産開始と同時に必ず選任される破産管財人が破産財団の管理機構である。破産管財人（破２条12項・74条から90条）は、破産財団の管理処分を含め破産手続を遂行する裁判所が選任する必置の第三者機関で、個人でも法人でもよいし特に資格は求められていない。実務では弁護士を選任するのが通例である。破産法に関する法律知識が必要だからである。

　また、破産申立て後、破産開始に関する決定までは、保全管理命令で裁判所から選任される保全管理人も、破産財団となる財産の管理機構である。保全管理人（破２条13項・91条から96条）は、一定の要件がある場合に保全管理命令で選任される任意の第三者機関で、破産者の財産の管理処分をするのがその主たる職務である。資格は不要である。実務では保全管理命令が発令されることは稀であるが、弁護士が選任され、開始されれば破産管財人に選任されるのが通常である。

(2) 民事再生

民事再生では、管理命令が発令されない限り、再生債務者自身が開始決定によって債権者に対して公平・誠実義務を負担する再生債務者財産の管理機構（民再38条）となる。

民事再生では、管理命令により管財人（法文では管財人となっているが再生管財人と呼ばれる）が選任された場合は、再生管財人が再生債務者財産の管理機構である。再生管財人（民再64条から78条）は、一定の要件がある場合に法人である再生債務者について再生手続開始以後に管理命令で選任される財産の管理処分を含め再生手続を遂行する任意の第三者機関である。管理命令が発令されることは事実上は多くない。再生管財人の資格は要求されていないが、通常は再建型の処理に堪能な弁護士が選任される。

民事再生申立て後、再生開始に関する決定までの間、裁判所の保全管理命令で選任される保全管理人（民再79条から83条）も、再生債務者財産の再生手続開始までの間の管理機構である。保全管理人は一定の要件で選任される任意の第三者機関である。資格は不要であるが、再生管財人と同様である。実務上は多くはない。

(3) 会社更生

会社更生では、更生手続開始と同時に裁判所から必ず選任される管財人（法文上は管財人となっているが、講学上は更生管財人と呼ばれる）が更生会社財産の管理機構である。管財人（会更67条から82条）は、裁判所が選任する必置の第三者機関で、個人でも法人でもよいし、特に資格は求められていない。実務では、法律管財人と事業管財人の2種類（業務分担だけのことで、法律上の名称ではない）が選任される場合が多く、法律管財人は再建型の倒産処理に堪能な弁護士や弁護士法人を選任するのが通例（通常は保全管理命令が発令されるから保全管理人をそのまま法律管財人に選任する）で、事業管財人はスポンサー企業がある場合にその企業から派遣される者が選任されることが多い。

更生手続申立て後、開始に関する決定までの間に、裁判所から保全管理命

令によって選任される保全管理人も、開始前会社財産の更生手続開始までの間の管理機構である。保全管理人（会更30条から34条）は、一定の要件がある場合に選任される任意の第三者機関で、開始前会社の財産の管理処分をするのがその主たる職務である。資格は不要である。任意の機関であるが、実務では、例外なく保全管理命令が出され再建型の倒産処理に堪能な弁護士や弁護士法人が選任される。

(4) 特別清算

特別清算では、公平・誠実義務が課せられる特別清算人（会社523条）が清算株式会社財産の管理機構である。特別清算は、清算開始後に開始されるから、通常は定款や株主総会で選任された清算人がそのまま特別清算人になるが、一定の要件があれば、裁判所は特別清算人を解任し、新たに選任することができる（会社524条）。

II 財産の管理機構の実体法上の地位

民事実体法には、第三者保護規定や対抗要件を具備しなければ権利取得等を対抗できないとする規定がある。具体的にいえば、詐欺の善意の第三者（民96条3項）、通謀虚偽表示の善意の第三者（民94条2項）、契約の法定解除前の第三者（民545条1項ただし書）、登記・引渡し・確定日付ある証書による通知承諾などの第三者対抗要件が必要な第三者（民177条・178条・467条2項など）などである。倒産債務者の財産の管理機構はこれらの規定の第三者に該当するかどうかの議論がある。この問題は、倒産法に特有な問題ではなく、民商法の当該法条の第三者とは何かという民商法上の解釈問題であるが、一般論としていえば、次のとおりである。

1 管財人と保全管理人

破産・会社更生・民事再生手続は、債務者財産に対する包括執行手続であるということを理由として、その管財人は差押債権者と同視できるので、差

押債権者が前記の各規定の第三者に該当する場合は、管財人も第三者に該当するとするのが通説・判例である。

倒産手続では債務者の財産全部が強制的に換価されるものではない（再建型の倒産手続ではこんなことは考えられない）から、倒産手続が包括執行手続といえるか多少の疑問があるが、再建型の倒産手続も債務者財産の価値の再分配（観念的清算）手続と考え、倒産手続開始により手続債権者の個別的権利行使は禁止され、権利固定がされ、財産の管理処分権は倒産債務者から剥奪されて第三者機関である管財人に専属することから、管財人に第三者性は認められるべきである。

民事再生・会社更生・破産の保全管理人が、前記の各規定の第三者に該当するかどうかについては争いがあるところである。保全管理人は裁判所から選任される第三者の管理機構であるから、第三者になるとする見解が多数である。

なお、これらの管理機構を第三者と考えると、これらの第三者に関する規定のうち善意を要するもの（たとえば詐欺による意思表示の取消しの場合の第三者）について、誰の善意が必要なのかということが問題となるが、管理機構自体の善意ではなく、手続債権者の善意をいうとされている。管理機構は手続債権者の利益を代表する機関でもあるからである。そして、手続債権者が1名でも善意であれば足りるとされている。だから、手続債権者全員が悪意であることはほとんど考えられないから、善意を云々することは、実際上は、あまり意味がないということになる。

2 再生債務者と特別清算人

再生債務者と特別清算人は、裁判所から選任される機関ではないが、手続開始後は公平・誠実義務を課せられている（民再38条2項、会社523条）。再生開始後の再生債務者と特別清算人がこの第三者になるかどうかは争いがある。

再生債務者の第三者性を肯定するのが通説である。肯定説の根拠は、手続開始による包括執行性、公平・誠実義務、清算価値保障原則、管理命令があ

る場合との同一性の確保、対抗要件否認の効果など種々のものがある。最高裁判例には、再生債務者の第三者性について判断したものはない。下級審の判例には、再生手続開始時点で根抵当権設定登記をしていなかった根抵当権者は再生債務者に対して根抵当権を対抗できないとして再生債務者が登記なくして担保権の取得を対抗できない第三者であるとしたものがある（大阪地判平成20・10・31）が、この問題は、再生債務者の第三者性をいうまでもなく、再生開始前の登記原因による再生開始後の登記は無効とする民事再生法45条1項本文の趣旨（この大阪地裁の判決に対する控訴審の判決）や第三者対抗要件の具備が別除権者としての権利行使を認めるための要件である（最判平成22・6・4）と考えても、同じ結論を導ける。

特別清算人の第三者性を否定するのが通説で、特別清算は会社清算手続の一類型に過ぎないというのがその理由であるが、特別清算人が公平・誠実義務を負担することや、協定債権による個別的権利行使が禁止されることとのバランスなどから、開始によって包括的差押えがあったものとして第三者性を肯定する見解もある。

Ⅲ　倒産開始の倒産手続上の効果

倒産手続開始によって、強制執行等の個別的権利行使は禁止され、すでにされている権利行使手続は中止されたり失効したりするし、倒産債務者を当事者とする訴訟手続は中断することがある。

ここでは、そのうち、個別的権利行使の禁止と訴訟手続の中断について簡単に説明する。

1　個別的権利行使の禁止

倒産手続が開始されると手続債権に基づく強制執行などは禁止され、すでに開始されている場合は中止したり失効したりする。

個別的な権利行使を禁止するためには、新たな強制執行などを禁止するこ

とは当然であるし、すでに開始されている強制執行などの個別的権利行使手続は開始時点で終了していない限り中止させたり失効させなければ意味がなく、各法律は係属中の強制執行手続等の中止・失効の規定を置いているが、ここでは、新たな強制執行などの禁止についてだけ説明する。

倒産手続ごとに禁止の対象となる手続は異なっている。

(1) 破 産

破産債権に基づく強制執行、仮差押え、仮処分、一般先取特権の実行手続、企業担保権の実行、財産開示手続が禁止される（破42条1項・6項）。

一般先取特権の実行と企業担保権の実行が禁止されるのは、これを別除権とは認めず、被担保債権は優先的破産債権となり、破産手続の中でしか権利行使ができないからである。

他の倒産手続と異なることは、これらの強制執行などの手続が禁止されるのは、破産債権に基づくものに限らず財団債権に基づくものも含まれる点である。破産では、配当ができなくて財団債権に按分弁済しかできない異時廃止となる例が非常に多く、財団債権にも平等弁済（順位はある。破152条）されるから、抜け駆け的債権回収を防止する必要があるからである。

なお、破産開始後は公租公課を徴収するために滞納処分（交付要求は除かれる。以下同じ）をすることも禁止される（破43条1項）。公租公課は財団債権と破産債権（優先的破産債権と劣後的破産債権で一般破産債権はない）に分類できるが、回収手続の優先性は破産開始時にすでに着手している滞納処分を続行可能とする（破43条2項。公租公課は担保権に優先する場合もあるから開始時点で担保権の実行がされているときは開始後も実行手続を続行できることとのバランスで、滞納処分を続行できるものとしたのである）ことで足りるし、破産開始後は前者は手続外で弁済を受け、後者は配当で弁済を受けることになるから、破産開始後まで新たな滞納処分を認める理由がないからである。

(2) 民事再生

民事再生では、再生債権に基づく強制執行、仮差押え、仮処分、再生債権を被担保債権とする民事留置権による競売、財産開示手続が禁止される（民

再39条1項)。

　破産と異なり、共益債権や一般優先債権に基づく強制執行は禁止されないし、一般先取特権の実行も禁止されない。一般先取特権の実行が禁止されないのは、一般先取特権の行使で債権回収ができるからである（民再122条1項・2項）。ただし、一定の要件で共益債権や一般優先債権による強制執行や一般先取特権の実行が中止される場合もある（民再121条・122条）。

　公租公課を徴収するための滞納処分は禁止されない。公租公課は開始前に原因がある場合は一般優先債権、開始後に原因がある場合は共益債権となるので、いずれにしても手続外で弁済を受けられるからで、滞納処分は中止命令の対象にもなっていない。

(3) 会社更生

　会社更生では、更生担保権・更生債権に基づく強制執行、仮差押え、仮処分、財産開示手続、留置権による競売、一般先取特権の実行、企業担保権の実行、担保権の実行が禁止される（会更50条1項）。

　担保権の実行が禁止されるのは、会社更生では担保権の実行そのものができなくなるからである。

　公租公課を徴収するための滞納処分は、優先的更生債権となる公租公課について開始決定から原則1年間だけ禁止される（会更50条2項）。

　公租公課は、共益債権と優先的更生債権に分類されるが、共益債権は手続外弁済の対象であるから滞納処分を禁止する必要はなく、優先的更生債権は、原則として更生計画による権利変更の対象とならない（会更169条）し、更生計画の認可は通常は開始後1年以内には行われるから、それを超えてまで滞納処分を禁止する理由に乏しいからであるが、この1年という期間は必要があると認められる場合は裁判所の決定で伸長できる（会更50条3項）。

(4) 特別清算

　特別清算では、協定債権に基づく強制執行、仮差押え、仮処分、財産開示手続だけが禁止される（会社515条1項）。

111

(5) 個別的権利行使の禁止の対象行為の相違

強制執行などの個別的権利行使の各法律の規定を読み比べてみると、会社更生では手続開始で担保権の実行自体が禁止されるが、その他の倒産手続では別除権として担保権の実行が禁止されていない（倒産手続開始で中止されることもない）という相違から禁止対象が異なっていること、会社更生・破産では一般の先取特権や企業担保権の被担保債権が優先的手続債権とされるからその実行手続が禁止されるが、民事再生と特別清算では手続外債権とされているからその実行手続は禁止されないという相違があることがわかる。

ところが、留置権に基づく競売（民執195条）については微妙に取扱いが異なっていることがわかる。

その理由は、①破産では民事留置権は破産開始で失効する（破66条3項）が、商事留置権は破産手続開始で特別の先取特権とみなされ（同条1項）、特別の先取特権は別除権の基礎となる担保権として（破2条9項）、担保権の実行が可能だから禁止の対象に規定されていないこと、②民事再生では民事留置権は別除権の基礎となる担保権とはならないから民事留置権による競売が禁止されるが、商事留置権は別除権の基礎となる担保権として（民再53条1項かっこ書）、競売が禁止されないこと、③会社更生では商事留置権は更生担保権の基礎となる担保権となり（会更2条10項かっこ書）、民事留置権はこの担保権とはならないが、いずれにしても競売は禁止されるから、双方をまとめて留置権による競売として禁止していること、④特別清算では商事留置権は担保権となり、民事留置権は担保権とならない（会社522条2項）が、いずれの留置権による競売も禁止の対象としていないし、商事・民事留置権の競売に対しても一定の要件があれば中止命令の対象として（会社516条）、対応することとしていること、である。

2 訴訟手続の中断等

倒産債務者を当事者として係属している債務者財産に関する訴訟手続は、手続開始によって一定の範囲で中断する場合がある。

112

中断の理由は二つあり、一つは、倒産債務者の財産の管理処分権が奪われることによることで、もう一つは、債権調査手続を先行させて債権調査手続で異議等により未確定になった場合（第14章で説明する）に中断した訴訟手続を債権の確定手続に利用（転用）することである。

中断と受継は民事訴訟法の知識（民訴124条から132条）がないと難しいので、ここでは、何となくわかったということでよいことにしておこう。

(1) 破産・会社更生

破産・会社更生では、破産者・更生会社の財産の管理処分権が奪われて管財人に専属することになる。これを民事訴訟法の観点から見てみると、破産者・更生会社の財産に対する従来の破産者・更生会社は当事者適格を喪失して、当事者適格は管財人に移転する（法定訴訟担当の一例である。破80条、会更74条）から、当事者適格喪失を原因として訴訟手続は中断することになり、管財人が訴訟手続を受継することになるということである（破44条1項・2項、会更52条1項・2項）。

また、破産債権・更生債権に関する訴訟手続も中断するが、管財人が受継するということにはならない。この訴訟手続は、いったん中断させておいて、まずは手続債権の調査手続に乗せてみて調査手続で異議等があって未確定になった場合は、異議等を述べられた手続債権者と異議者等の間で、中断した訴訟手続を受継させて、手続債権確定訴訟手続に利用するのである（破127条、会更156条）。

ただし、破産では、破産財団に属する財産に関しない破産者を当事者とする訴訟手続（たとえば、離婚訴訟など）は中断しない。

(2) 通常再生

管理命令が発令された場合は、破産・会社更生と同じである（民再67条1項・2項・3項）。

管理命令が発令されない場合は、再生債務者は再生手続開始によって財産の管理処分権を失わないから当事者適格を喪失せず、再生債務者を当事者とする訴訟手続は中断しない。

しかし、再生債権に関する訴訟手続は、破産・会社更生と同じ理由で中断し（民再40条1項）、破産・会社更生と同じように、債権調査手続を経て異議等があれば、受継手続が行われる（民再107条）。通常再生では、破産・会社更生と同じく厳密な再生債権の実体的確定手続がとられるからである。

(3) 個人再生

小規模個人再生と給与所得者等再生では、再生債務者は手続開始後も財産の管理処分権を失わず、再生債権の実体的確定手続がとられないから、再生債務者を当事者とする訴訟手続は再生債権に関するものでも一切中断しない（民再238条・245条による40条・107条の適用除外）。

(4) 特別清算

特別清算でも、清算人は開始決定後も財産の管理処分権を失わないし、協定債権の実体的確定手続もないから、手続開始で訴訟手続は中断しない。

Ⅳ 倒産手続開始の実体法上の効果

1 手続債権の弁済禁止

手続債権は倒産手続でしか行使できないから、倒産手続が開始されると、弁済などの手続債権の消滅行為は、倒産手続による以外は、当該法律の定める場合を除いて禁止され、それに違反する手続債権の消滅行為は倒産手続との関係では手続債権者の善意（倒産手続開始の事実を知らないこと）・悪意を問わず無効とするのが一般である。簡易な倒産手続では一律に手続債権の弁済を禁止しないで、債権額に応じた按分弁済を可能とする制度もある。

前者は破産・民事再生・会社更生が採用する制度で、後者は特別清算が採用する制度である。

なお、手続外債権で開始後債権以外の債権は随時弁済の対象であるから、弁済が禁止されているわけではない。

(1) 破　産

　破産では、手続開始後の任意の弁済（破産者がする弁済ではなく、破産管財人がする弁済である）などの破産債権消滅行為を無効とする規定がない。しかし、破産債権は破産法に定めがある場合以外は破産手続によらなければ行使することができない（破100条1項）とされている。

　破産法100条1項の規定は、破産債権者は破産法に特別の定めがある場合を除き、破産配当以外には弁済を受けることができないという趣旨であるから、それ以外の破産債権の弁済行為は債権者の善意・悪意を問わず当然に無効であると解釈することになる。したがって、これに反する弁済があった場合は、弁済受領者は不当利得として弁済金相当額を返還しなければならない。

　破産債権が破産配当以外に弁済（その他の債権消滅行為を含む）される場合は、破産法に定めがあり（破産法100条1項の特別の定めに該当する）、かなり多い。その例としては、①破産債権である租税等の請求権について破産手続開始前に国税滞納処分に着手している場合の滞納処分による回収、還付金や過誤納金を未納の破産債権である租税等の請求権に充当する場合（破100条2項）、②優先的破産債権である給料・退職手当の請求権に一定の要件があるときに、配当によらないで弁済する場合（破101条）、③別除権の行使（破65条）による充当、④相殺権の行使（破67条）、⑤別除権の目的である財産の受戻しの場合の別除権者に対する弁済（破78条2項14号）などである。これらの定めは、債権者平等原則の例外ということになるが、例外とされた理由は様々である。

(2) 民事再生

　民事再生では、法定の除外規定がないかぎり、再生債権は再生計画の定めによらなければ、弁済し、弁済を受け、その他これを消滅する行為をすることができないとして、再生債務者等（管財人または管理命令がない場合の再生債務者をいう）の弁済禁止が明文で定められている（民再85条1項）。これに反する弁済は債権者の善意・悪意を問わず無効で、弁済受領者は不当利得として弁済金相当額を再生債務者等に返還しなければならない。

民事再生では、管理命令で管財人が選任される場合以外は、手続開始後も再生債務者は財産の管理処分権を失わないから、実際上は、再生手続外で再生債権の弁済をする再生債務者もいないわけではない。法定の除外事由は、破産と同じ事由以外に、再生債務者を主要な取引先とする中小企業者に対する弁済（民再85条2項）、少額債権の弁済（民再85条5項）がある。

(3) 会社更生

会社更生では、更生債権・更生担保権について、民事再生と同趣旨の弁済禁止の規定がある（会更47条1項）。これに反する弁済の効果は破産・民事再生と同じである。

法定の除外事由も、民事再生とほとんど同じ（会更48条2項・5項）であるが、会社更生では民事再生とは異なり、担保権の行使が認められないから、別除権の行使自体がない。

(4) 特別清算

清算手続に入ると、債権申出期間中は全債務の弁済が原則として禁止される（会社500条1項）が、特別清算開始命令には破産・民事再生・会社更生のような協定債権の弁済禁止効がなく、特別清算手続開始後は、債権申出期間が経過すれば、清算株式会社は、協定債権を債権額に応じて按分弁済をすることが可能である（会社537条1項）。

特別清算は簡易な倒産手続であり、柔軟な対応を可能としていて、債権額による按分弁済は債権者平等原則に反しないので、弁済を可能としたものである。少額の協定債権等、按分弁済の例外も定められている（会社537条2項）。按分弁済を超えて弁済した場合の効力については、通説は特別清算開始命令には弁済禁止効がないから有効としているが、協定債権者が悪意（割合的弁済より多い額の弁済を受けることを知っていること）の場合は無効とする見解もある。

特別清算では、開始後は原則として協定債権の按分弁済をしなければならないと定められているが、按分弁済をしなかった場合でも、協定債権者の強制執行等の個別的な権利行使は禁止されている（会社515条）から、協定債権

者の方からの権利行使は認められず、一般的には、協定を行い協定の認可決定が確定した後に協定で定められた権利変更後の協定債権を弁済するという方法がとられるので、実際上は按分弁済がされるという例はほとんどない。

2　倒産債務者が手続開始後に債務者財産に関して行った行為

倒産債務者（の代表者等）が倒産手続開始後に法律行為（といっても契約等の狭義の法律行為以外にも権利の発生・消滅といった法律効果を生じさせる行為の全部）を行った場合の効力は、管財人の選任という管理型の場合と管財人が選任されない自主管理型の場合では異なる。

(1)　破産・会社更生

破産・会社更生では、手続開始と同時に管財人が選任され、管財人に債務者財産の管理処分権が専属することになる（破78条1項、会更72条1項）から、従来の倒産債務者（破産者・更生会社やこれらの代表取締役等の管理処分権を有する機関がある場合はその機関）の管理処分権は剥奪される。

したがって、管理処分権を剥奪された倒産債務者（や管理処分権を有していた代表者等の機関）が、倒産手続開始後に倒産債務者の財産に関して行った法律行為は、無権限者が行ったものとして、相手方の善意・悪意を問わず当該倒産手続との関係ではその効力が生じない（破47条1項、会更54条1項。相対的無効である）。

たとえば、破産手続開始後に破産者が債務者に対して債権の免除をしても、破産手続との関係では免除の効果は生じない。そうしたら、破産者との関係で免除の効果は生じるのかといえば、生じることになるが、免除の効果を破産者との間で生じさせても実際上は意味がない。破産者の債務者は債務を破産管財人に弁済しなければならないからである。この相対的無効という意味は、管財人に相手方がその効果を主張できない、つまり、管財人に対抗できないという意味であるから、管財人がこれを承認・追認することは可能である。管財人は破産者や更生会社が行った行為が債務者財産のために有利だと考えると、その行為を追認して相手方に履行を求めることもできる。たとえ

ば、破産者が破産財団に属する財産の売買契約をしたが売買代金の支払いが未了である場合にその代金額が相当なものであるときは、破産管財人は売買行為を追認して相手方に代金支払いを求めることもできる。

この規定は、相手方の善意・悪意を問わないから、民法192条や手形法16条などの善意取得の規定の特則で、相手方に善意無過失という善意取得の要件があっても相手方は善意取得できないというのが通説である。善意取得できるという反対説もある。

通説は債務者財産の充実という理念から第三者の善意取得の規定を排除するべきだと考え、反対説は債務者財産の充実より倒産手続とは無関係な第三者の取引の安全を優先すべきであると考えているということである。

なお、破産会社の従業員や更生会社の従業員が、破産会社・更生会社の物を自分の物だといって第三者に処分した場合は、この規定（破47条1項、会更54条1項）とは無関係であるから、相手方は善意取得できるとされている。

(2) 通常再生で管理命令が発令されている場合

通常再生で、管理命令によって管財人が選任された場合も、理屈は同じであるが、行為の相手方が管理命令が発令された事実を知らない場合は、相手方は行為の効力を主張できる（民再76条1項ただし書）。善意者が保護されている点が、破産・会社更生と異なっている。どうしてかというと、民事再生では、管理命令が発令される場合（民再64条1項）は例外であるので、善意者保護の要請が強いからである。

民事再生では、破産・会社更生とは異なり、相手方の善意取得の問題は生じない。相手方が善意であれば相手方は善意取得を問題とするまでもなく行為の効力を主張できるからである。

(3) 管理命令が発令されない通常再生と特別清算

民事再生で管理命令が発令されない場合は、再生債務者は手続開始後も財産の管理処分権を失わないが、手続開始後は債権者に対して公平・誠実義務が課せられる（民再38条1項・2項）。

再生手続開始後に再生債務者が債務者財産に関して行った法律行為は、監

督命令や裁判所の命令で要同意・要許可事項とされているもの以外は有効である。

もっとも、その行為が再生債権の弁済など他の規定により禁止されているときは無効ということになるし、権利固定の観点からも無効とする必要もある。それ以外に公平・誠実義務に反する行為であるというだけで無効とされるかどうかはいろいろなニュアンスの見解があって争いがある。

特別清算でも、清算人は特別清算開始後も財産等の管理処分権を失わないが、公平・誠実義務が課せられる（会社523条）。弁済禁止効がないことを除いては、民事再生と似た問題となる。

3　善意取引の保護

前記のとおり、管理型の倒産手続では倒産債務者が倒産手続開始後にした行為の効力は、無効とされることが原則であるが、善意で行われた取引も全部無効にしてしまうと取引の安全が確保できなくなる。

また、管理型ではなくても、手続開始による権利固定の観点からは、その趣旨に反する倒産債務者の行為を無効とする必要があるが、善意で行われた取引も全部無効にしてしまうと取引の安全が確保できなくなることは、管理型の場合と同様である。

そこで、倒産法では、一定の範囲で善意取引の保護規定をおいて取引の安全を確保している。その代表的なものについて説明する。

(1)　手続開始後の登記・登録

(ア)　破産・民事再生・会社更生

破産・民事再生・会社更生では、倒産手続開始前の原因によって手続開始後に登記・不動産登記法105条1号の仮登記、登録・仮登録がされた場合は権利取得の効力はない（破49条1項、民再45条1項、会更56条1項の各本文）。ただし、登記等の権利者が倒産手続開始の事実を知らないで登記等がされたときは権利取得できるとされている（破49条1項、民再45条1項、会更56条1項の各ただし書）。

この登記・登録行為は、通常は、登記・登録権利者と登記・登録義務者の共同申請で行われる行為で、また、倒産債務者にとっては登記・登録申請行為は、対抗要件具備債務という手続債権の弁済行為として行われるのが通常である。

破産と会社更生では、倒産債務者が倒産手続開始後にした行為は、前記のように無権限者の行為で無効とされ、また、手続債権の弁済行為は無効とされている。民事再生では、管理命令が発令されない場合は再生債務者は財産の管理処分権は有するものの公平・誠実義務が課せられるし、また、再生債権の弁済行為は無効とされているし、倒産手続開始によっていわゆる権利固定（個別的権利行使の禁止）が行われる必要性もある。

そこで、倒産手続開始後にされた開始前の原因に基づく登記・登録行為は無効であるとしたのが、この規定の各本文の趣旨である。だから、この本文の規定がなくても、他の規定や解釈で、倒産手続開始後にされた手続開始前の原因に基づく登記・登録行為を無効と考えることができる。

そして、これを一律に無効とすることは取引の安全を害することになるので、登記・登録権利者が倒産手続開始の事実を知らない場合を保護することとしたのが、各ただし書の趣旨である。このように考えると、この規定は善意者保護に意味がある規定である、つまり、ただし書に意味がある規定だということである。

この規定には、公信力が認められていない登記・登録について善意者を保護する必要はないという立法論的批判がある。この規定で保護される者は本来は債権者平等原則に服すべき手続債権者で、手続債権者の個別的権利行使は当該債権者の善意・悪意を問わず禁止されているし、我が国では登記・登録には公信力を認めず対抗力しか認めていないのであるから、何もそこまでして善意の手続債権者を保護する必要はないと思うが、従来から明文の規定がある以上、これを無視することはできない。ただし、この規定を厳格に解釈して、債権譲渡や動産・債権譲渡特例法上の譲渡登記など、登記・登録以外の第三者対抗要件の取得には、この規定は類推適用されないと考えるのが

妥当であろう。

　この規定を具体例で説明するが、単純な当てはめでも、いろいろな法律知識を駆使しなければわからないという例になる。

　甲は乙との間で、乙の所有する土地を1,000万円で購入する売買契約を締結し、甲は乙に売買代金を支払いその土地の引渡しを受けたが、所有権移転登記は未了のまま、乙に破産手続が開始されたとする。

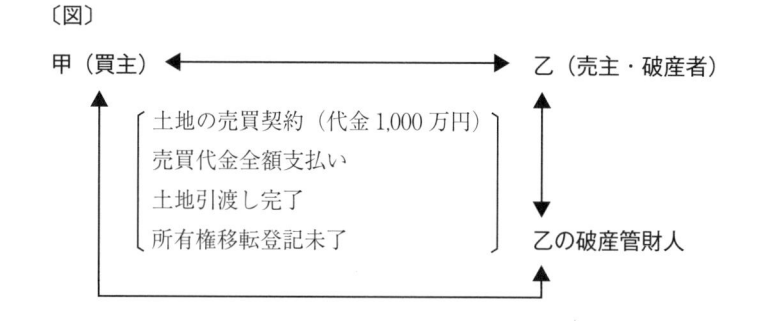

〔図〕

甲（買主）　←――――――――→　乙（売主・破産者）
　　　　　　　土地の売買契約（代金1,000万円）
　　　　　　　売買代金全額支払い
　　　　　　　土地引渡し完了
　　　　　　　所有権移転登記未了
　　　　　　　　　　　　　　　　　　乙の破産管財人

　まず、このままの状態であれば、どのような法律関係になるか説明する。

　甲は乙の破産管財人に当該土地の所有権の取得を主張することはできない。所有権移転登記は第三者対抗要件で、乙の破産管財人は差押債権者と同様で登記なくして対抗できない第三者だからである。また、甲は乙の破産管財人に対して所有権移転登記を請求することもできない。条文はないが、破産法49条1項はそれを前提とする規定であると考えられるし、所有権移転登記請求権は売買契約に基づく対抗要件の具備を請求する債権的請求権であり破産債権になるので、個別的権利行使はできないからである。

　甲は引渡しを受けた土地を乙の破産管財人に返還しなければならないし、1,000万円の返還を請求することもできない。

　どうして土地を返還しなければならないかというと、甲は登記なくして所有権取得を乙の破産管財人に対抗できないから、この土地は差押債権者と同視される破産管財人にとっては管理処分権（破78条1項）を有する債務者財

121

産に属する財産だから、破産管財人は所有権に基づく物上請求権として引渡請求権（返還請求権）を有しているからである。

　1,000万円の返還を請求できないのは、そのような権利は法律上甲には発生しないからである。所有権移転登記請求権は、破産手続開始で個別的権利行使の禁止で履行ができないことになるので、その履行がされないことは債務不履行として解除事由にならず（違法性がないとするのが一般である）、売買契約の債務不履行解除はできない。

　甲は、移転登記請求権を破産債権として乙の破産手続で権利行使ができるだけである。この移転登記請求権は作為請求権で非金銭債権であるから、金銭化される（破103条2項1号イ）。金銭評価しなければならないが、1,000万円を支払っているがその返還請求権も発生しないから、代金額の1,000万円と評価すべきだということになる。

　さて、善意取引の保護の本題に移る。

　乙の破産手続開始直後、破産者乙は破産開始前にそろえていた所有権移転登記に必要な書類を利用して甲との共同申請で土地の甲への所有権移転登記を行ったとする。

　甲が所有権移転登記の際に乙に破産手続が開始されていたことを知らなかったときは、土地の所有権取得を乙の破産管財人に主張できる。過失の有無は問わない。

　仮に、甲が乙から土地の引渡しを受けていなかった場合は、甲は乙の破産管財人に土地の所有権取得を主張できるのであるから、所有権に基づいて土地の引渡しを請求することができる。この引渡しを請求する権利を倒産法では「取戻権」と呼んでいる（破62条、民再52条1項、会更64条1項）。債務者財産に属しない財産を取り戻す権利のことで、一般の取戻権と特別の取戻権があるが、本件のような一般の取戻権は倒産法によって認められた権利でも何でもなく、当然といえば当然の権利で、これを倒産法で「取戻権」と呼んでいるだけのことである。本例の場合の取戻権は、所有権に基づく物上請求権としての引渡請求権ということになる。

122

甲が所有権移転登記の際に乙に破産手続が開始されていたことを知っていたときは、甲は乙の破産管財人に土地の所有権取得を主張できず、この所有権移転登記は乙の破産管財人に対抗できないから、所有権移転登記の抹消登記に応じなければならないということになる。所有権移転登記をしなかった場合の法律関係と同じになるということである。

(イ) 特別清算

特別清算ではこれらに相当する規定がない。特別清算人は対抗要件なくして対抗できない第三者ではないとする通説によると、相手方は特別清算開始前の原因によって開始後も登記・登録の請求ができることになるから、この規定の類推の前提を欠くことになる。第三者性を肯定すると、この規定（特にただし書の善意取引の保護規定）を類推するという解釈も可能である。

(2) 手続開始後の倒産債務者に対する弁済

破産と会社更生では、手続開始後に破産者・更生会社に対して倒産債務者の債務者が行った弁済は当該債務者が倒産手続開始の事実を知らないで行ったときは、弁済の効力があるとされている（破50条1項、会更57条1項）。

債務者は、債権者に破産や会社更生が開始したことを知らないことがあるし、債務者にとっては本来の債権者に債務を弁済するのが当然で、債権者に倒産手続が開始されたかどうかを始終注意していろということ自体が無理を強いることになるからである。

弁済の受領行為も無権限者の行為で、本来は相対的無効（破47条1項、会更54条1項）であるが、善意者の保護のために、民法の債権の準占有者への弁済と同視して有効としたのである。もっとも、破産者等の倒産債務者は無権利者ではなく権利者であるが財産の管理処分権を剥奪されていて弁済の受領権限がないというだけであるから、厳密には、民法の債権の準占有者（無権利者）とは違っている。また、民法の債権の準占有者への弁済は善意無過失が要件であるが、この場合は善意であれば過失の有無を問わない。

民事再生で管理命令があった場合も同じである。前記のように、再生債務者の行為一般について相手方が善意（管理命令発令の事実を知らないこと）の

場合は有効とされる（民再76条1項ただし書）が、その一つの場合として独立の規定（同条2項）をおいている。

　民事再生で管理命令が発令されていない場合は、再生債務者は財産の管理処分権を失わないから弁済を受けられることは当然である。このような弁済を受けられないとすれば事業の継続ができなくなる。

　特別清算では、最初から特別清算人が管理処分権を有しているから、特別清算人が弁済を受けられることは当然である。

第8章　継続中の契約の処理の基礎

I　契約の処理

　第6章では倒産債務者に対する債権の処遇について述べたが、債務者に対する債権だけが残存している場合を念頭において、債権の処遇を説明した。債権は、不法行為などの事実行為によって発生する場合もあるが、大半は契約によって発生する。

　契約の継続中に契約当事者の双方または一方に倒産手続が開始された場合は、その契約関係はどうなるのだろうか。また、倒産債務者や契約相手方の権利（債権）はどうなるのだろうか。

　契約の中途で当事者の一方に倒産手続が開始されても、契約相手方は他方の倒産によって不利益を受けるいわれはないから、倒産手続開始後も債務者財産の管理機構はそのまま契約を引き継いで、相手方は権利の行使ができるべきだと考えることは、一つの考え方である。一方では、契約の中途で当事者の一方に倒産手続が開始されると、倒産手続開始によって相手方の手続債権は棚上げされ、いわゆる権利固定が起こるから、権利固定の観点からいうと、倒産債務者の契約相手方に対する権利は倒産債務者側が自由に行使できるが、契約相手方の債権の方は手続債権となって割合的弁済しか受けられないと考えることも、また、一つの考え方ということになる。

　破産・民事再生・会社更生では、前記のいずれの考え方も採用せず、手続

開始時点で双務契約があり、その双方の債務の履行が完了していない場合は、倒産債務者側に契約の解除か、相手方に対する未履行の債務の履行の請求（要するに解除しないでそのまま契約を維持するということである）かの選択権を与え、解除の場合は契約相手方の請求権を、給付した現物があれば返還請求、現物がなければその価額を財団・共益債権とする、履行の請求の場合は相手方の請求権は財団・共益債権とするという制度を設けている（破53条・54条・148条1項7号、民再49条、会更61条）。

倒産債務者側に特別の解除権を与えるが、公平の観点から、解除によって相手方には基本的に損失を与えないという制度設計をしているのである。もっとも、これは原則で、契約によっては倒産債務者側に解除権を与えず、あるいは契約の相手方にも解除権を与える等の処理が行われる場合があり、その場合は、全部明文の規定がおかれている。

特別清算では、このような規定はおかれていないから、従来の契約関係が継続すると考えざるを得ない。契約相手方の権利は、特別清算の手続のために生じた債権、特別清算手続に関する費用、優先債権に該当（会社515条3項かっこ書）する場合は手続外債権として随時弁済の対象となり、これに該当しない場合は協定債権となる。清算開始後は手続外債権になる場合が多いであろう。

II 双方未履行双務契約の処理規定が設けられた立法趣旨

破産・民事再生・会社更生では、双方未履行双務契約の原則的処理は前記のようなものであるが、なぜ、このような処理規定が定められているのだろう。立法趣旨のことである。

このような規定はないとすれば、前記のように、契約相手方は相手方の倒産では何の影響もないと考えると手続債権者の利益を損ねる場合もあるし、契約相手方は自分の債務は完全に履行しなければならないのに、自己の債権

は手続債権になって割合的弁済しか受けられなくなると考えると、対価的に対立し相互に担保視し合う双務契約の性質に反し、相手方に酷な結果になる。双務契約で相互に担保視し合うという意味は、相手が債務を履行するから自分の債務も履行するということである。

そこで、倒産法は、早期の契約の処理という観点から、倒産債務者側に契約の法定解除権を認め、さらに履行の請求との選択権を認めて、債務者財産の利益（手続債権者全員の利益でもある）を守るのと同時に、契約上の対価関係を維持するために、公平の観点（特に解除の場合は、相手方は自分の責任でもないのに契約関係から離脱させられるから、充分な原状回復が図られるべきである）から、解除にせよ履行の請求にせよ、相手方の利益を保護するために、本来は手続債権にすぎない相手方の請求権を財団・共益債権に「格上げ」したものである。これが従来からの通説的な説明である。

Ⅲ　双方未履行双務契約の処理（原則）

説明の前提となる双務契約とは、契約当事者が互いに対価関係にある債務を負担する契約のことであるが、民法の契約法の問題だから、ここでは説明しない。双務契約には、売買や請負などの一回的給付の契約と賃貸借契約などの継続的契約がある。

1　双方未履行とは

双務契約の一方当事者に倒産手続が開始された場合の法律関係は3種類に分けられる。

第1は、倒産手続開始時点で倒産債務者にだけ債務が残り、契約相手方の債務の履行が全部完了している場合である。売買契約で商品を先渡しで売買代金だけが契約相手方に残った場合がその例である。この場合は、契約相手方は、動産売買の先取特権という法定担保権（民321条）の問題を除けば、単なる売掛金債権を有する手続債権者となるだけである。契約相手方は売掛

金債権の支払いがないことを理由に売買契約を解除して商品を返せとはいえない。倒産手続の開始によって手続債権である売掛金を支払うことは禁止されるから、債務不履行としての契約解除事由にはならない（違法性がないとするのが一般である）とされているからである。

同時履行の抗弁権がある場合は、契約相手方の請求権が手続債権にしかならないのは契約相手方に酷かとも思えるが、契約相手方は同時履行の抗弁権を放棄して先履行したのだから、しようがないと考えられている。

第2は、倒産手続開始時点で倒産債務者が債務の履行をしていて債権だけが残り、契約相手方に債務だけが残る場合である。第1の例と反対の例を考えればよい。この場合は、売掛金債権は倒産債務者の財産であり、契約相手方はその債務を履行すればよいだけである。契約相手方は債権者である倒産債務者が倒産したことを理由に債務の履行を拒めないことは当然である。

第1と第2は、倒産手続開始時点では片務契約と同じということになる。

第3は、倒産手続開始時点で倒産債務者にも契約相手方にも契約上の債務の全部または一部の履行が残っている場合である。第1の例でいえば、売買契約は締結されたが商品の引渡しも売掛金の支払いもない場合である。第3の場合が前記の双方未履行双務契約の処理規定の対象となるのである。

未履行とは、履行が完了していない部分が全部でも一部でもよいとされているが、対価的関係にある債務の双方の履行が未了であることが必要である。要するに、本質的・中核的債務で対価関係にある双方債務の全部または一部が未履行であることが必要で、付随的債務が未履行であっても、この要件を欠くことになる。互いに担保視し合う双務契約の相手方を保護するというのがこの規定の立法趣旨だから、双務契約上の債務といっても対価関係にある双方の債務があってこそ担保視されることになるからである。典型契約では対価的関係にある本質的・中核的債務がどれかは大体わかるが、無名契約の場合は難しい問題もある。この点に関し、牽連関係にある双方の債務が未履行でなければならないといわれることもあるが、何が「牽連」関係にある債務かメルクマールを示さないと意味がない。牽連と対価が同じであれば、牽

連という意味もないであろう。

次に、未履行の理由は問わない。弁済期未到来の場合はもちろん、履行不能でも履行遅滞でもよい。双方未履行の双務契約をどう処理するかという規定であるから、未履行債務の内容は問う必要があるが、未履行の理由を問う必要はないからである。

2 解除権を行使（解除権を選択）した場合

解除権は「即時」の法定の解除権で、解除権を行使した場合は、契約の効力は即時に消滅し、未履行債務は消滅し、双方に原状回復義務が発生する。

売買などの一回的給付の契約の場合は、民法の通説・判例（直接効果説）によると、契約の効力は遡及的に消滅することになるが、賃貸借契約などの継続的契約であれば将来に向かって契約の効力が消滅する（民620条参照）ことになる。

原状回復請求権発生の根拠は、解除の効果が遡及する一回的給付の契約では民法545条1項本文である。民法545条は、債務不履行解除に基づく法定解除の規定であるが、特約に基づく解除や解除権が法定されている場合（破53条1項などによる解除権は法定の解除権の一つである）にも（類推）適用されると考えられているからである。将来に向かって契約の効力が消滅する継続的契約では、民法545条1項本文の適用がないとするのが民法上の定説であるから、原状回復請求権の根拠は民法545条1項本文に求めることはできないが、原状回復義務があることは当然であるから、これを不当利得返還請求権や契約上の原状回復義務に求めることになる。倒産債務者側の契約相手方に対する原状回復請求権はこれらを根拠にして発生する。

しかし、契約相手方の倒産債務者側に対する原状回復請求権は、民法545条1項本文や不当利得返還請求権や契約上の原状回復義務としてそのまま倒産債務者側に請求できるのではなく、倒産法の特則に従う。

つまり、この特則の第1点は、倒産法では双方未履行双務契約の処理について特別の解除権を倒産債務者側に認めたこと、第2点は、解除の場合の原

129

状回復に関しては倒産債務者の相手方の原状回復請求権の特則だけを倒産法で定めたものである。

原状回復の特則は、前記のとおり、契約相手方が行った反対給付が、倒産債務者の財産中にある場合はその財産の返還請求権が発生し、反対給付が倒産債務者の財産中に現存しない場合は反対給付の価額を財団・共益債権として請求ができる（破54条2項、民再49条5項・破54条2項、会更61条5項・破54条2項）というものである。

民法545条1項などと効果は大体同じであるということになるが、その立法趣旨は、公平の観点から倒産債務者側に不当利得をさせないためであるというのが通説である。

解除時点で、反対給付の現物が倒産債務者の財産中に現存している場合は、その現物を相手方に返還させることは原状回復請求権の一般の理解からも公平の観点からも必要なことであるが、解除時点でその現物がなかった（もっといえば、倒産手続開始時点で倒産債務者の財産中には現物が処分されてなかった）場合は、現に債務者財産には利得は残っていないのであるから、その処分対価が倒産債務者財産中に残っているか否かを問わず、一律に原状回復に関する価額償還請求権として現物の価額を金銭債権である財団・共益債権としてまで保護することが必要かどうかは問題もあるところである。だから、一律に価額償還請求権を財団・共益債権とするのは、倒産債務者側に不当利得をさせないというよりは、特別の解除権を与えた見返りに相手方の原状回復請求権を最大限尊重するということであるとしか考えようがない。

この反対給付が金銭であるときは、金銭に所有権を観念することができないというのが民法の考え方であるから、給付した貨幣そのものが倒産債務者の財産中にあってもなくても、常にその価額を財団・共益債権として支払うということになる。

解除によって相手方に損害が生じた場合は、その賠償請求権は手続債権になるとされている（破54条1項、民再49条5項・破54条1項、会更61条5項・破54条1項）。この損害賠償請求権は債務不履行によるもの（民545条3項）で

はないが、この債権は倒産債務者側の手続開始後の契約の法定解除権の行使という行為によって発生した債権である。この損害賠償請求権の法的性質については、本来は開始後債権で劣後すべき債権を手続債権に格上げしたのであるとするのが通説である。ちなみに、フランス倒産法では、我が国とは異なり、この損害賠償請求権は財団・共益債権に相当する債権として処遇することが明文で定められている。

これらを具体例で説明する。

甲を売主、乙を買主として、甲所有の不動産を乙に3,000万円で売却するという売買契約が成立し、乙は、甲に売買契約の内容に従って、中間金として1,800万円を支払い、甲から不動産の引渡しを受けたが、残金1,200万円の支払いと所有権移転登記が未了の状態で甲に破産手続が開始した（民事再生でも会社更生でも同じである）とする。売買契約は双務契約で、この状態は対価的関係にある双方の債務が未履行の状態で当事者の一方に破産手続が開始されたという例である。

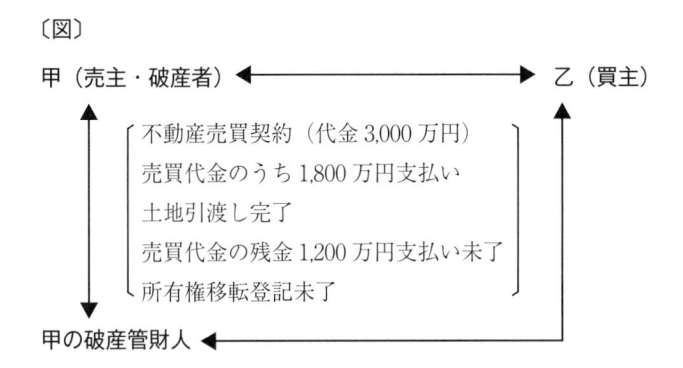

〔図〕

甲（売主・破産者）　←―――――→　乙（買主）

　　　　　　　｛不動産売買契約（代金3,000万円）
　　　　　　　　売買代金のうち1,800万円支払い
　　　　　　　　土地引渡し完了
　　　　　　　　売買代金の残金1,200万円支払い未了
　　　　　　　　所有権移転登記未了

甲の破産管財人　←

甲の破産管財人がこの売買契約を解除したとすると、民法上の解除の効果として、未履行債務は消滅するから、所有権移転登記請求権も残代金1,200万円の支払請求権も消滅する。

甲の破産管財人は、民法上の原状回復請求権として（この場合は民法545条1項本文）、乙に甲が給付した不動産の返還を求めることができる。

乙は、破産法上の原状回復請求権として、破産法54条2項により既払いの1,800万円の返還を財団債権として請求することができる。

乙がこの不動産を3,500万円で丙に転売することが決まっていた場合は、甲の破産管財人の解除によって乙に500万円の損害が生じることになるが、この損害賠償請求権は破産債権になるだけである（破54条1項）。

3　履行の請求をした場合

履行の請求が選択された場合、つまり、倒産債務者側が相手方に未履行債務の履行を請求した場合は、契約相手方は未履行になっている債務の履行をしなければならない。

前記のように、履行の請求があった場合の契約相手方の倒産債務者側に対する契約上の請求権がどうなるかは、倒産法に規定があり、財団・共益債権となる（破148条1項7号、民再49条4項、会更61条4項）。履行の請求があった場合は、解除権を放棄したことに他ならないし、従来の契約の効力を維持して双方の債務を履行しましょうということで、双方が債務を互いに履行すればよいのであるから、特に問題はないともいえるのであるが、相手方の請求権を財団・共益債権とするのは公平の観点からであるとされている。つまり、前記の立法趣旨で述べたように、自己の債務は履行しなければならないのに、反対給付である自己の債権が手続債権にしかならないとすると双方の債務を担保視する双務契約の特質から相手方に酷であるし、倒産債務者が利得するだけで不公平であるということである。

これらを2の具体例で説明する。

甲を売主、乙を買主として、甲所有の不動産を乙に3,000万円で売却するという売買契約が成立し、乙は、甲に売買契約の内容に従って、中間金として1,800万円を支払い、甲から不動産の引渡しを受けたが、残金1,200万円の支払いと所有権移転登記が未了の状態で甲に破産手続が開始（民事再生でも会社更生でも同じである）し、甲の破産管財人が残金1,200万円の履行を請求したとする。

乙は、甲の破産管財人に1,200万円の支払いをしなければならないが、甲の破産管財人に所有権移転登記請求権を財団債権として請求できることになる。

相手方の請求権を一律に財団・共益債権とする点にも、解除の場合と同じような議論がある。相手方の請求権のうち相手方の未履行債務に対応する対価部分だけを財団・共益債権化するというならともかく、相手方の請求権がすでに履行された部分に対する対価も含む場合も、相手方の請求権が1個の場合は全部が財団・共益債権化されることになるが、本当に公平なのかということである。このような例は、事例のような売買では考えられないが、たとえば、建設請負契約の発注者の倒産で履行の請求がされた場合に、倒産手続開始時点の工事の出来高より支払われた請負代金の支払額（内払い）が少ないときは、出来高との差額も将来の工事の請負代金部分も請負代金は不可分1個の請求権だから全部が財団・共益債権となるというのは不合理ではないかということである。

4 解除か履行の請求かの選択基準

メルクマールは、どちらの方が有利（倒産債務者に得か、ひいては手続債権者に得かということである）かである。

たとえば、2の具体例では、甲の破産管財人は不動産の価値が3,000万円を超える場合は解除をしなければならず、履行の請求をしてはいけない（破85条1項の善管注意義務違反になる）ということになる。解除して1,800万円を財団債権として支払っても取り戻した不動産は3,000万円以上で売れるから、差引き分が1,200万円以上となって履行の請求で得る1,200万円よりは破産財団が増殖することになるからである。また、不動産の価値が3,000万円未満の場合は解除は不可で履行の請求をしなければならないということになる。差引額が1,200万円未満になるから、履行の請求で得る1,200万円より少ないからである。

解除をした場合、反対給付が倒産債務者財産にないときは、その価額の請

求権が財団・共益債権となるから、かなりの負担になることがある。

履行を選択した場合は、残部の債務履行をしなければならないから、破産では、破産管財人は、履行の手足を持たないので履行ができない場合（たとえば請負人の破産の場合は仕事を完成させる債務を履行することが困難となる）もある。

5 相手方の催告権

契約の相手方には、倒産手続開始を原因とする解除権は与えられていないが、催告権が与えられ、催告に対して倒産債務者側が催告期間内に確答しない場合は、再建型である民事再生・会社更生では解除権を放棄したもの、つまり履行の選択をしたものとみなされ、清算型である破産では解除したものとみなされる（民再49条2項、会更61条2項、破53条2項）。

この催告権を認めたのは、倒産債務者側は解除も履行の請求も選択しないことも可能であるが、いつまでもこの選択権を行使しない場合は、契約相手方は「蛇の生殺し状態」におかれるから、契約をどうするのかの決着をつけさせるためである。

催告期間内に確答しない場合の効果が再建型と清算型で異なる理由は、考えてみればわかると思うが、再建型では事業が継続されるから契約は維持され、清算では事業が継続されないから契約は解消される、ということである。

Ⅳ 双方未履行双務契約でありながら別の処理がされる契約

継続的給付契約、賃貸借契約、労働契約、市場の相場のある商品取引、交互計算、デリバティブ取引などは、契約の特殊性などの理由で前記のような原則的な処理がされない（破55条から59条、民再50条・51条、会更62条・63条）。

また、破産に限ってのことであるが、民法には破産を契約終了事由や解約申入事由にしたり、解除に関する特別の規定を設けられている。使用主の破

産の場合の民法631条、注文者の破産の場合の民法642条、委任者・受任者破産の場合の民法653条がこれである。

これらの民法の規定は、破産法の双方未履行双務契約の処理規定（破53条・54条・148条1項7号）の特則になっている。もっとも、委任契約のうち無償委任は双務契約でないから、民法653条の規定は、無償委任の場合は破産法の規定の特則といえない。

V 賃貸借契約

ここでは、賃貸借契約が身近だと思うので、Ⅳのうち、賃貸借契約についてだけ説明する。倒産実体法規の改正で立法的解決がされた箇所もある。

かなり難しいが、実務では、賃貸人の倒産と賃借人の倒産は非常に多いので、実務処理には必須の知識であるということも、ここで説明する理由である。

1 賃貸人の倒産

賃貸借契約は、使用収益と賃料支払いが対価関係に立つ継続的な双務契約であるから、契約当事者の一方または双方に倒産手続が開始されたときは、常に、貸主の将来の使用収益させる債務と借主の将来の賃料支払債務が未履行である。

(1) 双方未履行双務契約の処理規定の適用排除

賃貸人に倒産手続が開始された場合に、双方未履行双務契約の処理規定を適用して、倒産債務者側に賃貸借契約の解除権を認めると、賃借権が借地借家法等で物権化している場合は、賃貸人からの解除には正当事由がいるのにそれが不必要となるということになり賃借権の保護が図れないこととなる。

そこで、倒産法では賃貸人に倒産手続が開始されても、当該賃借権が第三者対抗要件を具備している場合（借地の場合は地上建物の登記、借家の場合は引渡しなど）は、倒産債務者側に解除と履行の選択権を与える処理規定の適

135

用がされないこととしている（破56条1項、民再51条、会更63条）。

　第三者対抗要件を具備していることを解除権を認める規定の適用を排除する要件としているのは、これを対抗問題と考えているわけではなく、第三者対抗要件の具備を、この規定の適用を排除するための「権利保護要件」だと考えているのである。権利保護要件ということでいえば、民法545条1項ただし書の契約解除前の第三者であるためには第三者対抗要件の具備が必要な場合は第三者対抗要件を具備していなければならないというのと同じである。

　倒産債務者側が解除と履行の請求の選択権が行使できないということは、借地借家法の正当事由の有無とは無関係に、そのまま賃貸借契約が継続されるということである。賃貸人に倒産手続が開始されたこと自体は、借地借家法上の正当事由にならないことは明らかである。

　そのまま契約が継続されるということは、結果としては履行の請求がされた場合と同じであるから、契約相手方である賃借人の賃借権や賃貸借契約によって生じる修理費用等の請求権などの賃借人の請求権は、履行の請求があった場合の相手方の請求権と同じように、財団・共益債権とされている（破56条2項、民再51条、会更63条）。

　賃貸人の賃料請求権は、破産財団や債務者財産に属する財産であるから、賃借人は、賃貸人の管財人等の財産管理機構に倒産手続開始後も賃料を支払わなければならない。

(2) 敷金返還請求権の処遇

　賃借人の有する敷金返還請求権は、賃貸借契約による請求権ではないから、賃借人の請求権として破産法56条2項などの規定によって財団・共益債権となることはない。

　敷金返還請求権は、賃貸借契約の附随契約である敷金契約によって生じる請求権であるから、契約終了と目的物明渡しを停止条件とする停止条件付手続債権である。敷金返還請求権が手続債権であることは、以下に述べるようにこれを前提とする規定があることから明らかで、条文上も議論の余地はない。

敷金返還請求権の処遇は、破産と民事再生・会社更生とでは異なっている。
　㋐　破　産

　破産では、賃借人の保護のため、破産開始後に賃料を支払う場合に敷金額（敷引きがある場合は控除後の残額）を上限として破産管財人に弁済金の寄託を請求して、その後賃貸借契約が終了して明渡しという停止条件が成就したときは、賃料債務と敷金返還請求権と相殺して、寄託した弁済金の返還を受けられることとしている（破70条後段）。この寄託金は破産財団の不当利得であるから財団債権として返還を受けることができる（破148条1項5号）。なお、寄託といっても特別の方法があるわけではなく、破産管財人が単に預かっておくというだけのことである。

　㋑　民事再生・会社更生

　民事再生・会社更生では、敷金返還請求権は停止条件が成就しない限り相殺に供することはできないし、破産法70条後段のような規定はないから、債務の方が弁済期にあれば寄託の請求などは認められない。しかし、相殺の問題ではないが、手続開始後に履行期が到来する賃料を遅滞なく支払った場合は、手続債権である敷金返還請求権は賃料6カ月分を上限として共益債権とされている（弁済が受けられるのは停止条件が成就した場合である。民再92条3項、会更48条3項）。つまり、敷金返還請求権は開始後の賃料支払いという要件で手続債権から一部が共益債権に格上げされているということである。

　㋒　相違の理由

　破産では、破産法70条後段のような保護は民法でも認められないのに、どうして認められるのかという疑問がわくし、破産と民事再生・会社更生では敷金返還請求権の処遇が異なっている理由は何だろうという疑問がわくはずである。後者の疑問は相殺の問題ではない。この疑問に対する解答は、以下のとおりである。

　破産法70条後段に関する疑問に関しては、破産では敷金返還請求権などの停止条件付請求権も破産開始で無条件の金銭債権として権利行使ができるとされている（破103条4項）が、相殺や配当との関連では無条件のままでは権

137

利行使をすることまでは債権者平等原則から認められないので、破産債権者の相殺の期待を保護する手段として、折衷的な方法として破産法70条が設けられたということである。

　敷金返還請求権の処遇が、なぜ破産と民事再生・会社更生で異なっているのかという疑問に関しては、民事再生や会社更生では、停止条件付債権はそのままの状態で手続債権となるから、破産法70条後段のような処理はできないが、その一部を共益債権化した理由は、第1点は賃借人の保護が必要だということで、第2点は債務者の資金繰りに寄与するということである。

　第1点は理解できると思うので、第2点について説明する。

　敷金返還請求権の判例（最判昭和48・2・2）による法的性質から考えると、今後も賃料を支払わなければならないし敷金は手続債権で弁済されないしでは馬鹿らしいので、賃貸借契約を解除されてもよいから賃料を敷金額まで滞納してやろうと考える賃借人がいても不思議ではない。そのようになると、再建型の手続では債務者が賃貸業などの場合は、賃料滞納でお金が入ってこないから直ちに資金繰りができなくなるので、賃料滞納を防ごうということである。「あなた（賃借人）が今後も賃料を遅滞なく支払ってくれれば、賃料6カ月分相当額（敷金の額がそれ以下なら全額。賃料の6カ月分を超えるような敷金の例は多くない）は共益債権になって、共益債権は最優先で全額支払いますから、今は賃料を安心して支払ってくださいよ」、と賃貸人である倒産債務者はいえるのだということである。だから、条文上も「弁済期に遅滞なく賃料を支払ったこと」を要件としている。延滞されたら賃貸人である倒産債務者の資金繰りに寄与しないからである。

(3) 具体例での説明

　以上を具体例で説明する。

　賃借人甲は、賃貸人乙から、乙所有の建物（ワンルームマンションでも何でもよい）を住居として使用する目的で、敷金は60万円（敷引きなし）、賃料は月額8万円で翌月分を当月末までに先払いの約束で賃借して使用収益していたところ、賃貸人の乙に倒産手続が開始されたとする。

〔図〕

```
                    敷金 60 万円
甲（賃借人） ◄─────────────► 乙（賃借人・倒産債務者）
           ┌ 賃料月額 8 万円        ┐
           └ 翌月分当月末までに先払い ┘
```

　この設例で乙の倒産手続が破産である場合と民事再生・会社更生である場合に分けて説明する。

　(ｱ)　破　産

　甲は、乙から建物の引渡しを受けているから、借地借家法上の第三者対抗要件を具備しているので、乙の破産管財人は、乙の破産を理由として建物賃貸借契約を解除することができない。

　甲の賃借権や賃貸借契約による保存費の償還請求権や有益費の支払請求権は財団債権となる。

　甲は、乙の破産管財人に今後も月額8万円の賃料を支払わなければならないが、賃料の支払いに際して、敷金返還請求権60万円は破産債権であるが、敷金額60万円に満つるまで寄託することを乙の破産管財人に請求することができる。

　そして、最後配当・簡易配当の除斥期間満了時までにこの建物賃貸借契約が終了して甲がこの建物を乙の破産管財人へ明け渡したときは、賃料債務を敷金返還請求権と相殺して、その時点までの寄託金（60万円が限度）を財団債権として返還を受けることができる。結局は、破産債権を手続外で回収したのと同じである。明渡し時点の敷金返還額より寄託金が少ない場合の差額は、停止条件が成就しているので、破産債権として配当の対象となる。

　(ｲ)　民事再生・会社更生

　甲は、乙から建物の引渡しを受けているから、借地借家法上の第三者対抗要件を具備しているので、乙（あるいは管財人）は、乙の民事再生・会社更生を理由として建物賃貸借契約を解除することができないこと、甲の賃借権

や賃貸借契約による保存費の償還請求権や有益費の支払請求権が共益債権となるのは、破産と同様である。

　甲は、乙（あるいは管財人）に今後も月額8万円の賃料を支払わなければならないが、乙の再生・会社更生手続開始後に到来する弁済期に遅滞なく月額賃料を支払った場合は、その後に、建物賃貸借契約が終了して甲がこの建物を乙（あるいは管財人）へ明け渡したときは、甲の敷金返還請求権は発生時（明渡し時）までの月額賃料の6カ月分48万円を限度として共益債権となるが、残りの12万円は再生・更生債権となる。

(4) 将来の賃料支払債務を受働債権とする相殺

　具体的な賃料債権は期限付債権ではなく、使用収益が行われた場合に発生する将来の請求権の一種であるというのが、大審院時代の判例（大判大正4・12・11など）である。

　相殺に供することができる手続債権（敷金返還請求権ではなく他の金銭債権）がある場合は、破産ではその債権額に満つるまで将来の賃料債務と相殺することができる（破67条2項後段）が、民事再生・会社更生では6カ月分だけの将来の賃料債務と相殺できる（民再92条2項、会更48条2項）という点が異なっている。民事再生・会社更生では破産法67条2項後段に相当する規定がないから、将来の請求権にかかる債務は相殺に供することができないと考える立場に立つと、将来の賃料債務に関して受働債権の範囲を拡張したものであると考えることになる。

2　賃借人の倒産

　賃借人の倒産では、特則規定がないから、原則どおり双方未履行双務契約の処理規定が適用される。

　旧法時代は改正前の民法621条では、賃借人の破産の場合は賃貸人と賃借人の破産管財人は、賃貸借に期間の定めがあるときでも解約の申入れができるとされていて、借地借家法の適用がある賃貸借では賃借人の破産で賃貸人は借地借家法の正当事由なくして契約解除ができるかが問題とされて種々の

見解や判例があったのであるが、現行破産法の施行に合わせて民法621条の規定が削除されて（旧の622条が繰り上がって621条になり旧622条は削除）、原則どおりに双方未履行双務契約の処理規定を適用することによって、賃借人の破産を理由とする賃貸人の解除権は認めないという立法的解決がされた。

(1) 履行の請求の場合

履行の請求がされた場合は、倒産手続開始前の使用収益に対する未払賃料は手続債権、倒産手続開始後の賃料は財団・共益債権となる。

倒産手続開始前の使用収益に対する未払賃料は、履行の請求に対する相手方の請求権として財団・共益債権（破148条1項7号、民再49条4項、会更61条4項）となるのではないかという疑問が生じるが、具体的な賃料請求権（支分権）は、使用収益によって日々発生するもので、反対給付である使用収益をさせる賃貸人の債務は履行済みでそれに対する対価である賃料請求権だけが未履行になっているので、この債権は倒産手続開始前の原因による債権で、財団・共益債権に格上げされる相手方の請求権ではなく手続債権のままである、というのが通説的な説明である。

いつまでの使用収益に対するものかというと、倒産手続開始日の前日までであるとされている。倒産手続の開始決定は決定時点で即時その効果が生じる（破30条2項、民再33条2項、会更41条2項。手続を迅速に進める必要があるからである）から、日割計算をしなければならないので、開始日の前日となるのである。

倒産手続開始日以降の使用収益に対する賃料は、財団・共益債権となる。この点は、履行の請求があった場合の相手方の請求権（破148条1項7号、民再49条4項、会更61条4項）と考えることもできるが、倒産手続開始後は解除や履行の請求があるまで（いつまでにしなければならないということはない）はどうなるかという問題があるので、債務者財産の管理の費用（破148条1項2号、民再119条1項2号、会更127条1項2号）で財団・共益債権となると考えられる。いずれにしても財団・共益債権であることに争いはない。

倒産手続開始後の使用収益に対する賃料も、倒産手続開始前の賃貸借契約

141

によって生じる、使用収益という法定の停止条件がついた将来の請求権であるから、財団・共益債権ではなく手続債権である将来の請求権の法定の停止条件が倒産手続開始後に順次成就しただけではないかという疑問が生じるが、財団・共益債権は手続債権をその共益性などの観点から格上げした場合もあり、債務者財産は手続開始後も目的物を使用収益できたという利益を受けているから、財団・共益債権になるというのが結論ということになる。第6章で述べた手続債権と財団・共益債権の振り分け問題の一つの例だということができる。

(2) 解除の場合

解除された場合は、賃借権も解除後の使用収益に対する賃料支払請求権も消滅する。

倒産手続開始前の使用収益に対する未払賃料は手続債権、倒産手続開始後解除までの使用収益に対する賃料と解除後明渡しまでの賃料相当損害金は、財団・共益債権となる。

倒産手続開始前の使用収益に対する未払賃料は手続債権、倒産手続開始後解除までの使用収益に対する賃料が財団・共益債権となるのは、履行の請求の場合と同じ理由である。

破産に限っては、解除の場合は破産開始から賃貸借終了までの賃料は財団債権とするという明文の規定がある（破148条1項8号）のでそれが根拠になるが、民事再生と会社更生では破産法148条1項8号に相当する規定はないので、(1)の履行の請求で述べたのと同じで、財産の管理費用として共益債権となるということである。

解除後明渡しまでの賃料相当損害金が財団・共益債権となる根拠条文は、明文の規定はない。

破産では破産法148条1項8号を類推適用するという考え方、解除後明渡しまでの間は破産財団が不当利得しているので不当利得返還請求権として財団債権になる（破148条1項5号）という考え方、解除しても明け渡さないという破産管財人の行為（不作為も行為である）によって生じた請求権として

142

財団債権になる（破148条1項4号）という考え方があるが、どの見解でも結論は変わらないから議論する意味はない。

　民事再生と会社更生では、前記のように破産法148条1項8号に相当する規定はなく、不当利得と管理機構の行為による共益債権の規定が破産と同様にある（民再119条1項5号・6号、会更127条1項5号・6号）ので、いずれかの規定で共益債権となるとされている。議論の意味がないのは破産と同じである

(3) 敷金がある場合

　敷金がある場合は、履行の請求でも解除でも、賃料や賃料相当損害金が手続債権（倒産手続開始前の使用収益に対する賃料）でも財団・共益債権でも、敷金の実質的な被担保債権となるから、相手方である賃貸人は手続債権である未払賃料も含めて敷金の範囲で全額回収が可能である。

　その理由は、判例では敷金返還請求権は敷金額から未払賃料等を控除した残額として発生するというのであるから、敷金は担保権でもなければ未払賃料と相殺する必要もないということ（第10章で説明する相殺の禁止の問題とならない）で、敷金とはそのような法的性質のものであると考えられているからである。

　敷金返還請求権は、債務者財産に属する財産の一つである。賃借人の倒産で、賃貸借契約継続が不要である場合がある。破産では継続の必要性がない場合が通常で、民事再生と会社更生では賃貸借を継続することが事業の継続に不要の場合もある。この場合は、倒産手続開始後の賃料は財団・共益債権になり、漫然と賃貸借契約を継続することは賃料支払いが増えて、債務者財産を圧迫するので、早期に賃貸借契約を解除して敷金返還請求権を保全する必要がある。

　なお、不動産の賃貸借については、特別の先取特権である動産の先取特権がある（民311条から313条）ので特別の先取特権として別除権や更生担保権の基礎となる担保権になるが、その被担保債権の範囲が限定されること（民315条）、敷金がある場合は敷金で弁済されない部分についてしか先取特権が

143

ないこと（民316条）、民事執行法によって担保権の実行をしなければならないこと、などから、実際上は、権利行使はほとんどされない。

(4) 具体例での説明

　甲株式会社は、乙所有の建物を業務用の事務所とする目的で、敷金は1,000万円（敷引きは200万円）、賃料月額は100万円で毎月末日までに翌月分を前払いの約束で賃借していたが、その後、平成25年5月20日に賃借人の甲に通常再生手続が開始された（管理命令は発令されていない）とする。甲は、再生手続開始前日である同年5月19日までの間の賃料（前払いの約束は関係なく実際の使用期間に対する賃料）の未払いは175万円であったとする。甲が、平成25年6月1日にこの賃貸借契約を解除して、同年6月30日に当該事務所を乙に返還したとする。

〔図〕

```
              ┌ 敷金1,000万円（敷引き200万円） ┐
              └ 賃料月額100万円               ┘
甲（賃借人）  ◄─────────────────────────►  乙（賃貸人）
       ┌ 平成25・5・20　甲に民事再生手続開始      ┐
       │ 再生手続開始時までの未払い賃料175万円    │
       │ 平成25・6・1　甲が賃貸借契約解除         │
       └ 平成25・6・30　甲が賃貸目的物返還        ┘
```

　この設例では、賃貸人乙の有する再生手続開始の前日までの未払賃料請求権は再生債権となり、開始日以降解除までの間の賃料請求権は共益債権、解除後明渡しまでの賃料相当損害金請求権も共益債権となる。再生債務者甲は通常はこの共益債権は明渡し時にはすでに支払っているから、乙は、事務所の明渡しを受けたときは、敷金1,000万円から敷引き200万円を控除した残額800万円からさらに再生債権となった未払賃料175万円を控除した残額625万円を再生債務者甲に敷金返還債務として支払わなければならないということになる。

144

再生債務者甲が、履行の請求をした場合も、未払賃料請求権175万円が再生債権となるのは解除の場合と同じであるが、賃貸借契約終了が再生計画認可決定の確定の前後を問わず、明渡し後の敷金返還の際には、敷金の性質上、返還額から再生手続開始時点の未払賃料請求権は当然に控除されるから、賃貸人乙は、実際には未払賃料全額の回収ができることになる。つまり、再生債権となる乙の賃料請求権は再生計画による権利変更の対象ではなく計画弁済の対象にはならないということになる。

　賃借人甲が破産した場合も、前記と同様で、再生債務者甲を甲の破産管財人、再生債権を破産債権、共益債権を財団債権と読み替えればよいのであるが、民事再生と異なり、甲の破産管財人が乙に履行の請求をすることは例外的に事業を継続する場合以外は考えられない。

第9章 担保権の処遇の基礎

倒産手続における担保権ないしは担保権者の処遇についての基礎的な事項を説明する。

担保物権法の知識や実行方法としての民事執行法の知識が充分でないと理解が難しい分野である。

I 担保権の処遇の方法

担保権とは、担保の目的物を拘束して債権の弁済を心理的に強制するとともに、被担保債権の弁済がないときは、担保目的物を処分して優先的弁済にあてることができる権利のことである。

担保権がその効用を発揮するのは被担保債権が弁済されない場合で、その典型が債務者の倒産である。だから、担保権およびその被担保債権は、倒産手続でおいても優遇されなければ、何のために担保制度が設けられたのかわからないということになる。つまり、債権者平等原則の例外として担保権を優遇する必要があるということである。

担保権を取得する目的は、被担保債権が弁済されない万一の場合に抜け駆け的に債権回収を図ることにあり、債権者平等原則からいうと、予め抜け駆け的債権回収を図ろうという悪意に基づく行為であるから、債権者平等原則に反することになるのであるが、前記のような担保権の保護の観点から債権者平等原則の例外とされているということである。この点は、相殺権と同じ

ようなものである。

倒産債務者の財産を目的物とする担保権を、倒産手続でどのように処遇するかは立法政策の問題である。しかし、担保権の性質上、どの手続においても担保権者が把握している担保価値、つまり、担保権の実行で得られる被担保債権の満足は保障しなければならないのである。

倒産手続で担保権およびその被担保債権を優遇する方法は2種類考えられる。別除権方式と更生担保権方式である。

1 別除権方式

伝統的で原則的な方法で、担保権は倒産手続に干渉されず自由に行使できるとすることである（破65条1項、民再53条2項）。このような担保権者の地位を別除権と呼ぶ（破2条9項、民再53条1項）。

別除権とは、「倒産手続から別に除かれる権利」であるという意味である。もっとも、講学上は、別除権をそのような担保権（たとえば抵当権）そのものを指す場合にも用いられることがある。

別除権方式では、被担保債権が手続債権であるときは、その被担保債権をどのように処遇するかが次に問題となる。担保権の行使でも倒産手続の方でも両方で権利行使ができるとする考え方も可能であるが、我が国では、倒産手続では担保権の行使を自由に認める代わり、別除権の行使や担保権の放棄等によって弁済が受けられなくなった手続債権部分についてだけ倒産手続で権利行使を認めるという方法を採用しており、これを「不足額責任主義」と呼んでいる。

民事再生・破産・特別清算ではこのような立法主義が採用されている（破108条・198条3項、民再88条・160条、会社566条1号・522条2項）。もっとも、特別清算では別除権とはいわない。

2 更生担保権方式

もう一つの担保権者の処遇の方法は、再建という目的から、担保権も倒産

手続に取り込んで担保権の行使はさせないが、担保目的物の価値に相当する被担保債権を倒産手続で優遇するという方法である。

担保権の行使を制限する方法で、担保制度の根幹を否定することにもなり世界でもほとんど立法例がないが、会社更生法がこの方法を採用している。

会社更生では、手続開始後に中止・禁止の対象となる「強制執行等」には「担保権の実行」が含まれる（会更50条1項・24条1項2号）。

会社更生では、このような担保権の価値に相当する被担保債権の部分を更生担保権と呼んでいる（会更2条10項）。更生担保権は担保権ではなく債権であることに注意が必要である。

更生担保権を被担保債権とする担保権も、別除権と同じように更生会社の財産上の担保権であるということに注意が必要である。また、更生会社が物上保証をしているときは、被担保債権は更生会社に対する債権ではないから更生債権にはならないが、担保の価値部分に相当する被担保債権部分は会社更生手続では更生担保権という手続債権に権利変更される。

会社更生では、更生会社が物上保証している場合も担保権の実行を禁止する一方では、更生会社に対して当該担保権が把握している担保目的物の価値部分の被担保債権を更生担保権として直接の弁済義務を負担させることになっている。物上保証人は被担保債権について第三者弁済することは可能である（民500条）が、被担保債権の第三者弁済は物上保証人の義務ではない。したがって、更生手続開始によって物上保証人に更生担保権として弁済義務を課したということは、物上保証人である更生会社に対して、更生手続開始により、担保権実行禁止との引き換えに、被担保債権の担保価値部分について重畳的債務引受に権利変更したということである。

II 別除権の基礎となる担保権（更生担保権の対象となる担保権）

担保権の基礎知識は、民法知識であるから、詳しくは述べない。別除権の

基礎となる担保権は、破産と民事再生・会社更生では多少異なっている。この担保権の被担保債権の債務者は、倒産債務者の場合と第三者の場合（倒産債務者が物上保証している場合）がある。

実際に見かける担保権は、倒産債務者はほとんど例外なく金融機関から借入をしているので、根抵当権が圧倒的に多く、その他には金融機関を担保権者とする預金や株式の譲渡担保権、取立委任手形の商事留置権があり、仕入先等の動産売買の先取特権、什器備品類・機械・自動車などのリース契約、自動車などの所有権留保契約といったものがある。

1　破　産

破産では、この担保権は、破産財団に属する財産を担保目的物とする、特別の先取特権、質権、抵当権である（破2条9項）。抵当権には根抵当権が含まれる。それ以外に仮登記担保権がある（仮登記担保法19条1項）が、根担保仮登記は効力を有しない（同条5項）。

商事留置権（商法・会社法上の留置権で、実務上多いのは商法521条の商人間の留置権である）は、破産では、破産開始後は最下位の特別の先取特権とみなされて（破66条1項・2項）、優先弁済権が与えられるようになるから、商事留置権は破産開始後は特別の先取特権としてこの担保権となるということである。だから、破産法の規定では商事留置権は別除権の基礎となる担保権（破2条9項）とされていない。破産は清算型であり財産は最終的には処分されるから、留置権能だけで優先弁済権はない商事留置権にも特別の先取特権としての優先弁済権と換価権能を与えたためである。特別の先取特権に転化した商事留置権に商事留置権本来の留置権能が残存するかどうかは争いがあるが、少なくとも動産には留置権能が残存するという点には争いはない。

民事留置権は、手続開始でその効力がなくなる（破66条3項）。留置権能もなくなるから、民事留置権者は破産管財人に留置物を返還しなければならない。

一般の先取特権は、その被担保債権は手続債権である優先的破産債権とさ

れる（ただし、一部は財団債権に格上げされている）から、この担保権とならない。

2　民事再生・会社更生

　民事再生と会社更生では、債務者財産を担保目的物とする特別の先取特権、質権、抵当権、商事留置権である（民再53条１項、会更２条10項）。抵当権には根抵当権も含まれる。仮登記担保権も同様である（仮登記担保法19条３項・４項）が、根担保仮登記は効力を有しない（同条５項）。

　商事留置権は、民事再生と会社更生では、破産のように手続開始で特別の先取特権となることはなく、手続が開始されてもそのままの状態である。

　民事留置権は、破産では手続開始でその効力がなくなる（破66条３項）から、留置権能も消滅することに疑いはないが、民事再生と会社更生には、民事留置権に関するこのような規定がない。民事留置権は、条文から明らかなように、別除権や更生担保権の基礎となる担保権とはされていない。担保権の実行手続（民執195条の形式競売）は認められないが、留置的効力はあるとするのが多数説である。民事留置権に基づく形式競売が認められないことは、民事再生法39条１項、会社更生法50条１項で、手続開始後は民事留置権に基づく担保権の実行を禁止されているから明白である。ただし、手続開始時点で民事留置権が行使されている場合は、手続開始後も留置権能は認める（担保物を引き渡せといえない）というだけで、民事留置権の被担保債権自体は、権利変更の対象となる点に注意が必要である。

　一般の先取特権はこの担保権とならない。しかし、一般の先取特権の被担保債権の処遇は、会社更生と民事再生では異なっている。

　会社更生では、破産と同様に手続債権である優先的更生債権になる。

　民事再生では、一般優先債権として再生手続外で弁済を受けられる。弁済されない場合は、強制執行以外に一般の先取特権の実行が可能である（民再122条４項参照）。だから、別除権としたのと実質的に同じである。

3　特別清算

　特別清算では、債務者財産を担保目的物とする特別の先取特権、質権、抵当権、商事留置権である（会社522条2項）。仮登記担保については、仮登記担保法に破産、民事再生、会社更生のような規定はなく、特別清算が清算の一類型と考える通説では、根担保仮登記も含めても有効だと考えることになるが、特別清算を包括執行だと考える見解では根担保仮登記は仮登記担保法14条、19条5項を類推して無効と解することになろう。

　民事留置権については、前記の破産のような規定もなく、前記の担保権とされていないが、民事再生・会社更生とは異なり、民事留置権による形式競売は手続開始後も禁止の対象とされてない（会社515条1項）し、担保権の中止命令の対象となる（会社516条）。したがって、開始後も民事留置権に基づく担保権の実行（民執195条の形式競売）は、中止命令がない限り可能で、留置権能もあると考えられる。

4　非典型担保

　非典型担保については、債権・動産等の譲渡担保と所有権留保は、すべての倒産手続で、この担保権に該当するとするのが通説である。

　リースについては、目的物の価格に利息分等を上乗せした額をリース料総額として、それを何年かの分割払いとするというリース形式であるフルペイアウトのファイナンスリースについては争いがあるが、担保権に該当するとするのが判例（最判平成20・12・16）・多数説で実務である。

　金融取引として債権保全のために行われる代理受領や振込指定は、倒産手続では担保権とは認められない。

III　債務者財産上にある担保権

　この担保権は、倒産債務者財産（破産財団）上にあることが必要であり、

かつ、これで足りるから、倒産債務者が物上保証をしている場合も、これに該当するが、担保権が倒産債務者以外の物上保証人の財産上にある場合は、これに該当しない。事例で説明する。

　甲株式会社は、乙株式会社に貸付金を有しているが、丙株式会社がその貸付金について、乙株式会社の委託に基づいて甲株式会社に対して連帯保証すると共に、自社が所有するＡ土地を担保として、甲の乙に対する貸付金を被担保債権とする抵当権を設定していたとする。乙と丙に破産手続（再生手続でもよい）が開始されたとしよう。

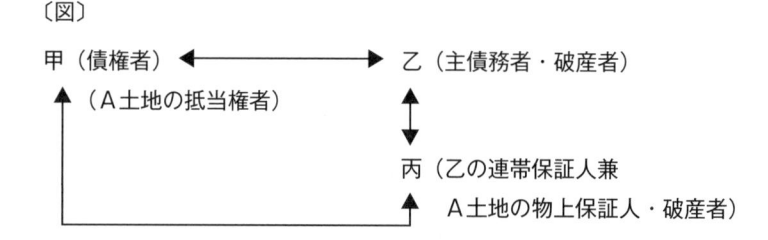

〔図〕

甲（債権者）　◀━━━━▶　乙（主債務者・破産者）
▲（Ａ土地の抵当権者）　　▲
｜　　　　　　　　　　　　▼
｜　　　　　　　　　　丙（乙の連帯保証人兼
└────────────▲　　Ａ土地の物上保証人・破産者）

　この場合は、甲は、乙の破産手続（再生手続）では貸付金という破産債権（再生債権）を有するだけで、丙所有のＡ土地を担保とする抵当権は別除権とはならない。Ａ土地は丙の所有物で、乙の破産財団（再生債務者財産）に属する財産ではないからである。

　また、甲は、丙の破産手続（再生手続）では連帯保証履行請求権という破産債権（再生債権）を有するが、甲は破産財団（再生債務者財産）に属する財産であるＡ土地に抵当権を取得しているから別除権者でもある。ただし、抵当権の被担保債権は乙に対する貸付金（主債務）で丙に対する債権ではないから、丙の破産手続（再生手続）では破産債権（再生債権）とはならず、不足額責任主義の対象とはならない、ということである。丙（破産管財人等）は乙の破産（再生）手続に（保証と物上保証に基づく）将来の求償権として権利行使ができる。

　次に、同様の事案で、乙と丙に会社更生手続が開始されたとしよう。この

場合は、甲は、乙の会社更生手続では貸付金という更生債権を有するだけで、A土地を担保とする抵当権は更生担保権の対象たる担保権とはならない。A土地は丙の所有物で、乙の更生会社財産に属する財産ではないからである。

また、甲は、丙の会社更生手続では連帯保証履行請求権という更生債権を有するが、さらに甲は更生会社財産に属する財産であるA土地に抵当権を取得しているから更生担保権者でもある。A土地の時価に相当する被担保債権（乙に対する貸付金）の額が更生担保権の額になる。つまり、甲は丙の会社更生手続では、連帯保証履行請求権という更生債権とA土地の価額に相当する額の更生担保権という債権を有するということで、更生担保権の点が破産・民事再生とは異なるのである。前記のように、物上保証の場合は更生担保権は更生会社が自己の債務として支払うことになるからである。

Ⅳ　担保権の第三者対抗要件

破産・民事再生・会社更生では、担保権が第三者対抗要件を要するとされるもの（抵当権設定登記など）は、原則として、倒産手続開始時点でその対抗要件を具備している必要があるとされているし、手続開始後は対抗要件の具備を請求する権利も認められない。この結論自体には異論はない。

例外は、手続開始後の登記・登録が善意取引保護規定で保護される場合（破49条1項ただし書、民再45条1項ただし書、会更56条1項ただし書）で、この登記が担保権の第三者対抗要件のときがある（抵当権の設定登記など）。

前記のように考える理由については、手続開始後の登記・登録が原則無効とされていることや管財人等が対抗要件なくして対抗できない第三者であるからと説明するのが通説であるが、第三者対抗要件の具備自体が別除権者（更生担保権者）として認められるための権利保護要件であるという見解もある。判例（最判平成22・6・4）は、個人再生の事案で、一般債権者は手続開始で個別的権利行使が禁止されるのに、別除権者は手続外で権利行使ができるのであるから、公平を図るという趣旨から、別除権者として保護される

154

ためには、再生手続開始時点で原則として第三者対抗要件を具備していなければならないと判示して、再生債務者の第三者性には触れていない。なお、最高裁が原則といっているのは、善意取引保護規定で保護される場合があるからである。

特別清算では、特別清算人は第三者ではないと考える通説によると、担保権者には第三者対抗要件の具備は不要であると考えることになるし、第三者性を認める見解では、破産・民事再生・会社更生と同じように考えることになる。例外についても、善意取引保護規定を類推するとすれば同じことになる。

V 担保権の行使

別除権方式では、前記のように、倒産手続外で権利行使ができる。別除権の別除権たる所以である。更生担保権方式では担保権の行使自体ができない。

1 破産・民事再生・特別清算

別除権として、担保権の実行ができる。担保権の実行は、民商法や民事執行法などの問題で倒産法の問題ではないが、簡単に説明する。

(1) 法定担保権の場合

法定担保権の場合は、法定の権利行使方法によるが、法定の手続以外に合意で実行方法を定めたときは、その方法によることも可能である。

法定の権利行使方法は、民事執行法や民法によって行うことになる。根抵当権や普通抵当権の場合は、民事執行法による競売や収益執行である。民事執行による以外にも、動産質では一定の要件で質物を弁済に充当できるし（民354条）、債権質では直接の取立てをすることも可能である（民366条）。

法定の権利行使でない実行方法が合意で定められている場合も、その合意は倒産手続で尊重されるべきであるから、そのような担保権実行も可能である（破185条1項参照）。このような例として、商法515条による流質契約があ

る。それ以外にも、旧銀行取引約定書ひな型第4条4項がある。この合意は、法定の行使方法によらないで、銀行が担保目的物を任意に処分して処分代金を法定の方法によらないで被担保債権に充当できるという趣旨の合意である。

商事留置権は、破産では特別の先取特権とみなされるから、破産では特別の先取特権として権利行使をすることになるが、留置権能は残り、さらに特別の先取特権に転化するから、銀行は破産開始後も前記の約定に従って留置した手形を期日に取り立てて、その取立金を被担保債権に充当することは民事執行法による実行とはいえないが、私的実行としては可能とするのが判例（最判平成10・7・14。不法行為にならないとしている）である。

一方、民事再生や特別清算では、破産法185条1項に相当する規定はなく、破産のように商事留置権は特別の先取特権には転化しないから、そのままの状態で担保権となるが、手形の商事留置権の場合、手形を期日に取り立てて被担保債権に充当できるかどうかが問題となる。委任契約は委任者の破産で終了する（民653条2号）がそれ以外の倒産手続開始では終了しないから、受任者は契約上の義務として手形の取立てをしなければならない。手形は期日に取り立ててしまわないと手形の意味がなくなるが、商事留置権に基づく民事執行は民事執行法195条の形式競売しかなく、商事留置権の行使としては担保権者が取り立てることは民事執行法では認められていないし、留置権自体には優先弁済権はない、さてどうするかという問題がある。判例（最判平成23・12・15）は、民事執行法195条の形式競売は、留置目的物を被担保債権の弁済を受けるまでいつまでも留置しなければならない負担から留置権者を解放するために認められた制度で、留置権者に交付された形式競売の結果の留置目的物の換価金に留置権の効力が及ぶのであるから、同じように銀行が取り立てた手形の取立金にも商事留置権の効力が及び、その取立金を銀行取引約定によって被担保債権に任意に充当することは、商事留置権の私的実行の約定として民事再生法上も有効であるから、この私的実行は可能としている。

このような担保権行使に関する特約がない場合は、民事再生と特別清算で

は、商事留置権はそのままの状態で担保権となり、特別清算では民事留置権も担保権となると解されるから、いずれにしても、その担保権行使は留置権能だけで、被担保債権が弁済されるまで目的物を留置できるだけである。手続開始後も、民事再生では商事留置権、特別清算では商事・民事留置権に基づく形式競売（民執195条）は可能であるが、留置権には優先弁済権はないから、債権者は手続開始後の留置権に基づく競売で執行機関から換価金の引渡しを受けても、換価金を留置できるだけで自己の被担保債権に充当できるものではなく、換価金引渡債務と被担保債権との相殺も手続開始後の債務負担として禁止される（民再93条1項1号、会社517条1項1号）から、両すくみ状態になる。

(2) 非典型担保の場合

非典型担保は、合意による私的実行方法による。非典型担保の実行は、私的実行しかない。

私的実行は、破産では185条1項の「別除権者が法律で定められた方法によらないで別除権の目的である財産を処分する権利を有するとき」の一例となる。前記のように、民事再生法には破産法185条1項に相当する規定はないが、非典型担保の私的実行は当然可能であると考えられている。

譲渡担保は、処分清算型か帰属清算型であるが、当事者の合意による（合意がない場合は処分清算型であるとするのが判例・通説である）。もちろん、債権者には清算義務がある。

所有権留保やリースの担保権実行方法は、契約解除で、その結果、目的物の取戻しができる。清算義務があるのは、譲渡担保と同じである。

(3) 物上代位

物上代位ができる担保権（民304条・350条・372条。先取特権、質権、抵当権など）では、倒産手続開始後も物上代位が可能である（最判昭和59・2・2）。実務では、動産売買の先取特権に基づく目的動産の転売代金を物上代位権の行使として差し押さえる（民執193条）例も多い。

2 会社更生

手続の開始で担保権の行使ができなくなる（会更50条1項）。

担保権者は、担保価値分に相当する被担保債権について、更生担保権者として更生計画に従った優先弁済が受けられるだけである（会更168条1項）。

手形の譲渡担保の場合は問題が生じる。取立ては担保権の実行になるのでできないことになる。満期に取り立てないと手形の意味がなくなるので、手形の譲渡担保の場合は取立てを可能とするために種々の見解が考えられている（その詳細は省略する）。

担保権が行使できる場合が例外としてある。当該目的物が更生会社の事業の継続のために必要でない場合は裁判所は禁止の解除ができ、担保権者は担保権の実行ができる（会更50条7項）。

この場合でも、手続債権である更生担保権の手続外弁済は許されないから、担保権の実行の結果、換価による金銭は担保権者に交付することはできない。換価による金銭は執行機関に留保され、更生計画認可決定後に更生管財人がこの金銭の交付を受けて、更生計画に従った処理、たとえば、更生計画認可後1カ月以内に全額弁済するという更生計画の条項がある場合は、その条項に従って弁済するというような処理を行うことになる（会更51条）。

VI 担保権者に対する対処

1 担保保存義務（担保価値維持義務）

債務者財産の管理機構は、担保権者に対して担保保存義務を負担する。担保保存義務は担保権設定契約上の附随義務であるが、債務者財産の管理機構に担保権が対抗できる場合は管理機構も倒産債務者から担保保存義務を承継することになるのである。

たとえば、賃借人の破産管財人が敷金返還請求権に質権が設定されている

場合に、破産財団に財団債権となる破産開始後の賃料を支払う財源があるのに賃貸人との合意で破産開始後の賃料を敷金に充当する合意をすると、担保保存義務に違反することになる（最判平成18・12・21）。

動産売買先取特権の行使を防御するために、商品類を他に売却し売買代金を回収してしまうことは、動産売買の先取特権は約定担保権ではないから、担保保存義務自体がないし、善管注意義務に反するものでもなく、動産売買の先取特権者に対する不法行為にもならない（大阪地判昭和61・5・16など）。

2　担保権者に対する対抗手段

債務者財産の管理機構の担保権者（別除権者と更生担保権者）に対する対抗手段として、担保権の実行中止命令と担保権消滅請求という制度が設けられている。ここでは、こんな制度が設けられている程度の理解でよい。

(1) 担保権の実行中止命令

担保権の実行を中止させるための制度であるが、その目的は倒産手続ごとに異なっている。

(ア) 民事再生

民事再生では、手続申立て後は、再生債権者の一般の利益に適合し競売申立人に不当な損害を及ぼすおそれがないときは、相当の期間を定めて担保権（被担保債権が共益債権と一般優先債権の場合は除外される）の実行の中止を命じることができる（民再31条）。中止の目的は、事業継続には担保目的物が必要不可欠である場合などに、換価をいったん中止させて、担保権者との協議や後記の担保権消滅許可の機会を与えるためである。

例外的に、住宅資金貸付債権による抵当権の実行中止命令は、再生計画認可の見込みだけを要件としている（民再197条）。住宅を手放さないで再生ができるように、住宅ローン債権を全額弁済する代わりに担保権を行使させないという住宅資金貸付条項の特則を実効あらしめるために中止させるのであるから、簡単に中止させる必要があるからである。

(イ)　**特別清算**

　特別清算でも、通常再生と同様の規定がおかれている（会社516条）。ただし、中止命令の対象となる手続は広範で、実体法上の担保権の全部の実行手続以外に、一般の先取特権その他の優先権がある債権に基づく強制執行の手続が含まれていること、特別清算手続開始後であることが異なっている。

　特別清算は清算手続であるから、中止の目的は、民事再生とは異なり、このまま担保権を行使されると高価に換価できないということにある。

　(ウ)　**破　産**

　破産では、中止命令の制度が設けられていない。特別清算と同様に、中止命令の制度は必要ではないかという立法論もあったが、現行法では中止命令の制度は設けられず、担保権の行使でも換価ができ清算の目的が達成されるから中止命令までは不要であると割り切ったようにみえる。もっとも、解釈で、中止命令を認めることが可能かどうかは、旧法時代と同じように議論は残っているのかも知れない。

　(エ)　**会社更生**

　会社更生では、更生手続開始で担保権の行使自体ができなくなるから、担保権の実行の中止命令は、申立てから開始までの保全段階の「他の手続の中止命令」という通常の開始前の保全処分で行える（会更24条1項2号）。

　(2)　**担保権の消滅許可**

　担保権自体を消滅させる制度であるが、倒産手続の制度目的の相違に対応して倒産手続ごとに異なっている。

　担保権を消滅させることは、担保権者に不利益を与えることになるから、少なくとも、担保権者が担保目的物で把握している担保価値は保障されなければならないので、担保権の消滅許可においても、この保護が図られている。担保権者に担保権実行によって得られるであろう担保価値部分は保障するということであるから、その価値は担保権実行によって得られるであろう価額、つまり処分価額で算定すれば足り、正常価額で算定するまでの必要はない。

160

(ア) 民事再生

　民事再生では、事業の継続に欠くことができない再生債務者財産の上に担保権がある場合は、再生債務者等は当該財産の価額に相当する金銭を納付して当該財産上の全部の担保権を消滅させる許可を求めることができる（民再148条から153条）。

　民事再生の担保権消滅許可制度は、特殊な制度で、民法上の抵当権消滅請求制度とはその範囲も手続も全く異なっている制度である。

　担保権消滅許可に対する担保権者の対抗手段は、担保権の実行ではない。担保権の実行は自由であり、実行手続中にも消滅許可はできるし、消滅許可決定が確定したら担保権は消滅するから、爾後の実行手続はできない。

　対抗手段は、その価額に不服がある場合に価額決定の請求を行うことである。価額決定の請求があれば、裁判所は評価人の「処分価額」による評価に基づいて価額決定を行い（民再規79条1項）、それが納付価額になる。評価方法を処分価額とするのは、価額決定の請求制度の趣旨は、担保権者の有する担保価値を保護するためで、前記のように処分価値の限度で担保権者を保護すれば足りるからである。

　この制度は、再建のための再生債務者の担保権者に対する対抗手段だということになる。実際は再生債務者にはこのようなお金はないので、スポンサーが貸し付けるといったことでもない限り、利用困難な制度である。実務ではスポンサー型では時々見かける。

　この制度の眼目の一つは、担保権は附従性の原則から被担保債権の額より担保物の価値が少なくても被担保債権の全額を弁済しないと担保権は消滅しないこと（大判大正4・9・15など）に対する対処と、担保権（抵当権）の順位上昇の原則を抑えようということである。

(イ) 破　産

　破産では、①任意売却に伴う担保権の消滅許可の制度（破186条から191条）と、②商事留置権の消滅許可の制度（破192条）が設けられている。

　①の任意売却に伴う担保権消滅許可制度は、担保目的物を破産管財人が買

受希望者を探してきて、目的物上の担保権全部を消滅させてそれを買受希望者に売却することの許可を求めることができるという制度である。

担保権者の対抗手段は、担保権の実行に着手すること（破187条）と、破産管財人が提示した売得金の額より５％以上高い金額で自己または他人による買受けの申出をすること（破188条）である。担保権の実行をすれば担保権者の把握している担保価値の取得が本来の姿で実現できるし、担保権の実行によらないでも把握している担保価値以上だと担保権者が考えれば買受けの申出をすればよいということである。

この制度は、任意売却や担保権の実行がされないで換価が進まない場合の破産管財人の対抗手段ということと、実務で行われてきた破産財団への組入れ（ピンハネ）を、担保権者に担保価値を保障しつつ、法制度として認めたのである。

旧法では、このような制度がなかったので、担保権者が任意売却には応じないし、担保権の実行もしないしで、いつまでたっても換価が進まず破産手続が終わらないので、破産管財人は当該財産を破産財団から放棄するしか方法がなかったという弊害があって、現行法で創設された制度である。

実務上は、この制度ができたので、この制度を背景にして破産管財人は担保権者と交渉し、別除権の目的である財産の受戻しによる任意売却が促進されていて、この制度の利用は実際にはほとんどない（伝家の宝刀といった趣きである）。

破産では、民事再生とは担保権を消滅させる目的が正反対である。民事再生では財産の維持であるが、破産では財産の処分である。この目的の相違は、再建と清算の差異によるものである。

②の商事留置権の消滅許可制度は、商事留置権の目的物の価額が被担保債権額より低い場合に、破産手続開始後に、目的物の価格相当額を商事留置権者に弁済して商事留置権を消滅させる制度で、例外的に破産手続開始後も事業継続をする場合に利用を予定している制度である。

原材料が倉庫業者の倉庫に保管されていて、倉庫料の方が原材料の価額よ

り多額の場合は、原材料の価額相当額を倉庫業者に支払って原材料を取り戻し、それを利用して製品を製作したら高価に売却ができるといったとき、などに用いられる制度である。破産では事業継続がほとんどないから、実務ではほとんど例がない。

(ウ) 会社更生

会社更生では、①申立てから開始までの保全期間中の商事留置権の消滅許可制度（会更29条）と、②手続開始後更生計画案付議決定までの間の更生に必要なときの担保権消滅許可制度（会更104条から112条）がある。

①の商事留置権消滅許可制度は、会社更生に特有な制度で、破産と異なるのは開始決定までの保全段階での消滅制度で、商事留置権の対象となっている目的物の価額より被担保債権の額の方が多い場合に、裁判所の許可で目的物の価額に相当する金額を商事留置権者に弁済して商事留置権を消滅させるものである。手続開始前だから商事留置権者に弁済が可能となるのである。早期の事業継続に資する目的で設けられたものである。

そうしたら、手続開始後はどうかといえば、開始後は担保権の実行が禁止されるから、必要であれば、目的物の価額相当額の預金をしてそれに質権を設定するという担保の変換という処理が行われて、商事留置権者に更生手続外での被担保債権の弁済はされない。更生計画の条項で更生担保権として全額弁済されるのが通常である。

②の担保権消滅許可制度は、事業の更生に必要な場合に、担保権を消滅させるための制度であるが、主として、早期の事業譲渡の際の担保権付財産の処分や、再建に不必要な担保権付財産を早期処分して資金繰りに資するように定められた制度である。この場合は、担保権を消滅させても担保権者は更生担保権者のままで、更生管財人の納付金は担保権者には弁済されず裁判所に留保され、更生計画の認可後に更生計画の条項に従った処理、つまり、通常は更生計画認可決定後に全額弁済という処理がされる。

163

Ⅶ　別除権者の倒産手続参加

別除権制度を採用する場合は、被担保債権が手続債権であるときは不足額責任主義をとっているので、別除権を実行するとか放棄するとかで弁済を受けられない手続債権の額が確定して始めて弁済（民事再生）や配当（破産）に参加できるということになる。

1　不足額の確定事由

不足額の確定の事由は、条文（破108条1項、民再88条）は、ややこしい書き方になっていて、読んでみてもよくわからない。

まず、破産法108条1項・民事再生法88条の各本文では、別除権の行使によって弁済を受けることができない債権額についてのみ手続債権者として権利行使ができる、と書いてある。

その意味は、実際に担保権の実行を完了した結果、弁済を受けられない額が確定したという意味である。実行もしていないのに、その他の方法で不足額を証明する方法は認められていない。

次に、ただし書では、当該担保権によって担保される債権の全部または一部が手続開始後に担保されなくなった場合も手続債権者として権利行使を認める、と書いてある。どんな場合かというと、手続開始後に担保権の放棄があった場合と、合意で不足額を決めた場合のことである。

したがって、不足額の確定事由は、①担保権の実行や担保権の消滅許可や担保目的物受戻しによる任意売却、②担保権の放棄（被担保債権全額が不足額として確定する）、③担保権者との合意（被担保債権の範囲から除かれた部分が不足額として確定する）、ということになる。

①は、本来的な確定方法で、誰が考えてもわかるだろう。②は、担保権の放棄で別除権がなくなったから当然のことである。③は、かなり特殊で、担保権の実行や放棄もしない段階で、担保権者と倒産債務者側との合意で不足

164

額を決めるという方法である。何でこんな解釈をするのかというと、民事再生では、担保権者と協定をして担保権の行使を防ぐとともに、一方では不足額を確定して計画弁済をする必要があり、それを条文の形にしたという経緯があるからである。破産では、ほとんど意味がない規定である。

　民事再生では、③の担保権者との合意を「別除権協定」と呼んでいる。条文上の用語ではないが、民事再生法ができたときから、このように呼ばれるようになった。別除権協定は、担保権の消滅許可などをする資金がない場合にとられることが多く、要するに、担保権の価値部分をいくら、不足分をいくらとする、という合意のことをいうのである。この別除権協定は、実務上は非常に多く見かける。担保権者（通常は金融機関である）も応じることが多いからであるが、最近は嫌がる金融機関もある。通常は、担保権の価値部分（共益債権と同じようなものである）は一括弁済の資金がないのが通常だから分割弁済、不足額（ただし再生債権の場合）は再生計画による権利変更の対象になるという合意である。

2　不足額が確定しない場合の措置

　弁済（配当）時点で不足額が確定していない場合は、民事再生と破産では取扱いが異なっている。

　再建型である民事再生では、再生計画認可時に不足額が確定していない場合も担保権者の不足額について配慮をしているが、清算型である破産では、最後配当・簡易配当ができる時点までに不足額が確定していない場合は配当から除外してしまうという処理を行う。この相違の理由は、民事再生では、再生債務者は通常は存続するが、破産では、配当によって手続を終了すると清算目的を達して破産者が法人の場合は法人格が消滅するので、担保権者の債権を切り捨てるという割切りをしているからである。

(1)　民事再生における不足額責任主義

　民事再生では、再生計画案提出時に不足額が確定しない場合も多く、確定したときの適確な措置条項の策定が民事再生法で要求されている（民再160

条1項)し、再生計画の遂行の場面でも、不足額が確定した場合に限って不足額について再生計画の条項に基づく弁済が受けられる(民再182条本文)とされている。なお、議決権は、不足額が未確定の場合は、予定不足額(別除権行使で弁済されないと見込まれる額。再生債権の届出時にその額も届け出ることが要求されている)で行使することができると解釈されている。

(2) 破産における不足額責任主義

破産では、担保権者は最後配当・簡易配当の除斥期間内に、破産管財人に対して、担保権の放棄・合意を証明するか、担保権の行使で弁済を受けることができない債権額を証明しないと、配当から永久に除外されてしまう(破198条3項。除斥と呼んでいる)。条文上は、担保権行使による不足額をどんな方法で証明をすればよいのかはっきりしないが、不足額の証明は、実際に担保権の実行によって証明しなければならず、たとえば、不動産鑑定士の評価等で証明したとしてもこの証明にはならないと考えられている。

実務上は、担保権(根抵当権が多い)の実行手続をしても、破産の最後配当・簡易配当の除斥期間満了時までに担保権実行による配当手続が間に合わず、最後配当・簡易配当から除斥される例が時々ある。

議決権については、民事再生と同じである。もっとも、破産では法定の必要的決議事項はないし、実務でも決議が行われることもほとんどないから、実際上はあまり意味がない。

(3) 特別清算における不足額責任主義

特別清算でも、民事再生と同じようなことであるが、協定では、民事再生のように厳密な条項が必要なわけではない。別除権協定(担保の価値部分は処分時に一括弁済ということになる)をして、その合意不足額を協定債権として権利変更の対象とする場合が多い。

第10章　相殺権と相殺禁止の基礎

　相殺に関する倒産実体法規について、やや詳しく説明する。

　相殺は、弁済・供託・代物弁済・更改・免除・混同と同様の債権の消滅原因である。相殺は、両当事者に同種の目的を有する債務があり、その両債務が弁済期にあるとき（相殺適状）に、当事者の一方が相殺の意思表示をすると、その債務は対当額で消滅する（民505条1項・506条1項）とされる。これが、相殺の基本的な要件である。相殺は両当事者間にある債権・債務の簡易な決済手段として認められているものである。

　相殺の禁止に関しては、民法では、当事者が相殺禁止の意思表示をしたときの相殺禁止、相殺の効果、時効消滅に関する債務の相殺、不法行為によって生じた債権の相殺禁止、差押禁止債権の相殺禁止、差押債権の相殺禁止といった規定が民法505条から511条にある。相殺の意思表示をする側からみて、自己の債権を自働債権、自己の債務を受働債権と呼んでいる。

　倒産手続で行われる相殺も、民法の相殺禁止に関する規定が適用される。民法上の相殺禁止は相殺一般に通有するものであり、倒産法上の相殺で変更を受けるいわれはないからである。

I　相殺権

　倒産法では、手続債権者は、倒産手続によらないで相殺権を行使できるものとされている（破67条1項、民再92条1項、会更48条1項）。手続債権者が倒

産手続によらないで相殺ができるということである。債権者平等原則の例外として認められている。

相殺権の行使には、手続債権の実体的確定手続がとられる場合も自働債権である手続債権の届出は必要とされていないから、手続債権の存在が債権調査手続で確定している必要はない。もっとも、相殺後の残額がある場合は配当や計画弁済を受けようとする場合は手続債権の届出等の権利行使をしなければならないことは当然である。

1 債権回収手段としての相殺と相殺の担保的機能

債権者が債務者の債務者でもあるというような事態は想像しにくいものであると思うが、実務では、商取引上はないわけではない。たとえば、①商品や材料を相互に売買したり、②保証金を預かって売買取引をしたり、③金融機関が預金者に貸付等を行ったりするというようなことである。経済的には、債権者にとっては、相殺は債権の簡易な回収手段である。

相殺には担保的機能があるといわれる。債権者は、自己の債務を自己の債権の担保（質権か譲渡担保？）としているようなものだからである。この点をもう少し説明する。銀行が預金者に貸付をする場合を考えてみる。銀行は、貸付金の弁済が受けられない場合は、預金と相殺したら預金の範囲で貸付金を回収したのと同じことになる。銀行は、貸付をする際には、万一、貸付金が支払われない場合は預金と相殺すれば回収が可能だと考えて貸付をすることがある。つまり、銀行は自己の債務（預金）を自己の貸付金の担保に取ったのと同じようなものである。だから、相殺には担保的な機能があるということになるのである。前記の3例は、いずれも、債権者が相殺の担保的機能を期待して商取引を行っている適例である。

相殺の担保的機能が発揮されるのは、取引相手の財産状態が悪化した場合（倒産がその典型）である。

もっとも、相殺の担保的機能といっても、受働債権に担保権を取得したものではないから、受働債権の弁済期が自働債権の弁済期より先に到来したら、

債権者は相殺の担保的機能があることを理由に受働債権の弁済を拒否できない。たとえば、銀行は取引先に貸付金を有しており、一方では定期預金債務を負担している場合に、貸付金の弁済期より定期預金の満期が先に到来したら、貸付金と相殺できるという担保的機能の期待があることを理由に定期預金の返還を拒否できず、払戻しに応じなければならない。当該定期預金に質権または譲渡担保権を取得している場合は、定期預金の払戻しに応じる必要がないのとは違っている。

2 相殺の担保的機能の保護（相殺権）

倒産手続が開始すると、相殺による手続債権の回収を認めることは本来は債権者平等原則の観点から許されないのである。たとえば、甲が乙に500万円の貸付金を有していたが一方では乙に400万円の買掛金を負担していたとする。そして、乙に破産が開始されたとすると、甲の乙に対する貸付金は破産債権で配当でしか弁済を受けられないことになるが、一方の買掛金債務は債権者の乙が破産しても全額の弁済をしなければならないこととなる。甲が自己の破産債権である500万円の貸付金と乙に負担する400万円の買掛金債務を対当額で相殺すると、破産債権500万円について債務の400万円の範囲で100％弁済を受けたのと同じことになるから、他の破産債権者とは不平等になるということである。

しかし、相殺の担保的機能を期待して行われた取引は、取引の安全のために倒産法でも一定の範囲では保護されるべきであるといえる。担保権が倒産手続でも保護されているのと同様である。だから、相殺を認めることは、債権者平等原則に反することにはなるが、債権者平等原則の例外として保護する必要があるということである。そこで、倒産法では、「手続債権者が手続開始時点で倒産債務者に債務を負担している場合に限って倒産手続によらないで相殺ができる」ものとして（破67条1項、民再92条1項、会更48条1項）、相殺権として保護し、相殺を手続債権による個別的権利行使禁止（弁済禁止）の対象から除外している。

要するに、債権者平等原則の例外として、相殺の担保的機能を期待して行われる取引の安全を保護するために、倒産手続開始時点を基準にして、手続債権を自働債権とし手続開始時点で債務が存在するという要件がある場合には、その債務を受働債権として倒産手続外で相殺をすることによって手続債権を回収することを認めている。この要件を満たす場合は、実際に相殺の担保的機能を期待して取引された債権・債務であるかどうかは問題とされず、担保的機能を期待してされた取引であると擬制されて相殺権を認めるということである。倒産手続外で相殺という権利行使ができるということであるから、これを倒産法では「相殺権」と呼んでいる。

もっとも、後述のように、危機時期以降に、手続債権を取得し、または、債務を負担したときは、債権者平等原則違反が顕著であるから相殺が禁止されている。

特別清算では、破産法67条などの相殺権に関する規定は設けられていないが、相殺の禁止規定（会社517条1項1号・518条1項1号）はあり、相殺の禁止に触れない限り、相殺は可能だと考えられている。

なお、手続外債権の財団・共益債権を自働債権として行う相殺は、ここでの相殺の規律とは無関係であるから、民法上の相殺を自由に行うことができる。

II 倒産法での相殺の特則

1 相殺の特則を設けた理由

特則を設けた理由は、大体三つほどある。

第1点は、破産では、手続開始による破産債権が金銭化・現在化されることから、相殺の対象となる自働債権が民法より金銭化・現在化の範囲で拡張されていて、受働債権の範囲も拡張されているが、手続債権の金銭化・現在化がされない民事再生、会社更生、特別清算では、破産のような自働債権、

受働債権の範囲は拡張されていないということである。

　第2点は、再建型の倒産手続、つまり民事再生と会社更生では、再建（再生・更生）計画を策定する時期との関係で手続債権の額（総額や個別の金額）を早期に確定する必要があるので、相殺適状と相殺の意思表示の時期を手続債権届出期間満了時までに限っていることである。

　第3点は、手続債権者平等原則の観点から、一定の範囲で相殺が禁止されることである。これは、民法による相殺を一定の範囲で制限したということになる。この点を多少説明する。債務者が倒産状態（危機時期）になると、手続債権者の債権は割合的弁済しか受けられない状態（債権の実価が下落しているということである）になる。一方、倒産債務者の債務者は債務を全部弁済しなければならない。いくら相殺の担保的機能の期待の保護といっても、民法の要件を満たす限り手続債権者の相殺を無条件に許すとすると、自己の債務の範囲で実価が下落している自己の手続債権全部の回収と同様の効果が生じることになり、債権者平等原則に反することになるし、債務者財産の確保ができなくなる。だから、相殺を一定の範囲で制限して禁止するのである。しかし、そのような場合でも、その担保的機能の期待を保護する必要があるときなどは、この相殺の禁止から除外する必要もある。

2　相殺の範囲

　相殺をどの範囲で許すかは、手続債権者が手続開始時点で倒産債務者に債務を負担していることを前提に、①倒産手続上の技術的な問題（つまり、前記の第1点と第2点）と、②相殺の担保的機能の期待の保護と倒産法上の債権者平等原則の要請との調整（つまり、前記の第3点）の中で、立法政策で決められる問題である。

　①の技術的な問題については、民事再生・会社更生と破産・特別清算では規律が異なっているが、②の相殺の禁止については、技術的な問題ではなく倒産法に通有する理念であるから、どの倒産手続でも同様の規定が設けられている。

立法論としていえば、債権者平等原則や倒産手続の迅速化のためには、手続開始時点で手続債権を固定化しておくのが一番簡単であるといえる。すでに述べた権利固定である。手続開始時点で両債権が相殺適状にあり、さらに相殺の意思表示がされている場合だけを保護すると考えるのが一番簡単な方法である。次に、少なくとも、手続債権の固定化の観点からは手続開始時点で相殺適状になければならないと考えることである。もちろん、現行法は相殺の担保的機能を保護する必要があるから、このようにはなっていない。

Ⅲ 相殺の範囲の拡張等

破産では、破産開始によって破産債権の金銭化・現在化がされる。

すでに述べたように、金銭化・現在化の目的は金銭による強制的な按分弁済である配当の対象となる債権額を開始時点で確定することであるが、破産債権の金銭化・現在化は、相殺の場面でも貫徹されている。相殺の場面でも破産債権の金銭化・現在化を貫徹しておく必要があるのは、自働債権である破産債権が確定額の金銭債権となるという以外に、破産債権者に相殺を認める以上、相殺後の破産債権の残額を配当の対象債権額とする必要があるからである。

破産手続開始時点で、自働債権は、民法よりその範囲を拡張して、非金銭債権、額が不確定の債権、期限付債権まで、確定した額の金銭債権として相殺を可能としている（破67条2項前段）。破産では相殺権が拡張されているといわれているが、それは破産債権者を優遇するという趣旨ではなく、破産債権の金銭化・現在化がされた結果に過ぎないということである。

民事再生・会社更生・特別清算では、破産のような手続開始による金銭化・現在化はされず、そのままの状態で手続債権になるから、相殺権があることを前提にして、民法上の相殺が可能な状態になった（相殺適状）場合に相殺できるだけである。

1 破　産

(1) 自働債権の拡張

　破産法67条2項前段の趣旨は、①破産法103条2項によって非金銭債権は金銭化されるから金銭債務と相殺ができる、②額が未定な金銭債権も額の評価がされるからその評価額で金銭債権として金銭債務と相殺ができる、③破産法103条3項によって現在化がされるから期限未到来の債権でも相殺ができるという意味である。たとえば、商品引渡請求権（商品売買で代金先払いをしたような場合）が破産債権である場合は、破産開始で確定額の金銭債権となるから、金銭債務と相殺ができる、というようなことである。

　自働債権とすることができる破産債権の額については、額が未確定な債権や非金銭債権については、破産開始時点での評価額とし、無利息債権と定期金債権については、額面額ではなく中間利息（劣後的破産債権になる）を控除した一般破産債権の額としている（破68条）。金銭化・現在化する以上、その額は開始時点での評価額などとするのが公平だからである。

(2) 将来の請求権・停止条件付請求権を自働債権とする相殺

　将来の請求権や停止条件付請求権は、無条件の債権として破産手続に参加することを認められている（破103条4項。立法論としては批判もある）が、相殺の場面でも無条件の債権として相殺を可能とするまでの保護を与える理由はないから破産法67条2項前段の自働債権とは認めないものの、将来の請求権や停止条件付請求権は手続開始時点では不確定の債権であるが相殺の担保的機能の合理的な期待がある場合もあるので、このような場合は、破産手続開始後に停止条件が成就したときに相殺を可能としている。停止条件が成就したときに相殺できることを認める明文規定はないが、破産法70条・201条2項はこれを前提とする規定である。

　停止条件が成就しないうちに受働債権の弁済の弁済期が到来する場合があり、この場合は、将来相殺予定であるという理由で弁済を拒否することができないので、債権者は受働債権を弁済する際に自己の債権額の限度で弁済金

の寄託を破産管財人に請求し、停止条件が成就して相殺が可能となった時点で、相殺の意思表示をして寄託金の返還を財団債権（破148条1項5号の不当利得）として受けられるという方法（破70条前段・198条2項・201条2項）をとっている。

　寄託の請求は民法では認められない相殺権の拡張である。受働債権の弁済期が到来すれば弁済するのが当然で、自働債権の弁済期が到来するまで受働債権の弁済をしないという権利は民法上はないからである。将来の請求権や停止条件付請求権は無条件の債権として参加することを認めたことから、このようなことでバランスをとっているのである。立法論としては、将来の請求権や停止条件付請求権も金銭化・現在化の対象とし、条件成就の可能性を勘案して開始時点の評価額として一挙に相殺を可能とするという方法も考えられるが、そうはしなかったから、多少中途半端な相殺の方法を採用したということでもある。相殺が可能となる時点の終期は、明文の規定はないが、最後配当・簡易配当の除斥期間満了時であるとするのが定説である。この時点までに相殺しないと相殺後の残額を配当の対象とすることができないからである。

　破産法70条前段の条文を読んで多少おかしいと思われるのは、弁済をするに際して弁済金を将来の相殺のために寄託するように請求することができるとしていることで、弁済すれば債務は消滅して相殺はできないのではないかという疑問が生じる。もっともな疑問であるが、この点は、この債務の弁済は、自己の破産債権についての停止条件の成就を自己の債務弁済の解除条件としたと説明すればよい。つまり、破産債権の停止条件が成就したときは、その弁済は効力を失い債務が復活するから、復活した債務と破産債権とを相殺するということである。

　敷金返還請求権者が賃料を支払う場合も、明文でこの寄託の請求を認めている（破70条後段）。この規定が設けられた理由は、旧法には、賃料は当期と次期に限って受働債権とできるが敷金がある場合はこの限りではないという意味がよくわからない規定があったが、現行破産法では削除され、旧破産法

174

時代は敷金返還請求権と賃料債務の相殺については、破産法70条前段に相当する旧破産法の規定によって相殺ができるとする見解が多数であったのでそれを確認するために規定したもので、また、敷金の性質上、賃借人からは敷金返還請求権と賃料債務を相殺することができない（とするのが一般的な賃貸借契約の内容である）ところ、賃借人の敷金返還請求権を賃料支払いの面でも保護したということである。

　敷金返還請求権は、賃貸借が終了し目的物を明け渡したときに敷金額から未払賃料等を控除した残額として発生するとするのが判例（最判昭和48・2・2）であるから、賃料との相殺は不要で、寄託額を財団債権として請求できるという見解もあるが、相殺が必要だとするのが多数説である。賃貸借終了・明渡しという停止条件が成就するのと同時に賃料支払いの解除条件も成就するから、どちらが先かという問題である。停止条件の成就が先で未払賃料のない状態で敷金返還請求権が発生し、解除条件が成就して賃料の未払い債務が復活するので相殺するというのが立法担当者や多数説の考え方で、多数説の方が破産法70条後段が「前段と同様とする」と定めていることと符合する。寄託額の返還を財団債権（破148条1項5号）として請求するためには、相殺の意思表示が必要かどうかだけの争いであるが、相殺の意思表示は黙示的にも可能であるので余り意味のない争いである。

　相殺後に敷金額から返還される寄託金の額（破産開始後に支払った賃料の額）との差額があれば、その差額分は破産債権として配当の対象となる。

(3) 受働債権の拡張

　受働債権の方も、倒産手続開始時点に債権が存在することを前提に、自働債権の拡張に一部連動して、「現在化」がされている（金銭化はされないことに注意すること）と説明される。

　受働債権は期限付、条件付、将来の請求権にかかるものも相殺ができる（破67条2項後段）。

　受働債権を自働債権に一部連動させて拡張する必要性は、立法論的にはないと考えられるが、破産法ではそうなっている。破産では、相殺の時期の制

限もないから、相殺権を緩やかに認めることとして、相殺権の範囲を拡張したものであるといえる。

受働債権が期限付の場合は、民法では期限の利益は債務者のためにあると推定されている（民136条1項）ので、期限の利益を放棄すれば相殺が可能であるから、破産法67条2項後段がなくても破産法上の相殺も可能であるが、受働債権が停止条件付請求権や将来の請求権の場合は、民法では停止条件不成就の利益を放棄して相殺することができないところ、それを可能としたのが破産法67条2項後段の意味であるとするのが通説の説明である。

受働債権が停止条件付請求権や将来の請求権の場合には、停止条件の不成就の利益を放棄して相殺することになる。放棄しないで相殺することは許されない。成否が未確定な債権を存在するものとして、額が確定した金銭債権として相殺に供することは許されないことは当然だからである。だから、不成就の利益を放棄して相殺をした後に停止条件の不成就が確定しても、相殺の効果は覆滅されない。

停止条件が成就するまで待って、債権が現実化した後にも相殺することが可能かどうかについては、多少の争いがあるが、判例（最判平成17・1・17）は、破産法67条2項後段の規定は相殺の担保的機能の保護規定であることなどを理由に、相殺は、特段の事情のない限り可能だとしている。多数説も、相殺の担保的機能の合理的な期待があった場合は後述の破産開始後の債務負担としての相殺の禁止規定には触れず、相殺を可能としている。

(4) 具体例での説明

甲は、乙に対して貸付金1,000万円（破産債権）を有していた。また、乙に建物を貸して敷金300万円を預かっていた。その後、乙に破産手続が開始されたとする。甲の乙に対する貸付金債権は破産債権である。甲の乙に負担する敷金の返還債務は停止条件付債務である。

甲は、乙の破産管財人に対して、賃貸借契約終了・明渡しという停止条件が成就しない間は、停止条件不成就の利益を放棄して、貸付金債権と敷金返還債務300万円とを相殺することが可能である。この利益の放棄とは、敷金

の賃貸借契約終了と明渡しという停止条件不成就の利益と未払賃料等の敷金で担保される債権が発生するという停止条件不成就の利益を放棄ということで、要するに敷金の担保的機能を放棄するということである。

さらに、前記の最高裁判例を前提にすると、停止条件不成就の利益を放棄しないで、賃貸借契約が終了して建物の明渡しを受けた後に、敷金額から未払賃料等の被担保債権額を控除した残額と貸付金債権を相殺することも可能であるということになる。

2　民事再生・会社更生

民事再生・会社更生では、倒産手続が開始されても手続債権は開始時の内容でそのままの状態で手続債権となるから、破産のような手続債権の金銭化・現在化はされない。

民事再生・会社更生では、相殺権の拡張を認めた破産法67条2項前段や後段に相当する規定がないし、破産法70条に相当する規定もないから、相殺権の範囲について自働債権も受働債権も拡張はされていない。

債務が期限付の場合は相殺可能という規定（民再92条1項後段、会更48条1項後段）があるだけである。期限の利益は放棄できるから、民法上当然のことを確認する規定だといわれている。

(1)　将来の賃料債務を受働債権とする相殺

賃借人・地上権者・永小作人が賃料債務を負担するときは、手続開始後に弁済期が到来する6カ月分の債務を手続債権届出期間満了時までに相殺の意思表示をすることによって相殺に供することができるという受働債権の特則がある（民再92条2項、会更48条2項）。

この特則は、自働債権の特則ではないから、自働債権の方は弁済期が到来している必要があるので、敷金返還請求権との相殺はできない。

この特則の意味は、将来の賃料債務は使用収益をすることによって発生する将来の請求権にかかる債務というのが判例であるから、賃借人を保護するために受働債権の範囲を拡張した規定だということになる。

次に、6カ月分だけ相殺を認めているのはどうしてだろう。旧法は当期と次期の分だけを相殺できると定めていた。相殺権の受働債権の拡張だという見解に立つと賃借人を特に保護するという趣旨の規定だということになる。賃料を手続開始後もその弁済期に払い続けている場合は、6カ月分だけは共益債権化するという規定（民再92条3項、会更48条3項）と平仄を合わせているのだということができる。

(2) 破産との相違点

これに対して、破産では、旧法の当期と次期の分だけを相殺できるという規定は削除されたので、破産法67条2項後段の規定から自働債権の額（敷金返還請求権以外に貸付金などの破産債権がある場合のことである）に相当するだけの将来の請求権にかかる将来の賃料債務との相殺が可能であるから、6カ月分に限らず当該破産債権額に満つるまで相殺ができる。

破産債権の額が多額（たとえば多額の貸付金）場合は、ほとんど永久的に、賃料を支払わないで賃借権を行使できるということになるから、賃貸人の破産管財人は賃貸目的物の処分に困ることになる。この場合、破産管財人はどうすればよいかというと、賃貸物件の管理処分権を放棄せざるを得なくなるが、使用収益をさせる債務も放棄できるか問題があり、難しい問題である。

3 特別清算

特別清算では、協定債権はそのままの状態で協定債権になり、会社法では民事再生や会社更生の将来の賃料債務の相殺に相当する規定はないから、民法上の相殺が可能となるだけである。

V 相殺の時期等

倒産手続の技術的な問題であるが、民事再生・会社更生と破産・特別清算では相殺適状となる時期、相殺権の行使時期等が異なっている。

1 民事再生・会社更生

手続債権の債権届出期間満了時までに相殺適状となり、かつ、届出期間満了時までに相殺の意思表示をした場合に限って相殺を認める（民再92条1項前段、会更48条1項前段）。

民法上の相殺適状の時期を手続開始時点から手続債権届出時点まで後ろにずらしたという意味では、相殺権の範囲を拡張したといえるが、相殺の意思表示の時期を制限したという意味では、相殺権の制限である。

相殺適状時期と相殺の意思表示の時期を手続債権届出期間満了時までに限っているのは、再建計画（再生計画・更生計画）策定の必要性から、「早い時期に債権の総額や個別の債権の額を確定するため」である。つまり、弁済総額（どの程度の債務弁済の原資を作れるか）は策定できるが、債権総額がいくらか確定しないと権利変更の一般的基準（つまり何％弁済をするか）を策定できないし、再建計画では個別的な権利変更の条項（具体的に誰にどのような弁済をするか）を作成できないからである。

(1) 自働債権の要件

自働債権は、債権届出期間満了時までに、期限付請求権では期限が到来し、停止条件付請求権では停止条件が成就している必要があるとするのが、一般的な見解である。

(2) 受働債権の要件

受働債権については、債権届出期間満了時点で期限が未到来でもよい（民再92条1項後段、会更48条1項後段）。期限の利益は債務者が放棄できるから民法上の相殺が可能であるので、この規定は確認規定であるといわれていることは前記のとおりであるが、それ以外に、受働債権が停止条件付請求権や将来の請求権にかかる債務の場合は、どの時点で停止条件が成就している必要があるかについては、破産法67条2項後段に相当する規定がないことから争いがある。

停止条件付請求権や将来の請求権にかかる債務は、手続開始時点で停止条

件が成就していなければならず、その後に停止条件が成就しても相殺はできないというのが、破産法67条2項後段に相当する規定がなかった旧会社整理に関する判例（最判昭和47・7・13）であるが、会社整理には民事再生法92条1項前段・会社更生法48条1項前段に相当する規定、つまり、手続債権届出期間満了時までに相殺適状となるという要件はなかったので、この判例が民事再生や会社更生にも妥当するどうかははっきりしない。

　学説の方は、3説に大きく分かれている。第1の説は、受働債権は手続開始時点で停止条件が成就していなければならないとする見解である。相殺権は相殺の担保的機能を期待してされた取引を取引の安全の観点から保護するために設けられたものであるから、破産法67条2項後段に相当する規定がない以上、このような債務は、相殺権の要件である「手続開始時点で負担している債務」という要件を満たさず、相殺権の要件がなく手続開始後に停止条件が成就しても後述の倒産手続開始後に債務負担したことになって相殺は禁止されるとする。第2の説は、手続債権届出期間中に停止条件が成就したときは相殺の期待が合理的であれば相殺が可能であるとする見解である。第3の説は、手続債権届出期間中の停止条件が成就すれば相殺の期待が合理的であれば相殺できるし、期間内に成就しなくても停止条件不成就の利益は民法上も放棄できる（破産法67条2項後段は単なる確認規定に過ぎないとする）からその利益を放棄すれば相殺は可能であるという見解である。もう少しいうと、第1の説の中では、自働債権が停止条件付請求権の場合は、手続開始時点で停止条件が成就していなければならないとする見解と、自働債権の方は債権届出期間中に停止条件が成就すればよいとする見解に分かれている。

　最高裁はどう考えているといえば、前記の破産法67条2項後段に関する平成17年の判決は、前記の会社整理に関する昭和47年の判決を事案が異なるとして判例変更していないことからみて、多分、第1の説のように考えているのだろう。

2 破　産

　破産では、再建型とは違って早期に債権総額を確定する必要はない、つまり、配当までに確定すればよいから、相殺の時期に制限はない。

　もっとも、前記のように、破産法には明文の規定はないが、配当までには額を確定する必要から、最後配当・簡易配当の除斥期間の満了時が相殺の終期だと解釈されている。破産債権者が相殺をいつまでもしないと、配当の対象としての債権額の確定ができないから、相殺の終期は配当表（配当の対象となる破産債権額やこれに配当率を乗じた具体的な配当金額等を記載した書面で、これに基づいて配当がされることになっている）の更正の時的終期である除斥期間の満了時（破199条1項。最後配当の場合は配当公告等から2週間、簡易配当の場合は1週間）と考えられているのである。

　破産法上、相殺権の行使が可能であるのに破産債権者がいつまでも相殺をしないと、配当の対象債権の額の確定ができないから、破産管財人に催告権を認め、催告期間内に破産債権者が相殺をしない場合は相殺権を喪失させることにして相殺を強制している（破73条）。

3 特別清算

　破産・民事再生・会社更生のような規定がないので、民法の原則によって、手続開始の前後を問わず相殺適状にならないと相殺ができない。

　自働債権が停止条件付請求権で、将来の相殺に備えて弁済金の寄託の請求といった規定もないので、受動債権の弁済期が到来したら相殺適状でない限り弁済しなければならないということになる。

Ⅵ　相殺の禁止

　すべての倒産手続で同様の規定がある（破71条・72条、民再93条・93条の2、会更49条・49条の2、会社517条・518条）。内容は、かなり複雑である。

181

もっとも、実際には、相殺の禁止に触れるような危機時期の債務負担や手続債権の取得がされる例は多いわけではなく、相殺の可否を巡って紛争になる例はそれほど多いわけではない。危機時期の債務負担があるのは金融機関の場合が多いのであるが、金融機関の担当者は相殺の可否に関する判例等の知識を有していることが多いから、余り問題となることもない。

1 相殺禁止の立法趣旨

相殺を禁止する根拠は、債権者平等原則違反である。本来は相殺は債権者平等原則違反なのであるが、例外的に相殺権を認めることにするが、やはり相殺権を認めると不合理だという場合は、原則に戻って債権者平等原則違反として相殺を禁止することにしたのである。

手続債権の割合的満足しか受けられない状態が明確になった危機時機に、倒産債務者に対する債務の負担や手続債権の取得がされた場合は、自己の債務の範囲で時価の下落した手続債権を回収したり、価値の下落した手続債権を取得して自己の債務と相殺して実質的に債務の弁済を逃れることを許すことになるから、債権者平等原則違反として相殺を禁止する必要があるということになる。いくら相殺の担保的機能の期待を保護するといっても債権者平等原則に反することが顕著であるから、相殺を禁止することとしたのである。危機時期に手続債権について担保を取得した場合を偏頗行為の否認対象とするのと同じ趣旨である。

2 危機時期の始期

相殺が禁止される債権債務の取得時期の始点は危機時期で、始期は、支払不能後、支払不能後の支払停止後、倒産手続の申立て後である。

支払不能後を始期にしたのは、旧法の規定では始期を支払停止後としていたものを、支払不能後も支払停止がないことを奇貨とする抜け駆け的な債権回収を認めることは不相当であることから、平成16年の倒産実体法の改正で、同じ債権者平等原則違反を立法趣旨とする偏頗行為の否認の対象行為の始期

を支払停止後から支払不能後まで遡らせたことと整合性を保つために、危機時期の始期を支払不能後まで遡らせたものである。

3　手続債権者の主観的要件

手続債権者の債権取得と債務負担について、支払不能等の危機時期を知っているという主観的要件を要求している場合が多い。主観的要件を要求しているのは、取引の安全を図る観点から善意取引の保護をしているということである。

4　相殺禁止の効果

先に、相殺禁止の効果について述べておく。条文にはない。

手続債権者が、相殺の禁止規定に触れる相殺を倒産手続開始後に行っても無効である。手続債権者が倒産手続開始前に相殺の禁止規定に触れる相殺を行っていた場合は、相殺の時点では民法上の相殺禁止でない限り相殺は有効ということになるが、倒産手続開始によって遡及的に相殺禁止の規定が適用され、相殺時に遡及して無効となると考えられている。そう考えないと相殺の禁止規定をおいた意味がなくなるからである。

5　手続債権者の債務負担に関する相殺の禁止

具体例をあげて説明する。

(1)　手続開始後の債務負担

倒産手続開始後に倒産債務者（破産では破産財団）に対して債務を負担したときは相殺は無条件で禁止される（破71条1項1号、民再93条1項1号、会更49条1項1号、会社517条1項1号）。

当然といえば当然の規定で、相殺権は手続債権者が手続開始時点で債務を負担していることが要件（破67条1項、民再92条1項、会更48条1項）であるから、その要件に合致しない相殺を禁止したというだけの確認のための規定で、この規定がなくても相殺権の要件を満たさないから相殺は禁止というこ

とになる。ただし、特別清算では、相殺権の要件に関する規定はないから、民法上の相殺は可能ということになるので、この禁止規定があることによって相殺禁止となる。

　手続債権者の主観的要件（倒産手続開始を知ること）は不要とされている。手続債権の手続外弁済は債権者の善意・悪意を問わず無効とされていることとの整合性から、手続債権者の主観的要件は不要とされているのである。また、(2)の(エ)の除外事由の適用はない。

　具体例をあげる。

　甲が、乙に破産債権（再生債権でも更生債権でも協定債権でもよい）として金500万円の貸付金債権を有していたとする。乙の破産手続（民事再生・会社更生・特別清算でもよい）開始後に、破産管財人（再生債務者等・更生管財人・特別清算人でもよい）との間に倒産債務者の商品を300万円で購入する売買契約をしたとする。

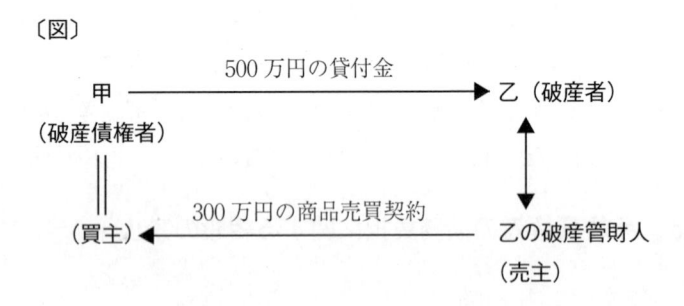

〔図〕

```
甲 ──────500万円の貸付金──────→ 乙（破産者）
（破産債権者）                              ↑
    ‖                                      │
（買主）←────300万円の商品売買契約────── 乙の破産管財人
                                          （売主）
```

　甲は、その売買代金債務300万円と500万円の貸付金債権を相殺することは禁止されるということである。

　この具体例は、倒産手続開始後に債務の発生原因（商品売買契約）があって債務が発生した例であるが、倒産手続開始前の原因によって手続開始後に発生した債務（手続開始後に停止条件が成就したような場合）を相殺に供することができるかどうかについては、この相殺の禁止規定に触れるどうか、前記のように争いがあるところである。

(2) 危機時期の債務負担

手続債権者（厳密にいえばその時点では手続債権となるべき債権を有している者ということになるが、そのように呼んでおく）が危機時期に債務負担をしたときは相殺が禁止される。始期は、支払不能後・支払停止後・倒産手続申立て後である。危機時期に負担した債務での相殺は債権者平等原則に反するからである。

㈦　支払不能後の債務負担

手続債権者が倒産債務者が支払不能になった後に、①契約によって負担する債務を専ら手続債権をもって相殺に供する目的で倒産債務者の財産の処分を内容とする契約を倒産債務者と締結することにより債務を負担した場合、または、②倒産債務者に対して債務を負担する者の債務を引き受けることを内容とする契約を締結することにより倒産債務者に債務を負担した場合であって、当該契約の当時、手続債権者が支払不能の事実を知っていたときは相殺が禁止される（破71条1項2号、民再93条1項2号、会更49条1項2号、会社517条1項2号）。

支払不能は支払停止前にあるのが通常であるが、平成16年の改正で、支払不能を偏頗行為の否認権の時期的な判断基準に取り込んで、その範囲を拡張したことと平仄を合わせている。

支払不能は支払停止とは異なり客観的判断で、外部には判明しないことも多いから、支払不能後の全部の取引を相殺禁止の対象とすると後から支払不能だといわれることをおそれて取引しなくなるという取引の萎縮効果（再建可能な場合も再建の芽をつんでしまうことになる）が生じるので、それを避けるために、①の財産処分による債務負担行為を相殺目的の場合に限って相殺禁止の対象としたのであるが、②の債務引受けは、萎縮効果とは関係がないから、相殺目的の有無を問わず相殺禁止の対象としている。

①は、財産処分行為によって取得した財産を自己の手続債権に代物弁済させたのと経済的には同じである。同じ債権者平等原則違反を立法趣旨とする偏頗行為の否認では、支払不能後の既存債務に関する担保供与や債務消滅行

為を一律に否認対象行為としている。相殺では債務（受働債権）は常に新規の債務であるが、否認では取引の萎縮効果の防止目的は債権の方を「既存債務」に限定すること（新規の債権に関する担保供与等は否認の対象外とすることなど）でバランスが図れるからである。

具体例をあげる。

甲は、乙に対して商品代金3,000万円の売掛金債権を有していたとする。甲は乙が支払不能になったことを知り、売掛金債権を回収する目的で乙と間に乙の有する不動産を2,000万円で購入する売買契約を締結して、不動産の引渡しと所有権移転登記を受けたが、2,000万円の売買代金債務と売掛金債権を相殺した。その後に、乙に破産手続（民事再生・会社更生でもよい）が開始された。

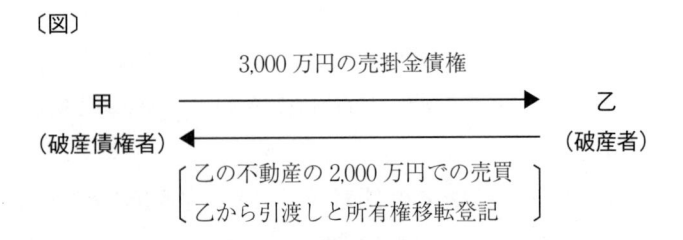

〔図〕

```
              3,000万円の売掛金債権
    甲  ────────────────────→  乙
(破産債権者) ←────────────────  (破産者)
         ┌ 乙の不動産の2,000万円での売買 ┐
         └ 乙から引渡しと所有権移転登記   ┘
```

この相殺は、手続開始によって遡って無効になる。これは、売掛金債権の代物弁済として不動産を取得したのと同じである。

(イ) 支払停止後の債務負担

手続債権者が、倒産債務者に支払停止があった後に倒産債務者に対して債務を負担した場合で、負担した当時、手続債権者が支払停止の事実を知っていたとき（ただし、支払停止があっても支払不能でなければ相殺は可能）は相殺が禁止される（破71条1項3号、民再93条1項3号、会更49条1項3号、会社517条1項3号）。

支払不能以後に支払停止があった場合を相殺の禁止の対象としているのである。支払停止があったとしても支払不能でなかったという事実の立証責任

は手続債権者に負担させている。この点は、支払停止を支払不能と推定するという規定を設けても訴訟法的には同じ効果が生じる（偏頗行為の否認では支払停止を要件とせず支払不能を要件とするが、支払停止後は支払不能状態であったと推定するという推定規定を置いている）が、実体法上は、あくまでも支払不能が前提となる要件である。

(ア)のように財産処分による債務負担が相殺目的であったかどうかは一切問わない。支払停止後の場合は、主観的要件を満たす（支払停止を知る）限り、相殺が禁止される。

具体例をあげる。

甲銀行は、乙に対して貸付金2,000万円の債権を有していた。乙が支払不能になった後に手形の不渡りを出した。手形の不渡り後に、乙が甲銀行に有していた普通預金口座に丙から現金100万円の振り込みがあって、乙の甲に対する預金になった。丙の振込時点で甲銀行は乙の手形不渡りを知っていた。その後、乙に破産手続（民事再生・会社更生でもよい）が開始された。

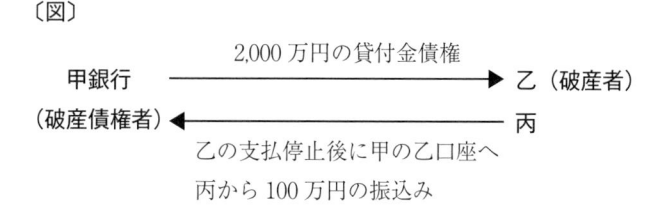

〔図〕

```
                2,000万円の貸付金債権
甲銀行      ─────────────────→    乙（破産者）
（破産債権者）  ←─────────────     丙
              乙の支払停止後に甲の乙口座へ
              丙から100万円の振込み
```

この場合、甲銀行は、手続債権である貸付金債権と100万円の預金返還債務との相殺はできない。甲の乙に対する普通預金返還債務は、丙の乙の口座への振込によって発生するもので、この要件を満たすからである。なお、普通預金契約は相殺の担保的機能の期待の保護の必要性がないから、後述の(エ)の②の「前に生じた原因」とはならない。

　(ウ)　**倒産手続開始申立て後の債務負担**

手続債権者が倒産手続開始の申立てがあった後に倒産債務者に対して債務

を負担した場合であって、手続債権者が債務負担の当時倒産手続開始の申立ての事実を知っていたときは相殺が禁止される（破71条1項4号、民再93条1項4号、会更49条1項4号、会社517条1項4号）。

これも(イ)と同じである。具体例は、(イ)の具体例の「支払不能後の手形の不渡り」を「倒産手続開始の申立て」と読み替えた例である。

　(エ)　危機時期の債務負担の例外

(ｱ)ないし(ｳ)の危機時期の債務負担が相殺禁止に該当する場合でも、当該債務の負担が、①法定の原因、②当該倒産徴表事実（支払不能・支払停止・倒産手続開始申立て）を債権者が知るより前に生じた原因、③倒産手続開始申立てより1年以前に生じた原因、に基づく場合は、それぞれ相殺は禁止されない（破71条2項、民再93条2項、会更49条2項、会社517条2項）。

注意しなければならないことは、この例外規定は危機時期以降手続開始までの債務負担の場合の例外で、債務負担が手続開始後の場合は最初から例外事由の対象とならないということである。

①の法定の原因とは、合併や相続をいう。債務の包括承継の場合で、債権者平等原則違反とはいえないからである。

②については、「相殺の担保的機能の合理的な期待を保護するため」に例外とされている。また、大事なことは、「前に生じた原因」の原因とは、ある事実が債務負担の発生原因が生じる原因となったという意味である。主として金融取引に関していろいろな判例がある。危機時期に当座預金・普通預金口座に振込があった場合（最判昭和52・12・6は相殺不可とする）、危機時期に振込指定や代理受領による振込・受領があった場合（名古屋高判昭和58・3・31は振込指定について相殺可とする）、危機時期に取立委任手形の取立てをした場合（最判昭和63・10・18は相殺可とする）で、相殺の担保的機能の期待の保護という観点から相殺の可否が判断されている。振込、代理受領、取立てによって返還債務（民法666条の消費寄託の返還債務や同法646条1項の受任者の受取物の引渡義務）が発生するが、その返還債務が生じた振込などの行為の原因が、当座・普通預金契約、振込指定・代理受領契約、手形取立委

任契約によって生じているから、この当座預金契約などが「前に生じた原因」かどうかが問題とされるのである。金融機関は、抽象的にはこのような場合の全部に相殺の期待を持っているが、「前に生じた原因」に該当するかどうかは、当座預金契約などがされた時点で、当該契約によって将来負担するであろう債務を受働債権として相殺に供することができるという手続債権者（金融機関）が持つ相殺の担保的機能の期待に合理性があるといえるかどうかである。この点に関する判例も前記のようにそれなりにあるが、ここでは、この例外事由が相殺の担保的機能を期待して行われた取引で、その期待に合理性がある場合にその取引を保護する（つまり担保権が保護されるのと同じようなものである）ために設けられた規定であるということを理解できればよいことにしておこう。

③は、要するに、こんな古い原因まで持ち出すと、手続開始申立てまでに１年間以上という長期間の取引の安全を害するし、昔のことを言い出したら切りがないということである。

6 倒産債務者の債務者の手続債権の取得に関する相殺の禁止

具体例をあげて説明する。

(1) 手続開始後の他人の手続債権取得

倒産債務者の債務者が、倒産手続開始後に他人の手続債権を取得したときは相殺が禁止される（破73条１項１号、民再93条の２第１項１号、会更49条の２第１項１号、会社518条１項１号）。

主観的要件が不要なのは、手続債権者の債務負担と同じであるが、「他人」の手続債権の取得であることに注意しなければならない。他人からの債権取得の理由は「債権譲渡」でも、弁済等による「代位」でも、その理由は問わない。

具体例をあげる。

甲は、乙に対して商品の買掛金債務500万円を負担していた。その後、乙に破産手続（民事再生・会社更生でもよい）が開始された。甲は倒産した乙に

500万円を支払わないで済ます方法はないかと考えていたところ、知人の丙が乙に対して600万円の貸付金債権（破産債権。再生債権・更生債権でもよい）を有していることを知った。丙に聞くと配当率は微々たるものになりそうだということであったので、甲は儲けたと思って、丙からこの600万円の貸付金債権を60万円で購入して、丙は、乙の破産管財人に対して債権譲渡の通知を確定日付ある証書（内容証明郵便）でした。

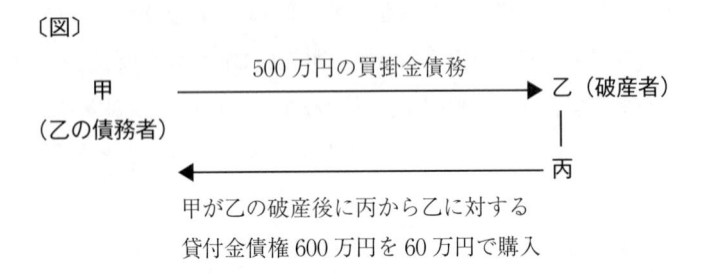

〔図〕

```
           500万円の買掛金債務
   甲 ────────────────────▶ 乙（破産者）
（乙の債務者）                      │
                                    │
           ◀───────────────── 丙
   甲が乙の破産後に丙から乙に対する
   貸付金債権600万円を60万円で購入
```

　この場合は、甲は、買掛金債務と丙から取得した貸付金債権とを相殺することはできないということである。
　もう一例、具体例をあげる。
　甲は、乙に対して借入金債務300万円を負担していたが、乙が丙から200万円を借り入れるに際して乙の丙に対する借入金債務について甲の委託により丙に連帯保証をしていた。その後、乙は支払不能になったことから自己破産（民事再生・会社更生でもよい）の申立てをして、破産手続（民事再生・会社更生でもよい）が開始された。手続開始の直後、甲は丙に対して連帯保証債務200万円の全額弁済をして、丙の乙に対する貸付金債権を代位取得した（民500条）。

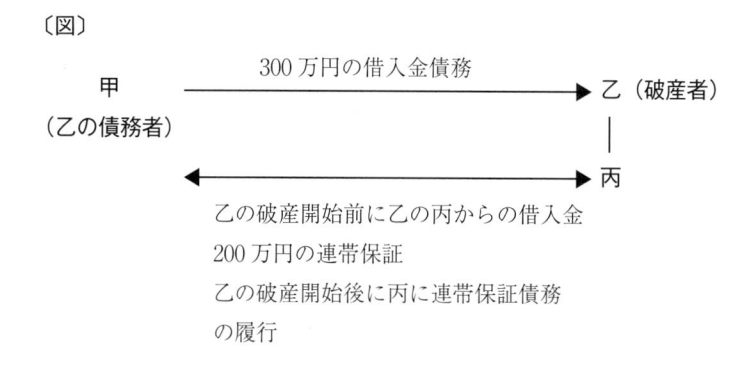

〔図〕

```
        300万円の借入金債務
 甲  ─────────────→  乙（破産者）
(乙の債務者)                  │
       ←─────────────→    丙
```

乙の破産開始前に乙の丙からの借入金
200万円の連帯保証
乙の破産開始後に丙に連帯保証債務
の履行

　この事例では、代位取得にかかる原債権である貸付金債権200万円で借入金債務300万円との相殺は、丙の有する手続債権を手続開始後に取得したことになるから、できない。しかし、甲には事後求償権が発生しており（民459条）、この保証委託による事後求償権は、手続開始時点では、将来の請求権（保証債務の履行を法定の停止条件とする債権）であり、将来の請求権は倒産手続では手続債権となるから、相殺の担保的機能が期待される場合は停止条件が成就（本件では連帯保証債務の履行）した時点で、事後求償権で相殺することは相殺禁止には触れず相殺が可能である。破産法70条は、それを前提とする規定である。もっとも、民事再生と会社更生では、手続債権届出期間内に停止条件が成就したうえ、さらに相殺の意思表示をした場合に限る（民再92条1項、会更48条1項）。

　ところで、判例（最判平成24・5・26）は、委託による保証の場合は事後求償権での相殺はかまわないが、無委託の保証で破産開始後の保証履行による債権による相殺は、破産法72条1項1号を類推して無効と判断した。委託の場合と異なり、破産者のあずかり知らないうちに保証がされ、破産開始後に自働債権が現実化したとしても、相殺は許されないというのである。求償権は将来の請求権で、手続開始後に法定の停止条件が成就したのであるが、委託を受けない保証の場合は相殺の担保的機能の期待を保護すべきでないとして、原則に戻って債権者平等原則違反であるから相殺禁止としたという趣

旨だろう。

　他人からの取得ではなく、倒産手続開始後の原因によって倒産債務者に対して直接発生する（原始取得される）債権は、通常は財団・共益債権になるから相殺の禁止の問題は生じない。しかし、この最高裁判決の例以外にも、たとえば、破産法54条1項の双方未履行双務契約の解除による損害賠償請求権のように手続開始後の原因に基づいて生じる債権が手続債権となる場合もあるし、解釈上手続債権となるとされる場合も考えられるので、この規定を類推して相殺は禁止されると考えられている。もっとも、この規定の類推ではなく、相殺権の要件を満たさないとして相殺禁止と考えることもできる。手続開始時点で自働債権と受働債権が存在している場合に相殺権が認められるのだから、手続債権が手続開始時点で存在していない場合は、最初から相殺権の要件を満たさないといえるからである。ただし、特別清算の場合は、相殺権の要件に関する規定はないから、民法上の相殺は可能ということになるので、この禁止規定の類推によって相殺禁止ということになる。

(2)　危機時期の手続債権取得

　危機時期に取得した手続債権（厳密にいえば、取得時点では開始により手続債権となるべき債権のことであるが、このように呼んでおく）による相殺は禁止される。危機時期の始期は支払不能、支払停止、倒産手続申立てがある。

㋐　支払不能後の手続債権取得

　倒産債務者の債務者が倒産債務者が支払不能になった後に、手続債権を取得した場合で、取得当時、手続債権者が支払不能の事実を知っていたとき、は相殺が禁止される（破73条1項2号、民再93条の2第1項2号、会更49条の2第1項2号、会社518条1項2号）。

　手続債権者の債務負担とは異なり、相殺目的というような制限はない。他人の手続債権の取得でも自己に手続債権が発生する原始取得でもよい。この場合は、取引の萎縮効果の抑制といった制限事由が考えられないからである。

　具体例をあげる。

　甲は、乙に対して借入金債務300万円を負担していた。甲はその後、乙が

支払不能になったことを知り、丙が乙に対して有する売掛金債権200万円を丙から20万円で購入し、丙は乙に確定日付ある証書で債権譲渡の通知をした。その後、乙に破産手続（民事再生・会社更生でもよい）が開始された。

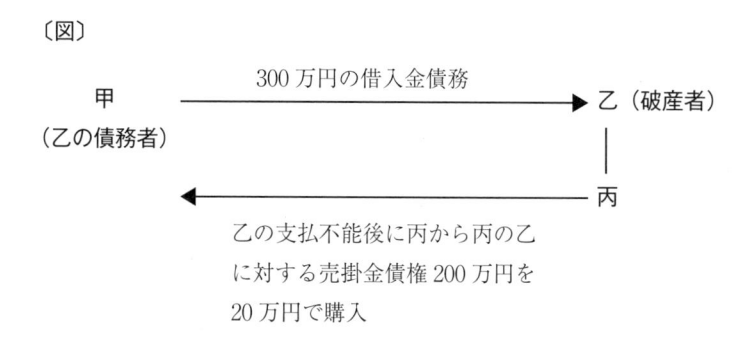

〔図〕

```
                  300万円の借入金債務
    甲      ────────────────────→   乙（破産者）
（乙の債務者）                            │
                                        │
            ←─────────────────────     丙
            乙の支払不能後に丙から丙の乙
            に対する売掛金債権200万円を
            20万円で購入
```

この場合、甲の借入金債務と丙から取得した売掛金債権との相殺が禁止される。

　(イ)　**支払停止後の手続債権取得**

　倒産債務者の債務者が、倒産債務者に支払停止があった後に倒産債務者に対して手続債権を取得した場合で、負担した当時、手続債権者が支払停止の事実を知っていたとき（ただし、支払停止があっても支払不能でなければ相殺は可能）、は相殺が禁止される（破73条1項3号、民再93条の2第1項3号、会更49条の2第1項3号、会社518条1項3号）。

　具体例は、(ア)の例で「支払不能」を「支払不能後に支払の停止（たとえば手形の不渡り）」と読み替えればよい。

　(ウ)　**倒産手続申立て後の手続債権取得**

　倒産債務者の債務者が倒産手続開始の申立てがあった後に、倒産債務者に対して手続債権を取得した場合であって、手続債権者が債務負担の当時倒産手続開始の申立ての事実を知っていたとき、は相殺が禁止される（破73条1項4号、民再93条の2第1項4号、会更49条の2第1項4号、会社518条1項4号）。

　具体例は、(ア)の具体例の「支払不能」を「倒産手続開始の申立て」と読み

替えればよい。

　(エ)　危機時期の手続債権取得の例外

　(ア)ないし(ウ)の相殺禁止に該当する場合でも、当該手続債権の取得が、①法定の原因、②当該倒産徴表事実（支払不能・支払停止・倒産手続開始申立て）を債権者が知るより前に生じた原因、③倒産手続開始申立てより1年以前に生じた原因、④倒産債務者に対して債務を負担する者と倒産債務者の契約に基づく場合、はそれぞれ相殺は禁止されない（破73条2項、民再93条の2第2項、会更49条の2第2項、会社518条2項）。

　手続債権者の債務負担と同じように、手続債権の取得が倒産手続開始後の場合はこの例外規定の適用はなく無条件で相殺禁止になることに注意すること。

　①から③は、手続債権者の債務負担と同じである。

　④は手続債権者の債務負担の場合にはない規定で、平成16年の改正で追加された規定である。契約に基づく手続債権の取得が除外事由とされたのは、手続債権者は自分の債務と相殺することによって自分の債権を回収できるという相殺の期待をもって取引をして手続債権を取得するのが通常であって、債務負担を免れるために手続債権を取得したとはいえないし、この場合も相殺を禁止すると危機状態に入った債務者に融資等を行う者がいなくなり債務者の立ち直りの機会を奪うことになるからでもある。金融機関が取引先の危機時期に取引先の預金を見合い（相殺の期待がある）にして救済融資を行うような場合が典型例である。手続債権者が相殺の期待を有していたかどうかを要件とする見解もあるが、手続債権者の主観的要件は問題にするべきではないというのが通説である。

　この具体例をあげる。

　甲は、乙に対して借入金債務300万円を負担していた。甲は、その後、乙が支払不能になったことを知り、乙との間に甲の有する商品を300万円で乙に売却する売買契約をして、乙に商品を引き渡したが代金は未払いである。その後、乙に破産手続（民事再生・会社更生でもよい）が開始された。

194

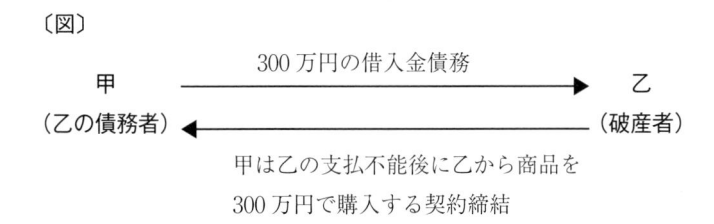

〔図〕

```
        300万円の借入金債務
甲  ──────────────────→  乙
(乙の債務者) ←──────────────── (破産者)
        甲は乙の支払不能後に乙から商品を
        300万円で購入する契約締結
```

　この事例では、借入金債務と売掛金債権との相殺は(ア)の相殺禁止に触れて禁止されるのが原則であるが、甲の売掛金債権は、甲乙間の売買契約によって発生したものであるから、④の例外規定によって相殺は可能であるということになる。

　甲は、借入金債務を負担しているので、売掛金債権を取得しても（商品の引渡しの先履行をして売掛金債権を残しても）、借入金債務と相殺できるから、この先履行の売買契約をしたのである。甲が乙に債務負担をしていないときは、甲は売掛金の回収ができないような、こんな危ない商品売買契約はしない（するなら現金売買）。つまり、④の除外規定があるので、倒産債務者の債務者の危機時期の手続債権の取得が契約による通常の場合は相殺は禁止されず、危機時期における手続債権の取得が契約によらないもの、つまり、危機時期の手続債権の第三者からの譲受けか危機時期に手続債権が不当利得・事務管理・不法行為等の事実行為によって発生した場合などが相殺の禁止に触れるということで、大半の場合は相殺は禁止されないのである。

第11章　否認権の基礎

　否認権について、基本的な否認類型などの基礎的事項について説明する。
　否認権は、民法の詐害行為取消権の倒産版といった趣きであるが、否認権の規定はかなり複雑で、否認権の行使は裁判上しなければならないなど手続面でも複雑で、教科書類にもいろいろな学説が書いてあって、読んでもよく理解できないところである。争いもかなりある。
　ここでも、かなり詳しいことを書いたが、否認権の基礎的事項である否認権の一般要件である行為の有害性と不当性、否認の対象となる財産減少行為と偏頗行為の内容と否認の効果の基礎が理解できればよいことにしておこう。
　否認制度は複雑で議論も多いが、多くは机上の問題で、実際には、否認が問題となる例はそれほど多いわけではない。財産減少行為がされる例はほとんどなく、偏頗行為も余りない。否認対象行為がされないのは、申立代理人である弁護士が受任後は債務者に否認対象行為をさせないようにするからである。支払不能後倒産手続申立てまでに弁済期の到来した債務の弁済（本旨弁済）がされる例や、倒産手続申立て後に銀行からの口座引き落としを止めることを忘れて口座引き落としによる弁済がされる結果になることを時折見かけるが、後述の偏頗行為の受益者の悪意という主観的要件を満たさないことが通常であるから、偏頗行為の否認がされることも余りないのである。

I　否認制度について

1　否認の必要性

　債務者の財務内容が健全なときは、債務者は自分の財産をどのように処分しようが、その行為の結果によっても財務状況が健全のままであるならば、まったく自由である。

　財務内容が健全な状態とは、全債権者に債務全額の弁済をその弁済期にできるという状態のことである。このような財務状態のときは、債務者は商品を廉価販売しようと、現金を贈与しようと、特定の債権者に債務を期限前弁済しようが、債務者が何をしても債権者に損害や迷惑をかけることはない。財務内容が正常であるとは法律的にどのようなことかというと、「債務超過でなくかつ支払不能でない」ということになる。つまり、債務者の行為の結果、債務超過でなく、かつ、支払不能でもないときは、債権者は、弁済期に全額の弁済を受けられるから、被害・損害を受けないということである。

　ところが、債務者が債務超過または支払不能になった後、あるいは支払停止、倒産手続開始の申立て後といういわゆる危機時期以降に、手続債権者の債権の引当てになっている責任財産の価値を減少させるような行為等をすると、債権者、特に一般債権者である手続債権者は、弁済期に充分な弁済を受けられないという損害ないしは被害を受けることになる。倒産債務者がその財務内容が不健全な状態で、債務者の財産の価値を減少させるような行為等をしたときは、倒産手続開始後に、その行為の効力を消滅させて、給付物を返還させるなど、財産の価値を行為の前の状態に復元させる必要があることになる。

　また、倒産債務者が危機時期に至った後に特定の手続債権者に対して自己所有の財産について担保権を設定したり、特定の手続債権者に対する弁済などの手続債権を消滅させる行為をすると、一般の手続債権者は割合的弁済し

か受けられない状態になっているのに、特定の手続債権者だけが利得を受けて、その結果、他の手続債権者が弁済期に充分な弁済を受けられないという損害ないしは被害を受けることになるし、このような行為は債権者平等原則違反の行為であるので、倒産手続開始後に、その行為の効力を消滅させて、担保権を消滅させたり、弁済した給付物等を返還させるなど、行為の前の状態に復元させる必要があることになる。

　このような倒産債務者の行為の効力を消滅させて、債務者財産を復元させることができる権利は、民法では、債権者に与えられていて、これを詐害行為取消権とか債権者取消権と呼んでいる（民424条）。否認権は、民法上の詐害行為取消権（債権者取消権）の範囲を広げて、倒産法にアレンジしたものと考えると多少は理解しやすい。詐害行為取消権と否認権は、制度目的は異なるけれど、債権者を害する行為の効果を覆滅させるという点は同じである。

　だから、倒産手続開始時に詐害行為（債権者）取消訴訟手続が係属しているときは訴訟手続は中断し、管財人や民事再生では否認権限を付与された監督委員が債権者に代わってこの訴訟手続を受継する（詐害行為取消訴訟として受継するのではなく、否認訴訟として受継する）という規定が置かれている（破45条、民再40条の2、会更52条の2）。

　倒産債務者に倒産手続が開始された場合は、手続債権者は個別的な権利行使が許されなくなるし、手続債権者のために債務者財産の価値を復元させるべきであるから、倒産手続の一部では、これを否認権として、手続債権者の利益を代表する立場にある管財人等に裁判上で行使させ、広範な財産の価値の復元が可能なものとしているのである。

2　倒産手続と否認権

第4章で説明したが、簡単に繰り返す。

　倒産手続では、手続債権者を保護する必要性は手続の種類によって変わらないから、全倒産手続で否認権を認めることが相当であると一応はいえる。しかし、否認権を認めると、否認権の行使は裁判上行うことになっているの

で、手続が非常に煩瑣になって処理に時間がかかることになるから、簡易・迅速な処理を行う必要がある倒産手続では、否認権行使のために処理期間が長くなるという欠点があり、手続の簡易・迅速性との関係で、否認権を制度として認めるかどうかが決められている。

否認権は、通常再生・会社更生・破産で認められ、同じ内容の規定がおかれている（破160条から176条、民再127条から141条、会更86条から98条）。多少異なるのは否認権の行使者で、行使者は財産の管理処分権を有する管財人であるが、通常再生では管理命令がない場合は、否認権限の個別付与を受けた監督委員が行使する（民再56条）。

通常再生では、否認権行使だけのために管財人や監督委員を選任することはできないが、否認行為をするような悪質な債務者には、管理や監督が必要であるという理由で管財人を選任したり監督委員を選任したりすることが可能である。

個人再生では管理命令の対象ではないし、監督命令の対象でもないから、否認の規定の適用がない。破産の同時廃止の場合も破産管財人が選任されないから否認の規定の適用はない。特別清算には否認制度自体がない。個人再生と特別清算では、簡易・迅速性の観点から否認制度が設けられていないということである。

Ⅱ　否認権とは

否認権とは、大ざっぱにいうと、債務者が行った手続債権者を害する行為の効力を倒産手続開始後に否定して原状に回復させる権利、つまり、形成権のことである。

第6章で説明したように、手続債権の内容が倒産手続ごとに異なっているから、倒産手続ごとに手続債権者は異なることになる。倒産手続ごとに、否認権で保護される手続債権者の範囲は異なることになる。

否認対象行為は危機時期以降倒産手続開始までにされた行為であるから、

手続債権とは厳密には倒産手続開始により手続債権となるべき債権のことであるが、ここでは手続債権と呼び、このような債権を有する者をここでは手続債権者と呼ぶことにする。

1　手続債権者を害する行為

手続債権者を害する行為とは、「手続債権者の弁済率を低下させる行為」である。これは2種類に分けることができるが「手続債権者を害する」とは弁済率を低下させること以外には考えられない。

第1の類型は、廉価販売等によって債務者の純資産（手続債権の引当てとなっている責任財産－手続債務）を減少させる行為である。このような行為の結果、手続債権者全員の弁済率が低下することになる。この行為を財産減少行為（詐害行為と呼ぶときもある）と呼んでいる。

第2の類型は、特定の手続債権者だけに担保を供与したり弁済などの手続債権の消滅行為をする債権者平等原則に反する行為である。このような行為の結果、特定の債権者だけが担保を取得したり弁済などを受けて手続債権の満足を得るが、一方では同額の債務が一般債務でなくなったり消滅したりして、その結果、純資産自体は減少しない。しかし、特定の手続債権者だけが利益を受けてその結果、他の手続債権者全員の弁済率が低下することになる。この行為を偏頗（へんぱ）行為と呼んでいる。

第1類型である財産減少行為と第2類型である偏頗行為は、類型が異なり（前者は純資産が減少するが後者は減少しない）、財産減少行為でもあり偏頗行為でもあるという類型は過大な代物弁済を偏頗行為としてした場合（過大部分は純資産が減少するが均衡部分は純資産は減少しない）以外は考えられない。

財産減少行為と偏頗行為は否認権を認める立法趣旨も異なるから、「害する行為」の内容も異なっていることに充分な注意が必要である。

2　受益者の悪意

取引の安全の観点から善意取引の保護が必要であるから、当該行為によっ

て利益を受ける者（受益者と呼んでいる）の主観的要件（悪意）を要求するのが原則である。

この悪意とは、手続債権者を害する行為であることや債務者が危機時期にあることなどの認識をいうが、否認類型ごとに否認対象行為が異なり、また始期要件も異なるから、認識の対象となる事実は異なっている。つまり、支払不能後が始期要件の否認類型では、受益者が債務者の支払不能を知っていることが必要である、といったことである。

III 否認の対象行為

否認の対象となる行為は、判例（最判昭和40・3・9など）によると、「手続開始前の倒産債務者やこれと同視すべき第三者の行為」に限られる（ただし、執行行為の否認の対象は債権者の行為である場合がある）。

条文には否認対象行為の終期が書いてないが、倒産手続開始時点である。手続開始後の倒産債務者の行為は、第7章で説明したように、別の規定で無効になったりすることに注意が必要である。

否認対象行為の類型は、従来は、一般類型として、①倒産債務者が詐害意思を持って行った行為を否認する故意否認、②危機時期にされた行為を否認する危機否認、③無償で行われた行為を否認する無償否認の3種があり、特別類型として、④第三者対抗要件の具備行為を否認する対抗要件の否認、⑤債務名義を前提にされた倒産債務者の行為や強制執行等としてされた行為の結果を否認する執行行為の否認、⑥否認対象行為によって受益者に給付された物に法律上の利害関係を有するに至った転得者を相手方として行う転得者に対する否認があった。

破産法改正（同時に民事再生法・会社更生法も改正された）で、①の故意否認、②の危機否認、③の無償否認の類型を基礎的な否認類型として、財産減少行為（詐害行為）と偏頗行為に区別して否認の要件を区別し、主観的要件等も整備して3箇条にまとめている。財産減少行為の否認、相当価格による処分

行為の財産減少行為としての否認の特則、偏頗行為の否認である。

④の対抗要件の否認、⑤の執行行為の否認、⑥の転得者に対する否認については、従来と変わっていない。

ここでは、否認の一般的要件と、基礎的な否認類型である財産減少行為と偏頗行為についてだけ概説する。

否認の要件を定める条文を読めばわかることであるが、否認権は裁判上行使されるものであるから、条文は立証責任の分配が判明するように書かれている。

Ⅳ 否認の一般的要件

否認権が認められるためには、一般的に、行為の有害性と行為の不当性が必要だとされている。

行為の有害性については、条文で要件事実化されている場合（破160条1項1号・2号・2項、民再127条1項1号・2号・2項、会更86条1項1号・2号・2項、詐害意思や危機時機の財産減少行為）と、されていない場合がある。

条文で要件事実化されていない場合は、有害性がないこと（不当性がないことは条文では最初から要件事実化されていない）は、受益者が立証責任を負担する消極的要件であるということになる。

1　行為の有害性

行為の有害性とは、否認の対象となる行為は手続債権者にとって有害でなければならないということであるが、有害とは手続債権者を害することであるから、財産減少行為の場合は全手続債権者を害することであり、偏頗行為の場合は他の手続債権者を害することである。財産減少行為と偏頗行為の有害性の内容は異なっているということを理解してほしい。何をもって有害かというと、すでに述べているように手続債権者を害することであるから「行為の結果、手続債権者の弁済率を低下させること」である。

2　行為の不当性

　行為の不当性とは、その行為が有害であっても、その動機や目的に照らして債権者の利益を不当に害するものでなければ否認の対象とならないということである。つまり、不当性は、手続債権者にとって有害であることを前提に、否認によって得られる手続債権者の利益より優先する社会的利益、たとえば、生存権や、事業の継続という社会的価値のある利益を優先させて、否認の成立を阻害する要件として機能している。

　条文化されていない否認対象行為でありながら否認の対象性を阻却する事由だとされている。もっとも、何をもって不当性がないというかのメルクマールは截然としていない。

　破産では、生活費や要保護性が高い扶養料や労働債権のために行われた有害性のある弁済行為が不当性がないとされている。労働債権は通常は財団債権となり手続債権ではないから、手続債権者間の平等原則からみて最初から偏頗行為とはならないのであるが、それ以外は免責が許可されても免責の対象とならない非免責債権であるけれど破産債権には変わりはないから、有害性があることは当然であるが、諸般の事情で不当性を欠くものだとされているのである。生活費や扶養料の場合は支払いをしないと生きていけないという生存に関するものであるからである。

　通常再生や会社更生では、このような要件は余り考えられない。民事再生申立て・会社更生申立て直後に、裁判所は弁済禁止の仮処分を保全処分として発令する場合が多いが、公共料金や労働関係の債務や少額の債権は弁済の対象から除外されるのが通例である。このような債務が優先債務である場合は、民事再生では一般優先債権、会社更生では共益債権となって手続債権ではないから手続債権者間の平等原則からみて最初から偏頗行為とはならないのであるが、少額債権の場合は手続の円滑な進行や事業継続に不可欠であるから、弁済禁止の対象から除外するのである。少額の再生（更生）債権の弁済は偏頗行為の否認の対象となるが、民事再生開始後に管財人や監督委員が

204

否認するとはいわないし、更生手続開始後に更生管財人は否認するとはいわない。少額債権は手続開始後も手続外弁済が認められ、あるいは再生（更生）計画の条項で優遇することが可能（もちろん優遇しなくてもよい）であるから、このような弁済は、実質的に債権者平等原則に反しないから有害性がないとするか、行為の不当性がないからであると考えるよりしようがない。

V 財産減少行為

　財産減少行為を否認の対象とした目的は、その行為による財産処分の効果を消滅させて給付物を取り戻すことである。この点が偏頗行為を否認の対象とした目的とは異なる。偏頗行為（特定の手続債権者に対する弁済等の債務消滅行為や担保提供行為）の否認の目的は、弁済等の効力を否認することによって、給付物があれば返還させて、他の手続債権者と同様の配当や按分弁済しか認めないとこととするということである。債権者平等原則に服させるということである。

1 財産減少行為とはどのようなものか

　財産減少行為は、詐害行為と呼ばれることも多いが、民法上の詐害行使取消権の対象となる詐害行為とはその範囲が異なるので詐害行為と呼ぶのは紛らわしい用語の使い方である。

　教科書的書物では、財産減少行為とは責任財産を減少させる行為と書かれていることが多いが、曖昧で、具体的事実を当てはめることが難しい。財産減少行為とは、正確にいうと、前記のように純資産を減少させる法律効果を生じる行為をいい責任財産の減少に限られない。負債の増大も財産減少行為であるとする書物もあるが、前記のように債務者の純資産を減少させる行為を財産減少行為と定義した方がわかりやすい。そのことを以下で説明する。

　まず、大事なことであるが、財産減少行為とは純資産を減少させる法律効果を生じさせる行為であり、減少させた行為ではないから、現実に財産を減

205

少させる（義務の履行）前の段階、つまり契約等の権利変動を生じさせる法律行為自体（たとえば、贈与契約や廉価販売契約の締結行為）を否認の対象としていることに注意が必要である。この点をもう少し敷衍すると、「財産減少行為とは、純資産を減少させる法律効果を生じさせる行為」をいい、通常は契約締結行為がこれに該当するが、純資産を減少させる法律効果を生じる行為であれば契約などの法律行為である必要はなく、準法律行為や事実行為であってもよいし、行為であるから作為・不作為を問わない。

しかし、実際に否認権が行使されるのは、破産者の履行行為が終わっている場合が通常である。履行行為が完了していない場合は、否認して給付した目的物を取り戻す必要がない場合が多いからである。

ここにいう責任財産とは、手続債権者の債務の引当てになっている一般財産のことである。だから、担保権の対象となっている財産は、その価値分に対応する被担保債権の分だけはこの責任財産には含まれない。また、財団・共益債権の引当てになっている分は、一般財産から数額的には控除することも必要である。

前記のとおり、財務状況が良好な場合は、たとえば、100万円の商品を10万円で売却しようが、100万円を贈与しようが、他の債務の全部を支払える場合は、このような債務者の行為は自由であるし、債務者の勝手である。行為に有害性がないからである。しかし、全財産をもっても全債務を支払えない状況（債務超過）の下では、このような責任財産（純資産）が減る行為をすると、手続債権者全員への弁済率が低下して手続債権者を害することになる。

たとえば、説明の便宜上、財団・共益債権等の手続外債権がないものとして、手続債権者の債務の引当てになっている財産を責任財産、手続債権の額を手続負債と呼ぶことにする。責任財産の総額が90で、手続負債の総額（つまり手続債権の総額）が100であったとする。この場合は、（責任財産の額）−（手続負債の額）＝純資産（−10）という債務超過状態である。これを基本例とする。

基本例

責任財産		手続負債	
現　金	30	借入金	60
売掛金	20	買掛金	40
商　品	20		
不動産	20		
合　計	90	合　計	100

つまり、このような財務状態である。

基本例で、20の価値ある商品を10の現金で売ったとすれば、この売買契約締結行為により、その売買契約による債務履行がされると、責任財産は商品が20減り現金が10増えることになるから、差し引き80となる。一方、手続負債の方は100で変わらないから、この商品の廉価販売の結果、手続債権者全部の弁済率は90％（90÷100）から80％（80÷100）に低下して手続債権者全員を害することになるという法律効果が生じることになる。

この点を、もう少し厳密に分析してみよう。売買契約は諾成契約であるから、売買契約の成立により売主（倒産債務者）には目的物引渡債務が発生し、一方では売買代金支払請求権が発生する。この時点での基本例は、手続負債は商品引渡債務20が増加し、一方では売掛金が10増加して、純資産は10減ることになる。この各債務が履行されると、前記のように、商品20が減少して（その時点で引渡債務20も0になる）、一方では売掛金10が減少して現金が10増えるということになる。行為の結果、純資産が10減ることになる。売買契約締結行為の結果、純資産を10減らすことになるから、この「売買契約締結行為」を「財産減少行為」として否認の対象とするのである。

また、基本例で、贈与の意思で他人の債務20の債務引受けをしたとすれば、責任財産は90のまま変動がないが、手続負債は引き受けた債務20が加算されて120となり、手続債権者全部の弁済率は90％（90÷100）から75％（90÷120）に低下して手続債権者全員を害することになる。純資産が20減ったか

らである。

　以上からわかるように、財産減少行為とは、責任財産を減少させる行為に限らず、この純資産を減らす（純資産がプラスからマイナスに転じた場合と、マイナスの幅が拡大した場合がある）効果を生じる行為をいう。なお、純資産がプラスのままであれば、手続債権者は全額弁済を受けられるから否認の対象とはならない（有害性がない）。

　財産減少行為を債務者の純資産を減少させる行為と定義すると、いろいろな場合が考えられる。これを多少、分類してみよう。

　第1類型は、責任財産だけを減少させる法律効果を生じさせる行為である。贈与や債務免除行為がこれに該当する。現金が贈与されるとその分だけ現金が減少するし、債務免除行為をすると免除額だけ責任財産に属する債権が減少するからである。手続負債は増減しない。

　第2類型は、責任財産の費目が交換されて、純資産を減少させる法律効果を生じさせる行為である。典型例では不動産の廉価販売や商品の廉価販売契約の締結行為がこれに該当する。もっとも、どの程度廉価であれば財産減少行為として否認の対象となるかについては、不動産は評価方法によって価格が変わるし、商品の価格も需給関係によって変化するから、経済的合理性を逸脱する程度に廉価と評価できる場合に否認の対象とすべきである。

　第3類型は、責任財産と手続負債が交換されて、純資産を減少させる法律効果を生じさせる行為である。過大な代物弁済がこれに該当する。

　第4類型は、手続負債だけが増加して、純資産が減少させる法律効果を生じさせる行為である。贈与の趣旨で債務引受けをする債務引受契約締結行為がこれに該当する。

　純資産を減少させる法律効果を生じさせる行為は、以上の4類型以外にもいろいろ考えられるが、この程度にしておこう。

　財産減少行為の否認の対象から、担保供与・債権の消滅行為が除外されている（破160条、民再127条、会更86条）。除外される行為は偏頗行為の否認の対象となるから、条文上、明文で除外しているのである。この除外規定の担

保供与とは、債務者自身の債務のために債務者財産に担保権を設定すること、債務の消滅行為とは、債務者自身の債務の弁済や代物弁済等の債務の消滅行為をいうと解釈しなければならない。どうしてかというと、既存債務（手続債権である）に関する担保供与・債権消滅行為（自己の債務のための担保供与であるから物上保証はこれに該当せず、財産減少行為の否認の対象となることに注意する）は、それによって、責任財産を減少させるが同額の一般負債も減少するから、純資産自体の額は変わらないので、財産減少行為ではないからである。

偏頗行為の場合は純資産が減少しないということを、前倒しで、基本例で説明しておこう。基本例で、手続債権者Aに対する借入金30を現金で全額弁済したという例を考えてみよう。その結果、責任財産は90から現金30が減少して60となり、手続負債も借入金のうち30が減少して70となる。その結果、純資産は－10のまま変わらないということである。しかし、これによって利益を受けた手続債権者Aだけが利得し、その結果、Aの利得分だけ他の手続債権者の弁済率が低下して損害を受けるから手続債権者間の平等原則に反するので、偏頗行為の否認という別の否認類型で否認することを可能としている。つまり、Aは100％弁済を受けたが、A以外の手続債権者全員の弁済率は90％（90÷100）から85.7％（60÷70）に低下して他の手続債権者全員を害することになる、ということである。

2 財産減少行為の否認の種類

財産減少行為の否認は、行為の性質やその時期に応じて、以下のように4種類が規定されている。

(1) 詐害意思による行為の否認

否認権が詐害行為取消権の範囲を拡張したものであると考えると、詐害意思による財産減少行為の否認は、本来的な否認類型であるといえる。いわゆる故意否認である。

債務者が、手続債権者を害することを知ってした担保供与・債務消滅以外

の行為で、この行為によって利益を受けた者（行為の相手方で受益者と呼ぶ）が、行為当時、当該行為が手続債権者を害する行為であることを知っていたときに否認ができる（破160条1項1号、民再127条1項1号、会更86条1項1号）。

実体法的には受益者が悪意の場合に否認できることになるが、訴訟法的には、受益者は、この行為の当時、この行為が債権者を害することになるという事実を知らない場合はそれを証明して否認を免れることができる（破160条1項1号ただし書、民再127条1項1号ただし書、会更86条1項1号ただし書）。受益者に善意の立証責任を負担させて否認をしやすいようにしているのである。

(ア) **詐害意思**

「害することを知っている」というのは、倒産債務者に詐害意思があるということであるといわれているが、この詐害意思とは手続債権者の弁済率を低下させるという具体的事実を認識していることであり、積極的な手続債権者に対する害意を要求するものではない。

(イ) **行為の始期**

詐害意思をもってした行為を否認の対象とするもので、行為の時期的な制限はない。債権者を害する行為である以上、手続債権者全員の弁済率を低下させる行為である必要があるから、債務超過やこの行為によって債務超過になる時期が始期ということになる。債務超過が始期であるというのが立法担当者の見解である。これに対して、債務超過以外に支払不能、あるいはこのような状態に陥るおそれがあるというような時期も始期に含むという見解もあるが、支払不能でも債務超過でなければ手続債権者の弁済率を低下させないから、妥当とはいえないであろう。

(2) **危機時期の行為の否認**

債務者が、支払停止または倒産手続開始申立ての後にした担保供与・債務消滅以外の手続債権者を害する行為は否認できる（破160条1項1号、民再127条1項2号、会更86条1項2号）。

受益者の主観的要件については、行為当時、受益者が害する行為であるこ

とを知らず、かつ支払停止・倒産手続開始申立ての事実を知らなかったことを立証した場合は否認を免れることができる（破160条1項2号ただし書、民再127条1項2号ただし書、会更86条1項2号ただし書）。受益者に善意の立証責任を負担させて否認をしやすいようにしているのは(1)と同じである。

(ア) 詐害意思の不要

債務者の詐害意思は不要である。不要とされた立法趣旨が何かはいくつかの見解があるが、この時期に財産減少行為をするということ自体で通常は詐害意思があるからであるとするのが立法担当者の見解である（詐害意思の擬制）。財産減少行為の否認は、前記のように詐害意思による行為の否認が本来の類型であることから考えると、危機時期以降の行為であるという点を捉えて、詐害意思（の立証）は不要として否認の要件を緩和したものである。

(イ) 行為の始期

否認対象行為の始期の一つが、支払不能後でなく（偏頗行為の否認では債権者平等原則違反を立法趣旨にしているから、相殺の禁止と平仄を合わせて支払不能後としている）、支払停止後とされているのは従来からの規定を引き継いでいるのであるが、支払停止は支払不能が債務者の行為によって外部的に明らかになった時期であるから、これを始期の一つとしているのである。

支払停止後を始期とした理由は、前記のように、この否認類型は、危機時期以降の行為であるという点を捉えて、詐害意思は不要として否認の要件を緩和したものであるが、支払停止は債務者が支払不能であると外部に表明する行為であるから、支払停止後にした債務者の行為は行為時には債務者は通常は詐害意思があったはずだということである。だから、支払不能（債務者が知らないということもある）ではなく、支払停止なのである。

支払停止後であれば支払不能でなくてもよい（理論的には考えられる）というのが通説であるが、支払不能でなければ否認できないという少数説もある。支払停止を本来の否認類型（詐害意思による否認）の緩和形であると考えると、少数説は妥当ではないだろう。

211

(3) 過大な代物弁済

　債務者の行った債務消滅行為で、(1)または(2)の要件に該当（債務消滅行為は、これらの類型には入らないから、それ以外の要件に該当するということである）し、債権者の受けた給付の価格が当該債務消滅行為で消滅した債務の額より過大である場合は、当該過大部分について否認できる（破160条2項、民再127条2項、会更86条2項）。

　条文では、「債権者の受けた給付の価額が当該債務消滅行為で消滅した債務の額より過大であるもの」となっているが、このような例は「過大な代物弁済」以外には考えられない。

　担保供与や債務消滅行為は、純資産は減少しないから財産減少行為にはならないのであるが、過大な代物弁済がされた場合は、「過大部分はその部分の財産を無償で譲渡したのと同じ」（超過分を無償行為として否認できるという意味ではなく、廉価販売と同じという意味である）であるから、過大部分については財産減少行為となるので、否認の対象としたものである。行為の一部を否認するという意味では一部否認という特殊な否認類型といってもよい。

　これを基本例で説明する。前記の基本例で、20の商品を8の借入金債務の代物弁済とした場合（代物弁済は要物契約であるから、契約と同時に履行が完了する）には、20の商品が減少し、借入金債務も8減少するから、差引き12だけ純資産が減少する。基本例では、責任財産が70になり手続負債は92となって、純資産は−10から−22になる。したがって、その減少した12（過大な代物弁済の部分）だけを当該債権者から否認して取り戻すことにしたものである。

　弁済物が不可分であるとき（不動産など）は、価額の償還請求となると考えられている。条文では「消滅した債務の額に相当する部分以外の部分」となっているが、そのように解釈しないとしようがない。金銭で返せということである。

　注意しなければならないのは、財産の価値と均衡する借入金債務8に対する財産部分（商品の8部分）は財産減少行為ではないから、この財産減少行

212

為の否認類型では否認できないことである。

　なお、消滅したのが手続債権である場合（消滅したのが財団・共益債権の場合もある）は、既存債務の債務消滅行為として偏頗行為の否認の対象となることもある。過大な代物弁済の否認が後述の偏頗行為の否認要件（時期的要件や主観的要件などが多少異なる）も満たす場合は、偏頗行為の否認として代物弁済全部を否認でき、20分の財産を取り戻すことができると考えるのが立法担当者の見解である。代物弁済全体を否認し20分の返還があったときは消滅した手続債権8は復活することになる。

　もっとも、過大の度合いが大きい場合は、代物弁済は公序良俗違反（民90条）として無効（最判昭和27・11・20は債務の約5倍程度の不動産の代物弁済予約を暴利行為として無効とする）であるから、否認以前の問題である（無効であるものを否認する必要もなく、否認できない）。

　過大な担保供与行為は財産減少行為の否認の対象となっていない。その理由は考えてみればわかると思うが、担保は過大でも、担保権者には清算義務があるから、財産減少行為にはならないからである。担保供与行為が偏頗行為の否認要件を満たす場合はその否認ができることは当然である。

(4) 無償行為

　支払停止・倒産手続申立ての後、またはこれらの前6月以内にした債務者の無償行為またはこれと同視すべき有償行為は否認できる（破160条3項、民再127条3項、会更86条3項）。

　何で6月も遡れるのかわからないが、昔からそうなっている。いわゆる危機否認の一種である。主観的要件（受益者の善意・悪意）は要求されていない。

　無償行為は典型的な財産減少行為で、特定の責任財産が減少するだけで反対給付がない（贈与や債務免除を考えてみればわかる）から有害性が顕著であるし、給付した物があっても、ただもらいの受益者から給付物を取り返すだけだから、倒産債務者の詐害意思や受益者の悪意といった主観的要件を全く不要として、さらに行為の時期も遡らして容易に否認ができるようにしたのである。その点で無償行為の否認は(1)・(2)の否認の特殊類型であるというこ

とができる。しかし、特殊類型であるといっても他の否認類型に該当する場合は他の否認類型で否認することを排除するものではないから、他の否認類型で否認することも可能であるが、無償行為の否認の方が否認要件の証明が簡単だから、通常はこの否認類型で否認することになる。

なお、無償行為の否認の始期要件を満たさない場合でも詐害意思による否認の要件を満たすときは否認が可能である。

無償行為の否認では主観的要件は否認には不要であるが、受益者が善意の場合は、現存利益の返還で足りることにして善意の受益者に一定の保護を与えている（破167条2項、民再132条2項、会更91条2項）。

(ｱ) **有害性**

無償行為の否認は、財産減少行為（純資産の減少行為）の否認の一種であるから、無償行為は財産減少行為（有害性のある行為）でなければならないことは当然である（最高裁もそのように考えているようである）。無償行為の否認の条文上の要件に該当しても、当該行為時点では債務超過でもなく支払不能でもなかった場合は有害性を欠くので否認できないということになる。

(ｲ) **無償とは何か**

無償行為とは、倒産債務者にとって対価がない行為をいう。対価は、通常は双務契約の相手方から支出されるが、必ずしも行為の相手方から支出される必要はない。

保証料をとらないで債務保証や物上保証をすることがこの無償行為の否認の対象となるかどうかは、昔からこれを肯定する判例・多数説とこれを否定する少数説の考え方が違っていて、争いがある。

保証料をとらない債務保証や物上保証が、贈与や債務免除と異なるところは、保証人や物上保証人に保証料を支払うのは主債務者で、保証・物上保証契約の相手方である債権者（受益者）ではないということで、債務保証や物上保証は債権者との間では常に無償で行われる。保証料は、主債務者と保証人・物上保証人の間の保証委託契約・物上保証委託契約で、保証・物上保証の対価としての性質を有しているのである。

無償かどうかは倒産債務者にとって無償かどうかだけ（対価は受益者が支払うかどうかは無関係）で判断すべきだとするのが判例（最判昭和62・7・3）の立場である。無償行為の否認は債務者の責任財産だけが対価なくして減少することで有害性が顕著であるから否認を広く認めることとしたのであり、否認は倒産債務者の責任財産の復元を目的とする制度であるから、倒産債務者の責任財産にとって有償かどうかという観点だけから考えるべきだということである。しかし、理屈はそうであっても、債権者の側からいえば、保証や物上保証があるから貸付をした場合は主債務者は資力がないうえ保証や物上保証を否認されたのでは、踏んだり蹴ったりであるということになる。だから、この判例に反対する学説は、無償かどうかは倒産債務者の財産だけではなく、債権者にとっても有償か無償かどうかで決めるべきだと主張している。つまり、保証や物上保証があるから金を貸すという行為をした場合は有償であり、無償否認の対象とはならないとしている。また、保証や物上保証は、求償権があるから、求償権が対価となり有償だという見解もある。

(ウ) 債務保証や物上保証と財産減少行為

債務保証や物上保証が財産減少行為になることを説明しておく。

債務保証の場合は、手続負債が保証の分だけ増えて、保証人の将来の事後求償権を考慮しないこととすると責任財産は変わらないから、差し引きの純資産の額が保証債務の分だけ減ることになる。

物上保証の場合は、手続負債は変わらないが、物上保証人の将来の求償権を考慮しないこととすると責任財産の方は担保の分だけ責任財産から離脱するので、差し引きの純資産の額が担保提供分だけ減ることになる。

保証人や物上保証人の将来の求償権を価値として考慮しないのは、主債務者に資力がない場合に保証債務の履行や担保権の実行がされるのが通常で、求償権はほとんど無価値だからである。充分な求償に応じる資力が主債務者にある場合は、主債務者は主債務を支払うのが常で、保証履行の請求や担保権の実行はされないのであるが、仮に主債務者に充分な資力がある場合は、保証の履行や物上保証の目的物の担保権の実行がされても、主債務者は求償

に応じることになるから保証・物上保証の有償・無償を問わず、債務保証や物上保証は財産減少行為にならない。つまり、債務保証の場合は手続債務が保証債務の額だけ増えるが一方では同額の将来の求償権が責任財産になるから純資産は減少しないことになるし、物上保証の場合は担保価値部分だけは責任財産が資産から流失するがその代わりに将来の求償権という同額の責任財産が増加するから純資産は減少しないことになるからである。

保証や物上保証が有償でされた場合、つまり倒産債務者が保証料をとっている場合は、無償行為の否認はできないが、一切の否認ができないのではなく、前記のようになるから債務保証行為や物上保証行為が無償行為の否認以外の否認類型に該当するときは否認が可能となる。

(5) 相当な対価を得て行われる財産処分の特則

たとえば、売却代金を隠匿しようとして不動産を相当な価格で売却した場合、その財産処分行為（不動産売却行為）は責任財産の費目が等価で交換されるだけで純資産が減少するわけではないから、その行為自体は財産減少行為ではないが、倒産債務者がこの対価について隠匿等の処分をする意思を有していて相手方がそれを知っていたなどの要件があれば、相当価格による処分があってその対価の履行がされたという段階で、その処分行為自体を否認の対象としている。

つまり、実質的な財産減少行為であるから、財産隠匿行為前であっても、水際で相当価格による処分自体を否認できることにして、否認の範囲を拡張したものである。

従来の判例（大判昭和8・4・15など）は、不動産の相当価格による処分でも原則として否認の対象となるが、その代金が保管されている場合などは否認を否定していて基準が不明確であったが、これについて立法的に解決したものである。

相手方は相当な対価を支払ったのに、後から否認されるとなると、取引を回避しようとする（取引の萎縮効果）のでこれを防止するためと、危機的状態にある者が財産を処分して再建を図るのを妨げるおそれがあることから、

否認の要件を限定して、さらに、受益者の主観的要件の立証責任を否認権者に分配して萎縮効果を除去しようとしたものである。

否認の要件は、①倒産債務者が財産の処分行為をして相手方から相当の対価を取得したこと、②その財産の処分行為が不動産の換価など財産の種類の変更により隠匿等の処分（手続債権者を害する処分）をするおそれを現に生じさせること、③倒産債務者が隠匿等の処分をする意思を有していたこと、④相手方がそれを知っていたこと、が否認の要件である（破161条1項、民再127条の2第1項、会更86条の2第1項）。受益者が内部者等である場合は④の悪意の推定がある（破161条2項、民再127条の2第2項、会更86条の2第2項）。

処分の対象財産は、条文では不動産が例示されているが、それ以外の財産については、隠匿等の処分が容易かどうかが判断の基準になるが、不動産と金銭の交換以外には余り考えられない。

財産の処分行為は売買等の処分に限らず、金銭の融資を受けて不動産を担保に提供するような行為（後に述べる同時交換的行為として偏頗行為の否認の対象にはならない）も、この否認類型では否認の対象になる。条文上も「財産の処分」となっていて「財産の移転」とはなっていない。財産の所有権移転だけに限らず、担保供与等もこれに含ませるために、このような立法をしたのである。

財産の処分行為は、倒産債務者が財産減少行為として手続債権者を害する処分をするおそれを現に生じさせるものであることが要件であるから、財産の処分行為の始期は債務超過であると考えられる。

相当な対価（反対給付）を取得していることが否認の要件になっているから、反対給付の履行がされていない段階では否認の対象とはならない。

相当な対価の取得による財産処分行為自体を否認の対象としているから、隠匿等の処分が実際にされなくても否認ができるということになる。

債務弁済は「隠匿等の処分」にならない。弁済は資産と負債を交換するだけで純資産を減少させるものではないし、弁済について、偏頗行為の否認要件があれば偏頗行為として否認すればよいからである。

なお、相当な対価の取得による財産処分は、実質的には財産減少行為の否認類型であるが、破産法160条・民事再生法127条・会社更生法86条の特則と捉えるのか、独立の否認類型と捉えるのか争いがある。両説でどこが違うのかというと、特則と捉える説では前記の否認要件以外に破産法160条1項などの時期要件などを満たす必要があるということになるが、独立の否認類型と捉える説では、前記の否認類型だけ（前記のように時期要件は否認要件の解釈による）を満たせば否認できることになる。

この否認類型は、倒産債務者が手続債権者を害する処分をする意思を有して相当な対価の取得による財産処分行為をしたことが否認要件となっているから、間接的な詐害意思による行為として故意否認の類型として規定されたものと考えられる。

VI 偏頗行為

特定の手続債権者に対する弁済等の債務消滅行為や担保提供行為という偏頗行為の否認（破162条、民再127条の3、会更86条の3）の目的は、財産減少行為の箇所で述べたように、弁済や担保提供等の偏頗行為を否認することによって、給付物を返還させ、代物弁済などで目的物が処分されている場合はその価値の金銭の償還をさせ、弁済の結果消滅した手続債権を復活させて、他の手続債権者と同様の配当や按分弁済の対象として債権者平等原則に服させるということである。

既存債務についての担保供与・債務消滅に関する行為の2種類だけを否認の対象とするものである。偏頗行為の「偏頗」とは「片寄ったこと」をいうのであり、債権者平等原則違反の行為のことをいうのである。これらの行為も有害性があることが必要なのは財産減少行為と同じであるが、偏頗行為の有害性の内容は、他の手続債権者を害することであり、行為の結果、他の手続債権者の弁済率が低下させることである。偏頗行為の否認では有害性が正面から要件事実化されていないから、有害性がないことは受益者に立証責任

があることになる。

1 偏頗行為の否認の対象行為

　偏頗行為の否認は、既存債務についての担保供与・債務消滅に関する行為の2種類だけを否認の対象とするものである。債権者平等原則からは、この2種類以外の否認類型は考えられない。

　債務の消滅行為以外に、担保供与行為も偏頗行為の否認の対象にしているのは、危機時期に抜け駆け的債権回収を目論む債権者は、まずは債務弁済を求めるのであるが、債務弁済をするだけの資金が債務者にない場合は次善の策として担保の供与を要求するのが通常だからである。

(1) 担保の供与

　担保供与行為とは、担保設定を行う行為で、通常は担保権設定契約の締結行為をいう。対抗要件が必要なものについては対抗要件の具備までは必要ではなく、担保権設定契約締結行為自体を否認の対象にしているのである。

　第三者対抗要件の具備行為自体が対抗要件の否認の対象となる場合もある。対抗要件が倒産手続開始時点に具備されていないときは、別除権や更生担保権とならないから、わざわざ否認する必要がないということになるが、これは否認権行使の要否の問題で別論である。

　担保とは法定担保権以外に、譲渡担保・留保所有権など非典型担保も含まれる。別除権や更生担保権の基礎となる担保権全部が含まれるということである。

　基本例（207頁）でいえば、責任財産が90で手続負債が100の場合に、50の資産を50の手続負債の担保に提供（たとえば抵当権・譲渡担保権の設定）すると、その結果、責任財産のうち50は担保物として一般財産から減少して責任財産は40となるが、一方では手続負債は被担保債権分は責任財産を引当てではなくなるから50が減少するので残額は50となる結果を招来する。この場合でも、純資産－10は担保供与の前後を問わず変わらないことになる。しかし、この場合は、担保供与前の手続債権者の弁済率は90％であったものが、担保

提供を受けた債権者だけが担保権を実行すると50全部の満足を受け、その結果、他の手続債権者の弁済率は50分の40に低下して債権者平等原則に反することとなる。

(2) 債務の消滅行為

債務消滅行為は、債務の消滅という法律効果を生じる行為で、弁済、代物弁済、更改がこれに該当する。債権者が行う相殺も債務消滅行為であるが、相殺の禁止規定があるので、この債務消滅行為には該当しない。

代物弁済は本来の代物弁済に限られる。代物弁済の効果が代物弁済予約による予約完結権の行使によって生じ、それが仮登記担保権の実行である場合は、担保権の実行であるから否認の対象とならない。もっとも、仮登記担保権設定契約締結行為が担保供与行為として否認の対象となるのは別論である。

免除でも債務が消滅するが、免除は有害性がない（他の手続債権者にとっては弁済率が上がるでしょう）から、最初からこの否認の対象にならない。

(3) 既存債務の内容

条文上は既存「債務」とだけなっていて、「債務」の種類については無限定であるが、対象行為が債権者平等原則違反の行為をいうから、この平等原則にいう債権者とは手続債権者であるので、既存の手続債務のことをいうのである。したがって、既存債務が財団・共益債権である場合（厳密にいうと、行為時点では開始されると財団・共益債権となるべき債権のことである）は否認の対象とならない。たとえば、使用者が破産申立てをする際に従業員を解雇するときに解雇の日までの後払いになっている財団債権となる未払給料（破149条1項）を支払う場合がこれに該当する。

「既存」債務に限定しているのは、担保を取って新たな貸付をするという場合、あるいは担保を取って売買取引をするというような場合、また現金売買のように契約によって発生した債務の履行が直ちに行われるような場合（これらを同時交換的行為とか同時交換的取引とか呼んでいる）の担保供与行為や債権の消滅行為を否認の対象から除外するためで、救済融資や救済取引を受けられやすくするためであるとされている。債務の発生と担保供与・債務

の消滅が同時的に行われる場合を除外しようという趣旨である。その理論的な理由は、債権者平等原則に服するのは無担保債権で責任財産しか引き当てにならないという信用リスクを負担している手続債権者であり、同時交換的行為の場合は、当該債権者は信用リスクを最初から負担しないので債権者平等原則に服さないからであるということである。

　同時交換的行為とは、「債権の成立とその債権を被担保債権とする担保の供与」または、「債権の成立と債権の消滅」が社会的にみて同時に行われた場合をいうとされる。債権の成立と担保供与は別々の契約類型であるから、この別々の契約類型が同時に交換的に行われる場合は同時交換的行為という用語に沿うが、債権の成立と債権の消滅が同時に行われる場合は同一の契約によるものであるから同時交換的行為と呼ぶのは用語としてはおかしいが、そのようにいわれている。

　同時交換的行為の典型である担保供与（設定契約以外に直ちに第三者対抗要件が具備されている必要があるとされている）による新規貸付を例にとってみると、責任財産が担保供与分だけ減少するが、その代わり減少分に応じた借入による現金が増加するだけで、これは適正価格で財産を処分したのと同じで、被担保債権の方も担保権付の債権で最初から手続負債にならないから、純資産も減少しないし、弁済率も低下しないから、手続債権者を害したことにならないので、財産減少行為でも偏頗行為でもないから否認の対象とはならないのである。

　これを基本例（207頁）で説明する。10の借入をして不動産の抵当権を設定した（抵当権設定登記も行っている）とすると、責任財産は不動産が被担保債権の価値分10が責任財産からなくなるが、一方では10の借入による現金が増えて責任財産の額には増減がない。手続負債の方は、この借入金債務は担保権付債務であるから最初から手続負債には該当しない。したがって、行為の前後で純資産の額も変動しないし、弁済率も90％のまま変動しないのである。

　同時交換的行為に該当する例は、前記の担保を設定して貸付をする行為以

外に、従業員に即時解雇するために解雇予告手当を支払う行為（労働基準法20条1項）や、弁護士に倒産手続を依頼して報酬を支払う行為などがこれに該当する。

既存債務としたのは同時交換的行為を除外するためであるが、同時交換的行為でなければ既存債務として否認できるということにはならない。たとえば、売買契約締結後1カ月経ってから売買代金の支払いと目的物の引渡しが同時にされた後に買主に倒産手続が開始された場合は、債務弁済である売買代金の支払いは同時交換的行為とはいいにくいし、売買代金の支払行為を偏頗行為として否認できるかどうかは争いがあるが、立法趣旨を前記の信用リスクの負担に求めると、売主は同時履行の主張ができて、売買代金請求権について信用リスクを負担していないのであるから、売買代金支払債務は既存債務であるとしてその弁済行為を否認することはできないことになる。もし、このような場合も否認できるとすると、後述のとおり否認の効果は売買代金として弁済した金銭を返還して売買代金請求権が手続債権として復活するが、相手方の返還請求権が認められるのは財産減少行為等だけで、偏頗行為の場合は認められていないから受益者が引き渡した目的物については返還されないので、受益者は同時履行の抗弁権があるのに引渡債務を先履行したのと同じ結果になり、この結果は妥当とはとてもいえない。

このような場合は実質的な有害性を欠くと考えてもよいが、「既存」とは同時交換的行為に限らず、「一つの取引で当該債務だけが残存した状態」をいうと解釈した方がすっきりしているということになる。

2　偏頗行為の否認の種類

偏頗行為の否認類型は、始期要件で2種類に分けられる。

支払不能後あるいは倒産手続申立て後を始期とする危機時期における偏頗行為を否認対象とする場合と、支払不能30日前以後の非義務行為である偏頗行為を否認対象とする場合である。

偏頗行為には、財産減少行為のような詐害意思による否認、つまり、故意

否認の類型がない。

どのような偏頗行為がされても、その時期が、倒産手続開始申立て後の場合を別にすると、支払不能31日以上前の行為は否認できないのである。旧法では、偏頗行為の故意否認を認めるのが判例・通説であったが、故意否認を認めると時期が債務超過時まで遡れることになり、詐害意思の有無によって否認の成否が決まることになるので取引の安全を害することにもなりかねないことから、現行法では偏頗行為の否認の立法趣旨は債権者平等原則違反の禁止で同じ立法趣旨を持つ相殺の禁止と平仄を合わせることや、始期要件を支払停止から支払不能の30日前まで遡らすこととする代わりに故意否認の対象にはしないと割り切ったのである。

(1) 危機時期の行為の否認

債務者が、①支払不能の後、または②倒産手続申立ての後にした、既存債務についての担保供与または債務消滅に関する行為で、行為当時、相手方である債権者が、①のときは支払不能または支払停止の事実を知っていた、②の場合は倒産手続申立ての事実を知っていたときに否認ができる（破162条1項1号、民再127条の3第1項1号、会更86条の3第1項1号）。

(ア) 行為の始期

偏頗行為の始期は、支払不能後か倒産手続開始の申立て後である。支払不能後を始期とするのは、財産減少行為の危機否認の始期が支払停止後であるのとは異なっている。

従来は支払停止後を始期としていたのであるが、現行法では、始期を支払不能後まで遡らして否認の範囲を拡張したのである。支払停止は債務者の行為で、それより前に支払不能があるのが通常で、支払不能を知りながら支払停止前に偏頗行為がされる場合もあるし、債権者平等が求められるのは、遅くとも支払不能時であるというのが遡らした理由である。

(イ) 支払停止による支払不能の推定

支払停止があったときは、その時以降は支払不能の状態にあると推定されている（破162条3項、民再127条の3第3項、会更86条の3第3項）。

この推定規定は、法律上の事実推定の規定であるが、条文を比較するとわかるが、破産法15条2項の破産原因の推定規定とは推定事実と推定の内容が多少異なっていることに注意が必要である。

　この推定規定が設けられた理由は、破産法15条2項と同様で、支払停止は通常は支払不能であることと、支払不能は外部に現れるとは限らないから、支払停止で支払不能を推定させて否認権者の立証を容易にしようと考えられたためである。条文を読めばわかるが、支払不能後の偏頗行為の場合は、受益者の主観的要件は債務者の支払不能の事実を知っていたとき以外にも、債務者の支払停止の事実を知っていたときも、これに該当することになる。支払不能の外部表明行為である支払停止の事実を知っていた場合は否認されてもやむを得ず、取引の安全を害することがないと考えられたからである。

　支払停止以降を支払不能状態と推定する規定が設けられているものの、支払停止であっても支払不能ではない場合が理論的には考えられる。この否認類型は支払不能が要件であるから、支払停止があっても支払不能でなかった場合（これは受益者に立証責任がある）は、否認の対象にはならないことに注意が必要である。

　多少細かいことであるが、当該行為によって支払不能となった場合は、この否認類型の否認の対象とはならないことに注意が必要である。条文を読めばわかるように、行為の始期は支払不能「後」でなければならないからである。

　(ウ)　非義務行為の悪意の推定

　偏頗行為の否認は、受益者の悪意の立証責任を否認権者に負担させていて、この点が財産減少行為の否認とは異なっている。弁済を要求するのは、債権者の権利であるから債務者が弁済等の債権の消滅行為をするのは通常であることや、同じ債権者平等原則違反を立法趣旨とする相殺の禁止では相殺は無効と主張する者に手続債権者の悪意の立証責任を負担させているのと平仄を合わせているのである。

　否認の対象となる偏頗行為は、義務行為としてされた場合も、非義務行為

としてされた場合もある。義務行為としてされた偏頗行為の典型例は、弁済期が到来したので弁済したという本旨弁済である。

　非義務行為の場合は、受益者の悪意が推定されている（破162条2項2号、民再127条の3第2項2号、会更86条の3第2項2号。それ以外にも受益者が内部者等の場合も悪意の推定があるがここでは省略する）。これも法律上の事実推定の一例である。

　非義務行為は3種類あり、①行為が債務者の義務に属さない、②行為の方法が債務者の義務に属さない、③行為の時期が債務者の義務に属さない場合である。

　①は、債務の消滅に関する行為には関係がない。債務消滅行為自体は義務に属する行為だからである。これに該当するのは担保供与の義務がないのに担保供与をする場合をいう。

　②は、金銭弁済が義務なのに代物弁済をするような場合や、担保供与の目的物を変更して担保供与するような場合をいう。

　③は、期限前弁済とか、担保供与行為を義務とされる時期より前倒しで行ったような場合をいう。

　危機時期後に倒産債務者がこのような非義務行為をする場合は、相手方の受益者である手続債権者は危機時期であることを知って、抜け駆け的債権回収のため、非義務行為を要求したことに応じて非義務行為をするのが普通だと考えられるから、受益者の悪意を推定することとしたのである。危機時期後の偏頗行為が非義務行為としてされた場合は(2)と重複する場合があるが、要件は多少異なっている。

　否認権者は、悪意の立証に代えて前提事実である当該行為が非義務行為としてされたことを証明すれば、受益者の悪意が推定されるから、受益者が自己の善意を証明してこの推定を破ることができる。

(2) 非義務行為の否認

　既存債務についての担保供与または債務消滅に関する債務者の行為で、当該行為が債務者の義務に属さないか、またはその時期が義務に属さない行為

で、支払不能になる前30日以内にされた行為は否認できるが、受益者である当該手続債権者が、行為当時、他の手続債権者を害することを知らなかったときは否認ができない（破162条1項2号、民再127条の3第1項2号、会更86条の3第1項2号）。

　将来、支払不能になることが予測される段階での偏頗行為を否認の対象としようとするものであるから、この非義務行為によって支払不能となる場合も否認対象となる。

　どうして、このような時期を遡った否認が認められるのかというと、近いうちに支払不能になると自分の手続債権の満足が得られないとわかった場合、抜け駆け的債権回収を目論む手続債権者は、非義務行為をさせても自己の債権の満足を得ようとすることも多く、このような場合も債務超過状態であれば債権者平等原則に反することとなるから、始期を遡らせて否認の網をかぶせようとしたのである。

　この否認類型の非義務行為は、危機時期の否認の場合の悪意の推定規定の前提事実とは多少異なっていて、方法が債務者の義務に属さない場合は、除外されている。方法が変更されただけでは債権者平等を害することがないからである。

　(1)と同様に、支払停止を支払不能と推定されているので、行為後30日以内に支払停止になった場合は、この推定規定を用いて否認をすることが可能となるが、受益者は支払停止があっても支払不能でなかったことを証明してこの推定を破ることができる。

　主観的要件として例外とされる、「他の手続債権者を害することを知らない（受益者に立証責任を負担させている）」という場合の、「他の手続債権者を害する」とはどういう事実なのかはっきりしない。支払不能前の行為を否認対象とするから、知・不知の対象を支払不能とすることはできないので、このような主観的要件が規定されている。これを文言どおり読むと、「他の手続債権者の弁済率を低下させる」具体的な事実ということになるが、多数説は、偏頗行為の否認は支払不能を始期とする債権者平等原則違反の行為を否

認対象としたことから、文言からは離れるが、手続債権者を害することを知るとは、財産減少行為の主観的要件とは異なり、当該行為で支払不能になるか、支払不能が近接した時期であることの認識であるとする。多数説は、この否認類型が債権者平等原則違反行為の始期を、主観的要件を異にするが(1)より遡らせた危機否認（偏頗行為の否認は危機否認とされる）であると考えているのである。

Ⅶ 否認権の行使とその効果

1 否認権の法的性質

否認権の法的性質は、現行法では、「否認権の行使は倒産債務者の財産を原状に復させる」となっている（破167条1項、民再132条1項、会更91条1項）から、否認権は行為の効力を消滅させる形成権であることは条文でも明らかである。

次に、形成権だとすれば、否認権行使によって原状に復させるという効果は、債権的に生じるのか物権的に生じるのかが問題となり争いもあるが、物権的に生じるというのが現在では通説である。契約の債務不履行解除の場合の直接効果説と同じような考え方であると考えればよい。否認権行使による物権的効果が、契約解除の場合は直接効果説と同じように否認対象行為の時点まで遡るのかどうかについては、教科書的な書物には余り書いていないが、契約解除の場合と同様に否認対象行為時点まで遡ると考えられる。したがって、給付物が金銭の場合は、細かいことであるが、受益者は弁済受領時からの遅延利息を付して弁済金を返還することが必要となる（最判昭和40・4・22）。

物権的効果説といっても、その効果は否認権者が代表する手続債権者も含めて否認権者と相手方という当事者間だけに生じるのか（相対的効力）、当事者以外の第三者に対しても生じる（絶対的効力）のかについても、争いがあ

るが、この場合の第三者には、否認対象行為によって受益者に給付された物をさらに買い受けたり、その物を担保に取ったり賃借したりした者など給付物について法律上の利害関係を有する者である転得者も該当するが、転得者に対する否認は特別の類型が定められていて（破170条、民再134条、会更93条）、否認権は受益者ではなく転得者に対して行使することになっているから、相対的効力説が妥当で、それが通説となっている。

2 否認権の行使方法

否認権は、否認の請求、否認の訴え、抗弁という裁判手続で行使しなければならない（破173条1項、民再135条1項・3項、会更95条1項）。否認の請求は決定手続で、否認の認容決定に対しては、判決手続である異議訴訟が提起できる（破175条、民再137条、会更97条）。否認権は手続債権者の利益を代表する管財人等が行使するものであるから、厳格な裁判上の手続による行使を要求しているのである。

否認権者が否認の請求をするか否認の訴えをするかは選択的である。否認の請求は簡易な手続であるが、否認認容決定に不服のある相手方から否認異議訴訟が提起される場合もあるから、相手方が否認を争っている場合は最初から否認の訴えを提起した方が迅速な処理が可能となる。

否認訴訟の訴訟物は、否認権を抗弁として行使するとされていることから明らかなように、否認権の存否を判決理由中の判断とする否認権行使の結果による法律関係の確認訴訟または原状回復に基づく給付訴訟である。

裁判外で否認権を行使することを認める見解もあるが、通説・判例（大判昭和11・7・31など）は裁判外の否認権行使を認めない。もっとも、否認権行使を裁判上で行うことは時間も手間もかかることであり、実務では、否認権の行使を背景にして受益者と交渉を行い、否認権を裁判外で行使したのと実質的に同様の効果を実現する場合が多い。

3 否認権行使の効果

否認権の法的性質を、物権的効力で相対的効力であるという通説に立って、否認権行使の効果を説明する。

(1) 財産減少行為の否認の効果

財産減少行為を否認すると、否認対象行為が最初からなかったことになるから、物権的に原状回復請求権が発生する。つまり、否認対象行為の結果、倒産債務者が給付した物の返還請求権が発生することになる。

(ア) 原状回復

倒産債務者の給付物が特定物の場合は、当該特定物の返還請求権が発生し、金銭の場合は同額の金銭の返還請求権が発生する。この点は、契約解除の場合の原状回復請求権と同じである。たとえば、不動産の廉価販売が否認された場合で、すでに、受益者に当該不動産が引き渡され、所有権移転登記が行われていたときは、否認権者は当該不動産の返還を受益者に請求できることになる、ということである。

(イ) 価額償還請求

給付物が特定物で、給付目的物が他に処分されていたり、滅失したりして現存していない場合は、どのように原状回復するのかが問題となるが、否認権の行使は、結局は倒産債務者の財産の復元ないし増殖にあるから、現物の返還に代わる価額相当額の価額償還請求権が発生するというのが定説である。

この価額償還請求権は、民法上の履行不能の場合の代償請求権とは異なっている。代償請求権は債務者が目的物を処分した場合は処分価額について生じるものとされるが、否認の価額償還請求権の場合はその償還額は実際の処分額ではなく目的物の時価そのものである。

その目的物が不動産などで価額が変動している場合は、どの時点の価額なのかについては諸説があり争いがあるが、判例（最判昭和61・4・3）は、否認権の行使によって原状回復請求権が発生することを理由に否認権行使時

229

の価額であるとしている。有名な判例である。

たとえば、倒産債務者が時価800万円の不動産を400万円で受益者に廉価売却し、否認権行使時には受益者が当該不動産を第三者に850万円で転売してしまっていて、当該不動産の返還が不能となっている場合は、否認権者は受益者に対して当該不動産の価額について価額償還請求をすることができるが、その不動産の時価は否認対象行為時に800万円、受益者が転売したのは850万円、転売時の時価は900万円、裁判上の否認権行使時点の時価は950万円であったとすると、最高裁判決によると、価額償還請求権は950万円だということである。

　(ｳ)　**否認登記**

物権変動の原因となる行為（たとえば、不動産の廉価販売契約締結行為）が財産減少行為として否認された場合、受益者に移転登記がされているときは、その登記（所有権移転登記）の抹消登記の請求ができるかというと、それはできない。否認権行使の効果は相対的だから、抹消登記をするのは妥当ではないからである。

否認登記という独立の登記をすることになっている（破260条、民再13条、会更262条）。

　(ｴ)　**受益者の反対給付の返還**

不動産の廉価販売が否認された場合に受益者が売買代金を支払っていたときなど、受益者が倒産債務者に何らかの給付をしていた場合は、否認によって原状回復請求権が発生することになるが、相手方の原状回復請求権については、双方未履行双務契約の解除の場合の相手方の請求権と似たような規定が倒産法に設けられている（破168条、民再132条の2、会更91条の2）。

否認権の行使で原状に回復させれば足り、それ以上に倒産債務者側に利得を得させることは妥当ではないからである。

現物が存在するときは現物の取戻し、存在しない場合は価額について財団・共益債権として行使できるのが原則であるが、双方未履行双務契約の解除の場合の相手方の請求権とは異なり、倒産債務者が財産処分によって得た

230

金銭などについて隠匿等の処分をする意思を有しており、受益者が倒産債務者の隠匿等の処分の意思を知っていた場合は、一定の範囲で手続債権に格下げされている。双方未履行双務契約の解除の場合よりは多少、懲罰的である。もっとも、相当な対価の取得による財産処分行為を否認しても相手方の請求権を財団・共益債権とすると、否認する経済的な意味がほとんどなくなる（1,000万円の価値ある不動産の1,000万円での売却行為を否認して不動産を取り戻しても、1,000万円を返還しなければならない）ということも手続債権に格下げした理由である。

たとえば、1,000万円の価値のある不動産が500万円で廉価販売がされて、その売買代金500万円が支払われている場合は、廉価販売行為が財産減少行為として否認されると、受益者は当該不動産を返還しなければならないが、支払った500万円の返還を財団・共益債権として行使できるということになる。500万円の支払いと当該不動産の返還は同時履行の関係になる。

(2) 偏頗行為の否認の効果

偏頗行為の効果を消滅させて、債権者平等原則に受益者も服させるような原状回復を行うこととしている。

㋐ 原状回復

否認権者に発生する原状回復請求権については、財産減少行為の否認の場合と全く同じである。

担保供与行為の場合は担保権が消滅するし、債権消滅行為の場合は弁済として受けた物（金銭等）の返還が請求できる。代物弁済等の場合で目的物が処分されたり滅失したりして現物返還ができないときは、価額償還請求をすることになる。価額償還請求は財産減少行為と同じである。

抵当権設定契約がされ抵当権設定登記がある場合に、その原因である抵当権設定契約締結行為が偏頗行為として否認されたときは、抵当権設定登記の抹消請求はできず、否認登記を行うのは財産減少行為と同じである。

受益者の請求権は、債権の消滅行為の場合は債権が消滅するだけで反対給付自体がないから、反対給付の返還請求権自体が発生しない。

(イ) 手続債権の復活

債権の消滅行為の場合は、これによって消滅した債権は、受益者が受けた給付またはその価額を否認権者に償還したときに、復活することとしている（破169条、民再133条、会更92条）。

手続債権の復活時点は原状回復後ということで、返還義務と手続債権を相殺できないようにしている。

条文上は「債権」としか書いてないが、立法趣旨から考えて手続債権のことである。なぜ、手続債権を復活させるのかというと、偏頗行為の否認の趣旨は、債権者平等原則違反の行為の効果を覆滅させて原状に回復して偏頗行為をした受益者も債権者平等原則に服させる、つまり、債権者平等の範囲では受益者も保護するということだからである。

たとえば、偏頗行為として500万円の破産債権の現金弁済が否認されたときは、受益者である当該債権者が破産管財人に500万円を返還した場合に、弁済で消滅した500万円の破産債権が復活する。受益者も500万円で破産配当に参加することができるということである。

代物弁済として特定物が給付された場合は、当該特定物の返還をすればよいが、前記のように、その特定物がすでに処分された等の理由で返還が不能であるときは、その価額の償還をしなければならず、価額償還をした場合に、代物弁済で消滅した手続債権が復活するということである。否認の結果、その一部しか返還ないしは価額償還がされなかった場合は、その返還・償還額に応じた手続債権が復活することになる。もっとも、割合的復活は法律関係を複雑にするから、全部の返還・価額償還がされて初めて手続債権が復活するという見解もある。

担保供与行為の場合は、否認権行使の結果、担保権が消滅するだけで、手続債権である被担保債権は依然として存在しているから債権の復活ということ自体がない。否認権行使時点で担保供与行為による担保権の実行がすでにされていて被担保債権に充当されていた場合は、否認権の相対性から担保権実行の効果は覆滅できないから、充当された給付物（金銭）の返還を請求で

き、その返還がされた場合は充当によって消滅した手続債権が復活すると考えられる。

たとえば、受益者の倒産債務者に対する貸付金500万円を被担保債権として倒産債務者の売掛金債権300万円を譲渡担保に取得した譲渡担保設定契約行為が否認された場合において、否認権行使時に受益者が売掛金債権300万円をすでに取り立てて取立金を自己の貸付金300万円相当分に充当していたときは、売掛金の債務者の受益者に対する弁済の効果は覆滅できず、否認権者は受益者から貸付金への充当額300万円の返還を受けることができ、返還された場合は、充当により消滅した貸付金債権のうち300万円分が復活するということである。

第12章　手続法としての特則

すでに述べたように、倒産法は実体規定と手続規定に大別され、実体規定は民商法などの民事実体法規の特則、手続規定は民事訴訟法等の特則となっている。

第6章から第11章までは、読者の理解の進度を考えて、主に倒産法の実体規定を説明してきたが、本章以降は、主として倒産法の手続規定の説明をすることとする。

倒産法の手続規定は民事訴訟法の特則となっているので、原則となる民事訴訟法の知識がないと理解がかなり困難である。

また、倒産法の手続規定は、民事訴訟法の特則の部分以外に、倒産法独特の規定も多い。

I　手続法の特則

各種の倒産手続の手続的なことについて、一般法である民事訴訟手続と、どのような点が違うのかを簡単に説明する。倒産手続法規は特則だらけで、一般法である民事訴訟法が適用される場面は余りない。

1　会社更生・破産・民事再生と民事訴訟法

会社更生・民事再生・破産では、手続に関する部分は民事訴訟法の特則になっていて、この特則がない部分は民事訴訟法を準用するとなっている（破

13条、民再18条、会更13条)。倒産手続は非訟事件だといわれている。

2　特別清算と非訟事件手続法

　特別清算では、特別清算自体が会社に関する非訟事件の一つであるから、会社法に非訟の項目があって（会社868条から906条）、その中の特別清算の特則（会社879条から902条）という規定になっている。この部分は非訟事件手続法の特則だということができる。

3　訴訟と非訟

　訴訟か非訟かは、相対的なものだといわれている。

　倒産手続は非訟事件だというのが最高裁の考え方で、実務上は確定的な見解である。更生計画認可決定に対して未届債権者の不服申立てを認めないという会社更生法の規定（旧法）について、「倒産手続に関する裁判は、国家の後見的民事監督の作用に属し、固有の司法権の作用に属さないので、その本質は非訟事件の裁判である」ので憲法32条に反せず合憲であるとしている（最決昭和45・12・16）。

　最高裁は、他にも、同じような理由で倒産手続の裁判が口頭弁論をしないから公開されない（憲法82条）ことについても合憲という判断（最決昭和45・6・24。その他多数の最高裁判例がある）をしている。

　このあたりのことは、民事訴訟とは何かという概念的な問題で、どのように考えても倒産法の解釈が分かれるということもなさそうである。

　倒産手続に関する裁判は、公開の対審・判決によらないので、このことが憲法82条に違反するかどうか、不服申立てを法によってしか認めないことが憲法32条の裁判を受ける権利という点が問題となるといえば問題となるのであるが、最高裁は、要するに、憲法32条、82条は訴訟事件（狭義の民事訴訟）についての規定で、倒産事件の裁判は訴訟事件ではなく非訟事件だから憲法には違反しないといっているのである。

　公権力の介入による強制力を持った倒産処理手続は、立法的には、たとえ

236

ば、倒産処理庁といった行政機関を設置してそこで行わせてもよいのであるが、近代法では裁判所が行うのが適していると考えられていて、諸外国でも裁判所が行うとされているから、我が国でも裁判所に担当させることとしているのである。

Ⅱ　倒産手続と判決手続の類似点と相違点

倒産手続と狭義の民事訴訟手続である判決手続を対比すると、明らかに異なるところが2箇所あると思う。

1　類似点

まず、類似点について述べる。

倒産手続にしても判決手続にしても、裁判上の手続であるから、始まりがあり終わりがある。

倒産手続は申立てに始まり、終了事由（終結決定や廃止決定）によって終了する。

判決手続も訴え提起によって始まり、終了事由（終局判決、和解、取下げ、認諾、放棄）によって終了する。その点は同じといえば同じである。

2　相違点その1（手続の流れ）

違いの第1は、手続の流れが全く異なることである。

判決手続は、その目的は実体法上の権利や法律関係の存否の確定で、手続は、①要件事実の主張、認否、②争いのある要件事実については証拠による事実の存否の確定、③確定した事実に法規を当てはめて終局判決、というのが一連の流れで、終局判決に向かって手続は進行していくわけである。和解やその他の事由によって終了する場合もあるが、原則は終局判決で終了である。準備の問題はあるが、裁判所の建物の中で手続は進行していくということになる。

倒産手続は、目的は清算であったり再建であったりするが、手続の節目、節目で、手続開始その他の多くの裁判（全部が決定という裁判）が行われて手続終了（当然に終了する場合もあるが、裁判による場合が多い）に向かって手続が流れて行くことになる。

判決手続は、訴えの提起によって始まるが、手続開始の要件はない（民訴137条の裁判長による訴状却下という点はある）から、訴えの提起によって訴訟手続が始まることになる。

しかし、倒産手続は、手続を開始するかどうかから裁判所の判断が必要である。原則として倒産手続開始の申立てによって倒産手続は始まる。この申立ては、手続開始の決定を求めるものだからである。破産の場合は、開始要件の判断はそれほど難しくはないが、再建型の場合は、再建計画案作成の見込みがないというような棄却事由がいくつかあり、それをクリアーしないと開始されないということになる。

それから、判決手続は判決で目的を達することになるが、権利の実現という点からみると、いかにも中途半端である。権利の強制的実現には強制執行が必要となる。これに対して、倒産手続の方は、どの時点で手続を終了するかということについて、手続ごとに異なっているが、少なくとも、管財人が選任されている手続（会社更生・破産・管理命令がある通常再生）では、再建、清算という目的達成まで手続が続くことになる。つまり、弁済も責任を持ってされるということである。特別清算でも同じである。管財人がない場合は、判決手続と同じように中途半端な状態で終了する。どうしてそのような制度設計になっているかというと、手続の簡易迅速性の要請との関係による。履行の完了まで裁判所が関与するとすれば、時間もかかって迅速性が失われるし、履行監督のための機関を選任しなければならないが、その費用もかかるので、費用倒れになってしまうから簡易性と反するということである。

3　相違点その2（審理方法）

違いの第2は、裁判の審理方法が異なることである。

(1) 審理方法の相違点

判決手続は、私人間の実体法上の権利義務の存否等を確定することが目的である。判決手続は、権利を主張する者と主張される相手方との二当事者で、対審構造がとられている。憲法82条の要請から、手続は主張や証拠調べは口頭弁論期日で公開の法廷で行われる（弁論準備手続での書証の取調べは例外）し、判決の言渡しも公開の法廷で行われる。

私人間の紛争解決であるという目的から、請求（訴訟物）レベルでは処分権主義がとられ、事実の主張や証拠レベルでは弁論主義がとられる。訴訟物は自由に設定できるし、争いのある事実（要件事実）は証拠で証明（存在すると確信できる）される必要がある。いずれにしても、かなり厳密な手続が行われることになっている。裁判は判決という形式で、不服申立方法は控訴、上告ということで三審制が採用されている。

民事訴訟の原則である公開主義と必要的口頭弁論、処分権主義について簡単に説明しておく。

公開主義とは、弁論（事実の主張のし合いのこと）、証拠調べ（争いのある要件事実についてその存否を証明するための証拠を調べること）、判決は公開の法廷で行われなければならない、という原則で、憲法82条による要請である。憲法82条は対審と判決は公開となっているが、弁論と証拠調べが対審ということになる。口頭弁論とは、公開の法廷で両当事者が対席して、裁判所（相手方ではない）に対して、口頭の陳述によって主張事実を提出するという審理方法をいうが、広い意味では、証拠調べを行う場合も含むということである。つまり、判決手続では公開主義から必要的口頭弁論なのである。

処分権主義とは、私的自治の原則から、権利は自由に処分できるから、訴訟の場では請求の内容は自由に設定できるし、訴訟の終了も当事者の自由に任せるという主義である。

これに対して、倒産手続に関する裁判は、主として手続に関するもので、私人間の権利義務を確定することを目的とするものではないから非訟事件だとされていて、対審構造も採用されていない。紛争当事者というもの自体が

239

観念できないからである。債権者が倒産手続開始を申し立てて、債務者が手続開始原因がないと争う場合でも対審構造がとられるわけではない。また、倒産手続に関する裁判は、手続債権者を始めとして多くの利害関係人の権利義務に影響を与えるものである。倒産手続開始で、手続債権者の個別的権利行使は禁止されるし、すでに開始された個別的権利行使の手続は中止されたり失効したりするのが、その一例である。

倒産手続における裁判は、特別清算に関する裁判も含めて、その全部が決定という形式で行われる。なお、裁判とは、裁判所の判断で、裁判には、判決、決定、命令の3種類がある。

判決とは、裁判所が行う請求に関する判断など重要な事項についての裁判、決定とは、裁判所が行う訴訟手続上の付随的事項・民事執行や破産等の迅速性が求められる手続・非訟事件などの裁判、命令とは、裁判長が行う手続上の付随的事項に関する裁判のことである。条文で命令という名称が付される場合（担保権実行の中止命令、特別清算開始命令など）もあるが、決定である。

倒産手続に関する裁判の手続（決定手続）では、法規への当てはめの前提となる事実の存否の確定については、当該事実が証明されなければならない場合（倒産原因の存在）もあるが、疎明（一応真実らしいと思われること）で足りるのが原則で、それを明文で定める場合（否認の請求、役員の責任の査定など）もある。

倒産手続に関する裁判の手続（決定手続）は、迅速性の要請などから、判決手続のように厳密な証拠に基づく事実認定は必ずしも要求されていないということである。

倒産手続は、国家が後見的立場に立つ非訟事件で、権利義務を確定するものではないから、およそ処分権主義とは無関係である。処分権主義の一つの柱である申立主義は必ずしもとられておらず、職権で行える裁判も多いし、請求の放棄・認諾といったこともない。

(2) 任意的口頭弁論

倒産手続に関する裁判は、非訟事件であるから、口頭弁論は任意的（特別

清算は非訟事件で、非訟事件手続法では当然に非公開とされている）である（破8条1項、民再8条1項、会更8条1項）。

民事訴訟の判決手続でも、判決ではない訴訟手続に関する裁判（決定）では、任意的口頭弁論の場合は審尋（公開・対席不要）ができるというのが民事訴訟法の規定（民訴87条）であるから、倒産手続ではこの規定を準用して、口頭弁論を開かないで審尋をしてもよいし、審尋をしなくてもよいということになる。この審尋は当事者の主張を聞くもので、それ以外に参考人等を取り調べる証拠調べとして審尋（民訴187条）も可能である。

口頭弁論も開かないで、審尋もしなくてもよい。裁判所の裁量である。実務では、破産については、かつては、破産手続を開始するどうかについて破産者を審尋していたこともあったが、最近では、債権者申立ての場合以外は破産申立書や添付書類という一件記録で判断する場合が多い。

しかし、倒産手続に関する裁判の中には、決定によって不利益を受ける者の防御等の点から審尋が必要とされる場合もある。必要的審尋を定める倒産法の規定（破産では75条2項・125条4項・174条3項・179条2項など）は、任意的審尋を定める民事訴訟法87条の規定の特則となっている。この場合の審尋は口頭弁論に代わる審尋で主張を聞くものである。

破産免責の手続では、審尋は必要ではないが、実務上は、民事訴訟法87条の準用で審尋手続がとられることもある。

(3) 職権探知主義

倒産手続に関する裁判の判断の前提となる事実の存否の判断をするための資料（証拠）の収集については、裁判所が手続を後見的に行う必要から、職権探知主義がとられていて、利害関係人の主張や提出資料に拘束されないし、裁判所が資料を収集することもできる（破8条2項、民再8条2項、会更8条2項）。

職権探知主義との関係で、弁論主義について簡単に説明する。弁論主義とは、判決の対象である権利や法律関係の基礎をなす要件事実について、要件事実の存否の確定に関する主張と証拠については当事者の責任でやれという

原則のことである。これは、3種類があって、第1に当事者が主張しない要件事実を判決の基礎にできない、第2に当事者間に争いがない要件事実は無条件で判決の基礎にしなければならない、第3に要件事実の認定の資料、つまり証拠は当事者が申し出たものに原則として限られる、ということである。

職権探知主義は弁論主義の反対の概念である。前記の3個を全部否定する。中間的な概念として弁論主義の3個の一部だけが適用される職権調査主義というものもあるという見解もある。倒産手続に関する裁判は、弁論主義の3個の全部が否定される職権探知主義だということである。

倒産手続に関する裁判で職権探知主義がとられる理由は、第1には権利義務を確定をするものではなく対審構造がとられないから、弁論主義を排除してもよいということで、第2には利害関係人に種々の法律効果が生じるから、裁判所は「後見的」に手続を進行しなければならないことである。裁判所は当事者の主張に拘束されることもなく、当事者の提出した証拠資料に限らず必要な証拠資料を収集して判断すればよく、また、判断しなければならない。裁判所は職権探知で必要な裁判をするということになる。つまり、裁判所は自分で資料を集めて判断するということになり、私的自治の原則がある判決手続とは異なり、後見的に手続を進めることになる。

調査の方法は、書記官にさせ（破規17条、民再規15条、会更規14条）、あるいは、管財人や監督委員などの機関にさせることもできる。

要するに、倒産手続に関する裁判では、裁判所は、後見的民事監督の必要から、利害関係人全員のために「私が全部してあげる」といって、申立人が提出した資料だけでなく、判断の前提となる事実の存否を判断するための証拠を自分で集めてきて必要な裁判をしなければならないということであるし、そもそも、申立てがなくとも裁判所自らが職権で行える裁判（決定）も多くある。倒産法の条文を読んでみるとわかるが、「申立てにより又は職権で」とする条文が多い。

裁判の前提となる事実確定に関しては、疎明で足りる場合も多いから、民事訴訟法188条によって即時取り調べることができる証拠によって事実認定

が行われる場合が多い。また、証拠調べの手続は法定されていないから、事実認定は、厳格な証明ではなく自由な証明で足りる。申立書に記載されたことを判断資料にしてもよいのである。

(4) 不服申立て

倒産手続に関する裁判に対する不服申立ては、判決手続とは異なり、不服申立てを認める規定がある場合に限って即時抗告（特別清算の場合も同じ）ができるだけである（破9条、民再9条、会更9条）。

旧破産法では、特別の定めのない限り即時抗告ができるとされていたが、破産法の改正で、民事再生法・会社更生法と同様の規定に改められた。手続の迅速性の観点から、即時抗告ができる裁判を制限しているのである。

もっとも、条文を読んでみればわかるが、即時抗告を認める規定は非常に多い。たとえば、民事再生法は34の裁判手続（決定手続）で即時抗告を認めている。即時抗告を認める規定においても、即時抗告には執行停止の効力がないとして、手続の迅速性を確保するようにしている。たとえば、民事再生法では、条文を詳細に読むとわかるが、34の裁判のうち、裁判に対する即時抗告について執行停止の効力を認めないのは20の裁判である。

民事訴訟法では、即時抗告には執行停止の効力がある（民訴334条1項）から、執行停止の効力がないとする倒産法の規定は、民事訴訟法の特則の一つということになる。だから、倒産法に即時抗告に執行停止の効力を有しないという条文がない場合は、即時抗告で執行停止効があると解釈することになる（民事訴訟法の準用による）が、それほど多いわけではない。

権利義務を最終的に確定する必要がある場合は、倒産法では簡単な特別手続（①手続債権の査定、②否認の請求、③役員の損害賠償の査定の3種類がある）が設けられているが、その裁判に不服があれば不服申立ては即時抗告によることは認められず、憲法上の要請（裁判を受ける権利と公開）から、最終的な権利義務の確定（①は手続債権の存否、②は否認権の存否、③は損害賠償請求権の存否）のために、異議訴訟という狭義の司法作用である判決手続による必要があり、判決手続で決着をつけることになっている。

第13章　手続債権の調査・確定手続の基礎

　手続債権とされる債権は各法律によって異なっているが、倒産手続内で権利行使の対象となる手続債権とされるためには、それをどのようにして決めるのかということが問題となる。

　権利行使は議決権と倒産手続での弁済などがその内容となるが、実際には弁済の場面が主となり、弁済の対象とする手続債権をどのようにして決めるのかということが主目的となる。

I　手続債権の確定方法

　厳格に確定する方法と簡易に確定する方法がある。何を確定するのかということも重要である。

1　実体的確定方法

　厳格な確定方法では、手続債権の届出と調査手続を経て、全届出手続債権者の関与の下で債権を確定させるという方法を採用している。個々の手続債権の内容等について個々的にその存否を実体的に確定する方法で、講学上は、実体的確定型と呼ばれている。

　実体的確定方法は倒産法では原則的な確定方法で、破産・会社更生・通常再生（簡易再生と同意再生を除く）で採用されている確定方法である。いったん、その存在が確定されたら不可争となり、利害関係人である他の手続債権

者は、それを争うことは許されない。

　厳格な確定方法をとるから、存在等が確定しないと弁済（配当）の対象とはされないし、確定手続を放置すると、弁済（配当）を受ける権利を喪失させている。

2　手続内確定方法

　簡易な確定方法は、決議に必要な議決権だけの存否を確定したり（通常再生の特則である簡易再生と小規模個人再生と特別清算）、計画弁済の対象となる手続債権の対象としたり債務の総額の算定基準とする（小規模個人再生や給与所得者等再生）だけで、いずれにしても、個々の手続債権の内容等の存否は確定しないという方法で、講学上は、手続内確定型と呼ばれることがある。

　実体的確定方法を採用すると費用も時間もかかり手続も複雑になるから、簡易・迅速な倒産処理を目的とする種類の倒産手続に、実体的確定方法はなじまないので、手続内確定方法が採用されている。

　手続内確定方法では、個々の手続債権の内容は確定されないから、その存否や額等に争いがある場合は、別途に、紛争当事者（通常は手続債権者と倒産債務者）が個々の訴訟手続で、手続債権の存否を確定することになる。

II　手続債権の実体的確定

　実体的確定型では、手続債権の届出、債権調査、債権の確定という手続で手続債権の内容等を決定する方法をとっている。

1　手続債権の届出

　手続債権者は、倒産手続に参加するためには、裁判所が定めた手続債権届出期間内に手続債権の内容等を届け出なければならない。

　手続債権の届出は、倒産手続法上は裁判所に対して手続債権の確定を求める訴訟行為としての性質を持つが、実体法上の効果は消滅時効の中断である

（民152条）。

　破産では、届出事項は、破産債権の額と原因、優先劣後の別、別除権者は別除権の行使によって弁済が受けられないと見込まれる額などである（破111条、破規32条）。

　民事再生では、届出事項は、再生債権の内容と原因、議決権の額、別除権者は別除権の行使によって弁済が受けられないと見込まれる額などである（民再94条、民再規31条）。

　会社更生では、届出事項は、更生債権ではその内容と原因、優先劣後の別、更生担保権ではその内容と原因、担保目的物とその価額、議決権の額などである（会更138条、会更規36条）。

　裁判所書記官は、各手続債権者の届出事項等を記載した手続債権者表を作成する（破115条、民再99条、会更144条）。

2　届出の懈怠

　実体的確定手続を採用する場合は、正当な事由もなく手続債権の届出をしないときは、手続債権者は、原則として倒産手続で権利行使をする権利を喪失することになる。特に、弁済を受ける権利を喪失することを講学上は失権と呼ぶことがある。

　失権の時期は、破産と民事再生・会社更生では異なっている。破産では債権調査手続の終了時である（破112条1項）が、民事再生と会社更生では手続債権届出期間の満了時（民再95条1項、会更139条1項）である。破産の方が緩やかなのである。

　破産では、配当から除斥される（破195条1項など）。民事再生と会社更生では、届出がない手続債権は再建計画に記載されないから再建計画の認可時点で免責される（民再178条。例外として181条、会更204条）。

　もっとも、民事再生は自主管理型の手続が原則であるから、再生債務者等は未届出の再生債権についてもその債務があることを知っている場合は認否書で自認して計画弁済の対象にしなければならない（民再101条3項・181条

1項3号・2項）とされている。これを自認債権と呼ぶが、再生債務者は債権者に対して公平・誠実義務を負う（民再38条2項）ので、信義則ないしは公平の原則からこのような規定が設けられている。民事再生では再生債権者は未届出でも救済される場合があるということである。

3 債権調査の方法

債権調査の方法は、破産と民事再生・会社更生では多少異なっている。

破産では、破産管財人が各届出破産債権について認否を記載した認否書を裁判所に提出して、認否書に記載された各届出破産債権について債権調査期間内に他の届出破産債権者が書面で異議を述べるという書面調査の方法（破117条以下）と、債権調査期日を開いて破産管財人や届出破産債権者が出席して破産管財人は各届出破産債権について認否を述べ、届出破産債権者は異議を述べるという期日調査の方法（破121条以下）を裁判所が選択することができることになっている。民事再生と会社更生では、再生債務者等・更生管財人が各届出手続債権（民事再生では未届でも自認義務がある）について認否を記載した認否書を裁判所に提出して、認否書に記載された各手続債権について債権調査期間内に他の届出手続債権者が書面で異議を述べるという書面調査（民再100条以下、会更145条以下）の方法だけで、期日調査の方法は採用されていないという点が異なっている。

旧法時代は、債権調査は期日調査方式だけであったが、手続債権者が出頭しないのが通常で、民事再生法制定時（平成12年4月1日施行）に書面調査方式が採用され、会社更生も改正で期日調査方式から書面調査方式になったが、破産では破産債権の早期確定の必要性が余りないので書面調査方式以外に柔軟に対応できる期日調査方式も残したのである。

倒産債務者側以外に他の届出手続債権者にも確定遮断のための異議権を認めているのは、倒産手続では少ない弁済財源を分け合うことから、その分母となる数が少なくなればなるほど一人の取り分が多くなるからである。実際には、他の届出手続債権者から異議が述べられることはほとんどない。その

理由は考えてみるとわかると思うが、他人の手続債権が存在するどうかわからないのが通例だからである。

倒産債務者側が届出事項を認めないことと、届出手続債権者が届出事項（民事再生の場合は届出債権者の届出事項以外に再生債務者等が認否書で自認した債権の内容も含まれる）に述べる異議をまとめて、倒産法では「異議等」と呼んでいる。

4 異議等がないことによる確定

届出事項（民事再生の場合は自認債権を含む）について異議等がなければ、届出のとおりに手続債権の内容等が確定する（破124条1項、民再104条1項、会更150条1項）。

(1) 確定する内容

実体的に確定する手続債権の内容は、破産と民事再生・会社更生では異なっている。

破産では、破産債権の額であるが、民事再生と会社更生では、再生債権の内容、更生債権・更生担保権の内容である。

この違いは、破産では、破産債権は金銭化・現在化によって確定額の金銭債権になるから「債権の額」が確定対象となるのであるが、民事再生・会社更生では、再生債権・更生債権・更生担保権は金銭化・現在化はされないでそのままの状態で確定の対象となっているから、「内容」とされているのである。再生債権・更生債権・更生担保権が額の確定している金銭債権の場合は、債権額もその「内容」となることは当然である。

確定した場合は、手続債権者表の記載は手続債権者全員に対して確定判決と同一の効力を有するという効果がある（破124条3項、民再104条3項、会更150条3項）。

条文には規定がないが、確定の効力は管理命令がない場合の再生債務者、再生管財人、破産管財人、更生管財人にも及ぶとするのが通説である。これらの者が債権調査手続に参加することが必須で、これらの者が債権を認めた

ことが確定の要件の一つになっているので、これらの者に確定の効力を及ぼすことが当然だと考えられるからである。

通常の判決手続における確定判決の効力は、訴訟当事者にしか及ばないのが原則（民訴115条1項）であるが、一定の範囲で確定の効力を利害関係人にも拡張しているのである。

なお、議決権は債権者集会等で決議する際の数額で、実体的確定の対象ではないから、議決権のみの争いは後述の査定申立てや中断した訴訟の受継による裁判手続の対象とはならないが、議決権の額（破産の場合は届け出た破産債権の額）について異議等がなく確定した場合（自認債権は議決権がないから、確定の対象とならない）は、無条件で議決権が行使できるものとし、異議等があって未確定になっている場合は、手続債権届出の際の届出議決権（破産債権の場合は額）に債権者集会で異議がなければその届出額が議決権の額となり、債権者集会で届出議決権に異議があれば裁判所が直ちに議決権の額を決定する（不服申立てはできない）こととし（破140条、民再170条、会更191条）、再建計画案について書面決議をする場合は異議等で未確定になっている場合は裁判所が議決権の額を定めることとしている（民再171条1項2号、会更192条1項2号）。議決権の額を裁判所が迅速に決めてそれに対して不服申立てができないとしているのは、議決権の額の決定のために特別の手続を設けるというような悠長な方法をとっていては、いつまで経っても決議ができないからである。

(2) 確定の効力

倒産法の条文では確定判決と同一の効力があるとなっているが、異議等がなく確定した場合に既判力を有するかどうかは争いがあり、倒産手続内だけの拘束力（当該倒産手続内では争えないという効力で、これを既判力と呼ぶかどうかは用語の問題）であり、既判力はないというのが最近の多数説で下級審の判例（大阪地判平成19・10・12）でもある。多数説に立つと、判決手続における終局判決には既判力があるのとは異なっている。

しかし、手続債権者表を債務名義とする強制執行は明文で認められている

（破221条1項、民再185条2項・195条7項、会更235条1項など）から、手続債権者表の記載には執行力があることは問題がない。もちろん、倒産手続中は強制執行はできないから、倒産手続が終了した後のことである。

なお、民事再生では再生計画による権利変更後の債権の弁済をしない場合は再生手続中でも再生債権者表に基づいて強制執行ができる（民再180条3項）が、会社更生では同様の場合でも更生手続終結決定後でないと強制執行ができない（会更240条）。この違いは、会社更生では管財人が必置の機関で確実に更生計画に基づいた弁済を行うだろうが、再生債務者は公平・誠実義務を負うといっても十分な信用がおける存在ではないから履行確保の一つとして強制執行を認めたということである。

5 異議等があった場合の確定方法

債権調査手続で異議等があった場合は手続債権の確定は遮断されることになる。これを「未確定」と呼んでいる。

届け出られた手続債権の内容や順位に異議等がある場合の手続債権の内容等の存否の確定方法は、裁判手続で行う必要があるが、その方法は2種類に分けられている。執行力ある債務名義・終局判決がある手続債権の場合（「有名義債権」と講学上は呼ばれる）と、それ以外の手続債権（「無名義債権」と講学上は呼ばれる）の場合とでは確定方法が異なっている。届出手続債権の大半は無名義債権である。また、手続債権である租税等の請求権の届出・調査・確定手続は特殊である。

(1) 無名義債権の場合

債権調査手続で異議等を述べられた手続債権者（民事再生では自認された債権者も含まれる）は、異議等を述べた倒産債務者等・届出手続債権者（条文では、これらの者をまとめて「異議者等」と呼んでいる）を相手にして、異議等を受けた手続債権の内容等の確定のため、査定の裁判、査定異議訴訟などの裁判手続で債権の内容等を確定させる必要がある。つまり、文句を言われた手続債権者の方が文句を言った者だけを相手として手続債権の実体的確定を

裁判手続で行わなければならないのである。判決手続では、権利を争われた者はその者を相手に確認訴訟を起こすことになるが、それと同じようなものである。

(ア) 訴訟手続が係属していない場合の確定方法

異議等があった場合の確定方法は、異議等を受けた手続債権者が、当該内容・順位を確定させるために、異議者等の全員を相手方にして、法定の不変期間内（異議等があった調査期日・期間の末日から1月）に、裁判所（当該倒産手続を担当している裁判体のことである）に査定の申立てをしなければならない（破125条、民再105条、会更151条）。

査定の裁判は、倒産手続に関する裁判であるから決定であり、任意的口頭弁論で職権探知主義が適用される。通常の判決手続とは全く異なっている。最初から判決手続で行うとすれば時間がかかって倒産手続の迅速な進行を妨げることから、簡易・迅速な決定手続による債権確定方法を定めたのである。

査定の裁判では、手続債権者表に記載されている事項と異なる主張はできないものとして主張の制限がされる（破128条、民再108条、会更157条）。このような主張制限がされるのは、手続債権者表に記載された事項と異なる事項を裁判による確定手続で争わせることとなれば、異議者等との二当事者間だけの争いになってしまい、全届出手続債権者の関与の下に債権確定をさせるという法の趣旨が没却されるからである。もっとも、手続債権者表の記載と多少でも異なるものは全部認めないとすると、届出期間という限られた時間内に適切な法律構成ができるとは限らない手続債権者に酷であるから、一定程度の変更は認められる。その変更の範囲については広狭いろいろな見解があるが、債権の同一を害さない変更は認めるのが判例（大判昭和11・10・16）である。

確定を求める内容は、倒産手続の相違に従って多少異なっている。破産では、破産債権の額、優先劣後等の順位である。破産では破産債権には優先劣後があるからである。民事再生では、再生債権の内容である。再生債権には優先劣後はないからである。会社更生では、更生債権等の内容で、それには

優先劣後の関係を含む。破産と同じである。査定の裁判では、これらの存否を判断する。したがって、当該債権自体が不存在だと判断したときは、査定申立てを棄却するのではなく0円と査定しなければならない。

　査定の裁判の対象の主たるものは手続債権の存否（狭義の司法作用に属する）であるから、査定の裁判に不服のある者の不服申立ては即時抗告によることはできず、不服の相手方を被告として法定の不変期間内（査定決定の送達を受けたときから1月）に、判決手続である査定異議の訴訟を当該倒産事件が係属する地方裁判所に提起することによって行わなければならない（破126条、民再106条、会更152条）。査定の裁判から判決手続である異議訴訟に移行することになる。主張制限がされるは、査定の申立てと同じである（破128条、民再108条、会更157条）。査定異議訴訟では、判決で、査定決定を認可したり変更したりすることになる（破126条7項、民再106条7項、会更152条7項）から、査定異議訴訟は形成訴訟だと考えられている。

(イ)　訴訟手続が係属していた場合の確定方法

　手続債権に関して倒産債務者を当事者とする訴訟手続が倒産手続開始時点で係属していたときは、この訴訟手続は倒産手続開始で中断する（破44条1項、民再40条1項、会更52条1項）。

　この中断は、民事訴訟法上の中断（民訴124条以下）の一例で、中断とは、訴訟手続の進行が停止することをいう。中断する理由は倒産債務者が当事者適格を失うからではなく、いったん債権確定手続に乗せてみて、異議等で未確定となったときに、中断した訴訟手続を手続債権確定訴訟に転用（利用）するためである。

　したがって、この訴訟手続が中断している場合は、異議等があって未確定になったときは査定の申立てによることはできず（査定の申立てを行ったときは不適法として却下される）、異議等を受けた手続債権者が異議者等の全員を相手方にして中断している訴訟手続の受継の申立てをすることになる（破127条、民再107条、会更156条）。受継の申立ても法定の不変期間内（異議等があった調査期日・期間の末日から1月）にしなければならない。

253

受継後の手続債権確定訴訟は確認訴訟であるとされている（通説・判例）から、受継された訴訟手続は手続債権の確認訴訟として進行することになるので、中断した訴訟手続が給付訴訟であるときは訴えの変更が必要になる（民訴143条）。受継された訴訟が確認訴訟とされるのは、手続債権は倒産手続開始で個別的権利行使を禁止されるから執行力が付与される給付訴訟とする意味がないし、確定すれば手続債権者表に記載され、その記載は倒産手続が終了すれば執行力が付与される（破221条1項、民再185条2項・189条8項・195条7項、会更235条1項・238条6項）ので、給付判決を得る必要もないからである。

異議者等が複数ある場合にその全員を申立ての相手方とするのは、判決の効力は手続債権者・倒産債務者（管財人）の全員に及ぶ（破131条1項、民再111条1項、会更161条1項参照）ことから、合一確定の必要があるので、最初から固有必要的共同訴訟としているのである。固有必要的共同訴訟は、実体法上の既判力抵触の防止の観点から、全員で訴え、または全員に対して訴えなければならない共同訴訟の類型である。だから、一部の者だけを相手にした受継の申立ては却下される。

わかりにくいかも知れないので、以上を事例で説明する。

甲は乙を被告として貸付金200万円の返還請求訴訟を提起して、その訴訟手続が係属中に、被告の乙に対して破産手続開始決定がされたとする。この時点で当該訴訟手続は中断する（破44条1項）。甲は乙の破産手続で貸付金200万円を破産債権として届け出たところ、債権調査手続で乙の破産管財人丙がその全額を認めず、かつ届出破産債権者丁から全額について異議が述べられたとする。

甲は、自己の債権の存在を確定するために、法定の不変期間内に異議者等である丙と丁を相手方として、中断している当該訴訟手続の受継の申立てをしなければならない。その際には、請求の趣旨の変更は訴えの変更であるというのが通説・判例であるから、甲は「200万円を支払え」という請求の趣旨を、「200万円の貸付金債権が破産債権であることを確認する」という請求

の趣旨に訴えの変更をしなければならないし、被告は乙からその法定訴訟担当として破産管財人の丙と異議者丁に変更される。

受継後の訴訟手続で主張制限がされるは査定の申立てと同じである（破128条、民再108条、会更157条）。

なお、債権確定手続で異議等がなく確定した場合は、中断していた訴訟手続は訴えの利益を後発的に失うことになるから訴え却下（訴訟終了宣言判決をする）となる。訴えの利益は訴訟要件で、訴訟要件は口頭弁論終結時にあればよいからである。

前記の例で説明すると、乙の破産手続で甲の200万円の破産債権届出に対して、債権調査手続で乙の破産管財人丙が認め、届出破産債権者も異議を述べなかった場合は、当該貸付金債権の存在が確定するから、中断していた訴訟手続は訴訟終了宣言判決という訴訟判決で終了する。

　(ウ)　**異議等があった場合の不変期間の趣旨**

査定の申立て、査定決定に対する異議訴訟、中断した訴訟の受継には、債権調査期間の末日（破産の場合はそれ以外に債権調査期日、査定異議訴訟は査定決定の送達）から1月という不変期間内という制限がある。破産では早期確定の必要性は余りないが、配当間際になって、突然、裁判による債権確定手続がとられると円滑な破産配当ができなくなるので、民事再生・会社更生と同様の不変期間が設けられたものである。この不変期間（民訴96条・97条）が設けられた理由は、わかると思うが、倒産手続の迅速な進行である。

　(エ)　**無名義債権の場合の異議等に対する確定手続の懈怠の効果**

債権調査手続で異議等があったのに、法定の不変期間内に、査定の申立て・中断した訴訟手続の受継の申立てという債権確定手続をとらなかった場合（実務では意外に多い）の効果については、会社更生では更生債権・更生担保権の届出がなかったものとみなされる（会更151条6項）が、破産と民事再生についてはこれに相当する規定がない。

会社更生では届出がなかったものとして失権することになるが、破産と民事再生では、手続債権者は確定の手段を永久に失うので、「未確定」状態が

255

「確定」してしまうことになる。破産では、配当から除斥される（破198条1項など）し、民事再生では、再生計画案に記載されないから認可決定で免責されることになる（民再178条）。

ただし、不変期間の徒過で異議等の内容どおり手続債権が確定されてしまうのかどうかについては争いがあり、異議者等からされた異議等の撤回がいつまで許されるかという問題もある。不変期間経過も異議等の撤回が許されると考えると、異議等の撤回で手続債権者は救済される可能性があるが、ここでは、この程度にしておく。

　(オ)　裁判による確定の効果の主観的範囲

条文には規定がないが、破産管財人、管理命令のない場合の再生債務者、再生管財人、更生管財人が、査定・査定異議訴訟、中断した訴訟手続の受継での裁判手続の当事者でなかった場合で、その裁判手続が確定したときも、全手続債権者（届出の有無を問わない）以外に、これらの者にも確定の効力は及ぶと考えられている。

　(2)　有名義債権の場合

有名義債権とは、①強制執行ができる債務名義がある債権と、②終局判決がある債権の総称で、講学上このように呼んでいる。

①は直ちに強制執行ができる優越性があり、②は確定判決に限らないが、裁判所が存在すると判断したことから債権の存在に高度の推定力があるので、有名義債権の届出に対して債権調査手続で異議等があった場合は、無名義債権の場合とは異なり、異議者等の方に異議主張のために手続債権確定防止のための訴訟手続を行なわせることとして、異議等の貫徹のための起訴責任を転換している（破129条、民再109条、会更158条）。異議者等が法定の不変期間内（異議等があった調査期日・期間の末日から1月）に確定防止のための訴訟手続をとらなかった場合は、異議等がなかったものとみなして届出事項は確定するものとしている（破129条4項・124条1項、民再109条4項・104条1項、会更158条4項・150条1項）が、確定防止のための訴訟手続の具体的な内容の説明は、民事執行法等の知識が必要なので省略する。

Ⅱ　手続債権の実体的確定

(3)　租税等の請求権の場合

　破産・会社更生では、公租公課は租税等の請求権とされていて、手続債権である公租公課（破産と会社更生ではその内容は異なっている）は、手続債権の届出と債権調査確定手続では特則が設けられている。

　まず、手続債権届出については、裁判所の定める届出期間の適用を受けず、遅滞なく届出をしなければならないとされている（破114条、会更142条）。裁判所に対する破産債権の届出は国税徴収法上の交付要求という方法で行われる（税徴82条）が、裁判所に対する更生債権の届出は通常の更生債権の届出という方法で行う。この違いは、国税徴収法では、破産は民事執行などと並んで強制換価手続の一つと定められているからである。

　次に、債権の調査と確定については、調査手続に関する規定はほとんど適用されず（破134条1項、会更164条1項）、公租公課は公債権で真実性の一応の推定があるところから、その原因が審査請求・訴訟その他の不服申立てができる処分である場合は、管財人は届出があったことを知った日から1月以内の不変期間内に、当該不服申立てをする方法または当該不服申立手続が倒産手続開始で中断している場合はその手続を受継をする方法で、異議の主張をしなければならない、とされている（破134条2項ないし4項、会更164条2項ないし4項）。

　要するに、異議をいえるのは管財人だけで、行政処分に対する不服申立方法のみで異議の主張をしろということで、行政争訟の方法を倒産法に持ち込んだということである。おまけに、行政不服審査法上の不服申立期間や行政事件訴訟法で定められた訴訟提起期間より少ない日数の不変期間が設けられている。

　前記に関連して、①手続債権の届出を行政処分と捉えて不服申立てによる異議主張が可能か、②管財人が租税等の請求権の納付や消滅時効による請求権の消滅を主張する場合はどのような異議主張ができるのか、③不変期間を徒過した場合は届出事項の存在が確定して不可争になるのかといったことが解釈上問題となり、この点について大阪地判平成24・2・17は判断をしてい

るが、この問題は、①を除いて倒産法に関する書物には何も書いていないので、考えてみてほしい。

(4) 更生担保権の確定

会社更生では、担保権を手続に取り込んでいることから、更生担保権の確定をする必要があり、異議等で未確定になった場合は、異議等の理由は、被担保債権の存否というよりは、担保目的物の価額の点であるのが通常であるから、更生担保権の確定も担保目的物の評価が最大の焦点となる。この価額の決定は必ずしも判決手続で行う必要があるわけではなく、借地条件の変更などの裁判手続のような非訟手続で行えば足りることになる。

そこで、会社更生法では、異議等の理由が担保目的物の価額にあるときは、査定の申立てをした日から2週間以内に担保目的物の価額決定の申立てをすることができるものとし（会更153条1項）、価額決定が確定するとその決定額は、当該更生担保権者がした査定申立てや査定異議訴訟を拘束することとしている（会更155条2項）。

Ⅲ　手続債権の手続内確定

簡易・迅速性の要請から債権の調査確定手続を設けず、多数決による決議が必要な場合の議決権だけを確定し、あるいは、再生計画認可要件の基礎となる債権額だけを確定する場合がある。前記のように、講学上はこれを手続債権の手続内確定と呼ぶことがある。

簡易再生（民再170条・171条・211条）、個人再生（民再226条・227条・244条）、特別清算（会社553条）がこの方法を採用する。同意再生は届出再生債権者全員が同意しているから手続内確定の必要もない。

手続内確定がとられる場合は、全手続債権者（届出の有無を問わない）は、再生計画や協定による一般的な権利変更（たとえば90％免除で10％払い）の効果を実体的に受ける（民再215条1項・232条2項・244条、会社571条1項）が、実体的確定の場合とは異なり、未届出でも失権することはなく、計画弁済の

対象から全く排除されてしまうということもない。手続内確定では、個別的な債権の権利変更を個々に受けるという構造にできない以上、計画弁済の対象から排除することは相当でないと考えられたからである。

計画弁済とは、再生計画や協定の条項に従った弁済のことをいう。

1　議決権だけの確定

簡易再生と特別清算の場合は、議決権の確定だけがされる。

簡易再生では、再生債権の届出は必要であるが、債権の調査手続は行われず、再生債権届出の際の届出議決権に債権者集会で異議がなければその届出額が議決権の額となり、債権者集会で届出議決権に異議があれば裁判所が直ちに議決権の額を決定する（民再170条1項本文・2項3号。裁判所の議決権の決定に対して不服申立てはできない）。

特別清算では、協定債権の届出という制度自体がないが、清算開始原因が生じた場合は清算会社は官報で清算会社に対して債権申出を行うことを催告し、知れている債権者には個別に通知しなければならないとされている（会社499条1項）から、それらに基づいて清算会社が協定債権の議決権の額を定める（会社548条2項）が、債権者集会で異議が出ると、裁判所が議決権の額を定める（会社553条）。なお、特別清算では、議決権以前の問題として、知れていない債権者で債権申出期間に債権申出をしなかった債権者は、清算から除斥される（会社503条1項）。

2　計画弁済の対象となる債権としての確定等

個人再生では、申立ての際に提出される債権者一覧表に記載されている再生債権者は債権調査期間の初日に再生債権の届出をしたものとみなされる（民再225条・244条）から、通常は再生債権者の再生債権届出は不要で、また、小規模個人再生では、再生債権の議決権の額の届出も不要とされている（民再224条1項）。議決権の額の届出が不要とされるのは、小規模個人再生の申述の際に要求される債権者一覧表には再生債権の額と原因を記載することを

要求しており、再生債権の額とは民事再生法87条1項1号から3号の債権については一律に金銭に評価した額のことである（民再221条3項1号・5項）から、議決権の額の届出は不要となるからである。給与所得者等再生では、決議自体がないから議決権を考える必要はない。

　再生債務者や届出再生債権者が異議申述期間内に異議を述べなかった再生債権は無異議債権と呼ばれるが、異議がないことによって届出内容の存在が確定されるわけではなく、再生計画の条項による権利変更の結果、原則3年間の金銭分割弁済という再生計画に基づく計画弁済（民再229条2項・244条）の対象となるだけである。

　異議申述期間内に異議があった再生債権については、異議を受けた再生債権者は、異議申述期間の末日から3週間以内に評価の申立てができ、評価という裁判所の簡易な決定がされる（民再227条・244条）が、この決定に対しては不服申立てが認められない。裁判所に評価の決定がされても当該再生債権の存在が実体的に確定するわけではなく、計画弁済の対象となるだけである。

　無異議債権と評価済債権は、小規模個人再生では議決権（民再230条8項）と最低弁済額の算定基礎（民再231条2項）とされ、給与取得者等再生では再生計画案に対する議決が不要であるから最低弁済額の算定基礎となる（民再244条・231条2項）。

　無異議債権および評価済債権以外の債権（みなし届出を含めて届出をしなかった再生債権と異議を受けたのに評価の申立てをしなかった再生債権）は、再生計画によって権利変更をされた上に、計画弁済期間後しか弁済を受けられないという弁済期の劣後化がされる（民再232条3項本文・244条、例外は民再232条3項ただし書）。弁済期の劣後化がされるのは、再生債権の額が増えると計画弁済ができなくなる可能性があるので計画弁済を確実にさせるためである。劣後化の内容については、権利変更後の再生債権を計画弁済期間満了後から再生計画で定められた期間の分割弁済であるとするのが通説である。分割弁済も期限の猶予という点では権利変更の一種であるし、計画弁済期間満了後

の一括弁済だと、劣後化された再生債権が多額の場合は支払いに窮してしまうからである。

3　手続債権の存否の確定

　前記の1でも2でも、手続債権の存否に争いがある場合は通常の訴訟で確定を図ることになるが、訴訟で債権の存在が認められても一般的基準で権利変更がされた後の額や弁済方法によることになる。つまり、手続債権について債権者と債務者に争いがなければ債務者は前記のように支払えばよいが、債務者が債権を認めないときは、債権者の方で債務者を相手取って債権が存在することを前提とした支払いを求めて訴訟などで個別に決着をつけなければいけないということである。

　たとえば、簡易再生で再生債権額についてその元金の80％の免除を受け、免除後の残額を10年間に分割して2％ずつ支払うという権利変更条項の再生計画案が認可された場合は、1,000万円の再生債権があると主張する債権者は、これを争う再生債務者に対して、200万円を20万円ずつ再生計画に定められた弁済期に支払えという請求訴訟を起こすことになる。

　また、小規模個人再生で、評価の申立てをしたが評価されなかった再生債権（弁済期の劣後化の対象外になっている。民再232条3項ただし書）については、当該再生債権者は再生債務者に対して、再生計画に従った弁済を求める給付訴訟を起こすことになる。

第14章　再建型倒産手続の概要

事業者の再建とは何かを具体的に述べ、事業者の再建型倒産手続である通常再生と会社更生手続の概要を述べる。

I　倒産法における再建とは何か

債務の支払いに窮した債務者（事業者）は、まずは再建を考える。再建とは何かについて、簡単に第3章で説明したが、さらに説明する。

再建とは、事業を継続しながら、もう一度やり直しをすることであると一応はいえるが、再建の対象はあくまで「事業であって事業者ではない」から、事業の全部譲渡で事業者自体は清算しても再建といえるのである。

やり直しのためには、事業が破綻した原因を探求し、この破綻原因を除去することが必要であるが、倒産法的には、目の前の債権をいったん棚上げにして、債権者の法定多数の同意によって、再建計画によって手続債権の一部免除等で債務を圧縮し、圧縮後の債務を、他からの借入（スポンサーがいればスポンサーが貸し付ける）・遊休資産の売却・将来の収益等で得た金銭等で債権者に弁済する、という法的手続をいうものと考えておけばよい。

1　再建計画

民事再生の場合は再生計画、会社更生の場合は更生計画と呼ばれていて、その総称を再建計画と呼ぶことにする。会社更生では、多種多様の債権者を

手続に取り込むことから、更生会社の継続企業価値を再配分することが更生計画のスキームである（観念的清算）といわれてきたが、通常再生でも再生計画のスキームは継続企業価値の再分配であるという理念は必要である。

再建計画とは、どのようにして立ち直るかという計画といえば、そのとおりであるが、債権者の譲歩を求める条項が中心となるから、債権の権利変更とは、要するに、債権の一部免除や分割弁済という不利益を債権者に与えることがその内容となる。

それ以外に、会社組織の変更等も会社法の規定に従わないで再建計画の条項で行えるが、その範囲は通常再生と会社更生では異なっている。民事再生の再生計画では資本減少（株式の取得）と新株の割当て（募集株式の募集）というような狭い範囲でしか再生計画の条項で行えないが、会社更生の更生計画では、会社法の規定では行えず更生計画の条項で行わなければならないものが数多くある。

再建とは、抽象的には、債務の一部免除等で債務の一部を切り捨てて、身軽になって事業を継続・再建するということになるのであるが、具体的にはどの程度の債務を圧縮すればよいのかよくわからないと思う。債務者としては、できる限りの債務の免除を受けたいと願うし、債権者としてはできるだけの債務の弁済を受けたいと願うのが当然であるから、債務をどの程度、免除するかは債務者と債権者の利害が正面から衝突する場面になる。

法律上は、再建型の倒産手続では、手続債権の権利変更を法定多数の多数決で行えるものとしている（この点は特別清算も同じ）が、反対債権者の利益保護の観点から、この権利変更は第4章で説明した清算価値保障原則を満たす必要がある（民再174条2項4号）。会社更生には条文はないが当然のことだと考えられている。つまり、破産した場合の破産配当率よりは再建型の弁済率の方が実質的に高くなければならないということである。最後の受け皿である破産よりは増しですよということである。

清算価値保障原則があるので、破産における配当額よりも実質的に多い弁済額が要求されているから、これより多くの免除を受けることは許されない

ことになる。算定は通常は破産配当率と再建計画の弁済率との比較で行われる。

清算価値保障原則を満たしたうえで、どの程度の弁済率（免除率）をどのあたりにとるかは、継続企業価値の再分配という抽象的な理念もあるが、財務知識がなければわからないことである。

2　財務の健全化

まず、理念の問題から考えてみよう。

事業が再建されるためには、まず、再建計画（再生計画・更生計画）で、企業や事業主体の「財務の健全化」がされる必要がある。財務が健全化されないと再建は難しいからである。財務の健全化とは、ひと言でいうと「債務超過状態の解消」である。再建はリフレッシュスタートでなければならないから、債務超過のままではリフレッシュスタートにならないのである。これは会社を設立する場合を考えてみればよくわかる。株式の払込金があると現金という資産ができることになるが、資本金はあっても、債務はないという状態からのスタートである。要するにゼロからのスタートであるがマイナスからのスタートではない。つまり、マイナス（債務超過）からのスタートは最初からハンディを負わされることになるから、再建としてのスタートとしては余り意味がないといえるのである。

再建とは、大ざっぱにいえば、債務者の資産を帳簿価格から時価に評価し直して、その時価評価額（事業を継続するものとして評価したものが原則で、その総額は継続企業価値ということもできる）と負債の差額を債務免除の対象とすれば債務超過状態を解消することができ、その資産相当額を前記の方法で弁済していくということである。

もっとも、財務の健全化は理念的なもので、法律で要求されているわけではない。再建計画の遂行が可能（つまり、一部免除後の債務の弁済ができる）かどうかだけが、再建計画の認可の要件となっている（民再174条2項2号、会更199条2項3号など）だけである。実際上は、諸般の事由から債務超過の

ままの再建計画が策定されることもある。

3 税金の問題

　次に税金の問題である。債務超過を解消するためには超過部分の債務免除を受けなければならないのであるが、この債務免除は税法の観点を抜きにしては考えられないものでもある。

　法人税は所得（儲け）に対する税金である。所得は収入（益金）から収入を得るための経費（損金）を控除した残額のことであり、この所得に対して法人税等が課される。益金とは経済的な利益をいうものであるから、債務免除は債務の支払いを免れるという経済的利益を得ることになるので税法上は益金となる（債務免除益という）。だから、債務免除を受けた場合は、そのままでは税金の対象（法人税等の実効税率は40％弱程度）となり、債務免除を受けても税金を支払うことになっては債権者の犠牲で国や地方公共団体が税金で儲かるということになり、債権者は何のために債務免除に応じたかわからなくなってしまう。そこで、債務免除益を消さなければならないことになる。債務免除益を消すためには、資産を評価し直して実際上の価格と帳簿上の価格との差を資産の評価損として損金とすることによって、債務免除益と資産の評価損や繰越欠損金（今までの会計年度ごとの損失分）とを相殺（損益通算）する必要がある。

　税法では、資産は取得価格を帳簿価格とする原価主義をとっていて、評価替えによる損金算入を認めず（法人税法33条1項）、減価償却費を除き、実際に資産を売却してみて売却損が出なければ損金とは認めないのが原則であるが、納税者が倒産手続に入った場合は、資産を売却しないでそのままで評価替えを行って評価損が出ればそれを損金とすることを認めている（資産の種類によっては評価損を認めないが）。つまり、1億円で土地を取得したという例で考えると、法人税法上の原則では土地の帳簿価格は1億円であり土地には減価償却がないから、他に1,000万円でしか売却できなかったとすると、売却してはじめて差額9,000万円が損金となるという原価主義であるが、再

建型の倒産手続においては、この土地が工場用地などで事業継続に必要不可欠な場合は処分することができないから、原則である原価主義の下では再建は税金の面（債務免除益の課税を受ける）で覚束ないということになる。そこで、法人税法では、再建型の倒産手続に入った場合は、評価替えによる損金算入を認めることとしている。つまり、この例では、この土地を処分しないで土地の取得価格1億円を取得価格1,000万円に評価替えをしてその評価による差額9,000万円を評価損として損金とすることを認めているのである（法人税法33条2項・3項）。一種の時価会計を法人税との関係で認めたようなものである。

評価損の額と繰越欠損金の額は、債務免除を受けても債務免除益との損益通算ができて、その通算部分（相殺部分）は課税が起きないから、税金問題は債権者が債務免除に応じる一つの目安になるということになる。

評価損と繰越欠損金の額より債務免除益の方が少ない場合（債務の免除率が低い場合にこのようなことが生じる）は、現在は、法人税法上その差額は最大限7年間繰り越すことができる（法人税法57条1項）から、差額に満つるまで利益（所得）があっても法人税等は支払わなくてよいが、一部免除後の要弁済額は多くなるということになる。

II　再建・清算の選択基準

再建を選択するか清算を選択するかの基準は、債務者の事業に収益力があるか、あるいは、収益力を回復できるかどうかである。

事業に収益力があるということは、簡単にいえば、その事業を行うことによって儲けが出るということである。儲けが出ないような事業は事業として無価値である。儲けが出るということは所得があるということで、収入から経費を引いた額がプラス（黒字）になるということである。

事業をすればするほど損をする、つまり赤字になるような事業は債権者に迷惑をかけるだけで、事業としては価値がないということになる。清算した

方が債権者の利益になる。

Ⅲ　通常再生

第3章でも少し述べたが、多少詳しく説明する。

事業者（企業）の民事再生手続は、民事再生法施行時の再生手続であるので「通常再生」と呼ばれる。事業者が自然人（個人）で債務の額が少ない（5,000万円以下）場合は、「通常再生」以外に通常再生より簡易迅速な「小規模個人再生」も利用者による選択が可能であるが、小規模個人再生は通常は消費者（事業を営まない自然人）が利用する制度であるから、ここでは説明を省略する。

通常再生は、法人・個人を問わず誰でも利用できる再建手続であるから、民事再生法は、利用者の実情に応じて種々のメニューを用意している。

1　再生債務者の業務遂行・財産の管理処分権の観点からの分類

(1)　自己管理型

再生債務者は業務遂行権・財産の管理処分権を失わず、裁判所が直接、必要な監督を行う方法で、DIP（ディップ）型とも呼ばれる。DIP は、debtor in possession－占有債務者の略語で、民事再生法の制定論議の頃から盛んに言われるようになった。

棄却事由の有無の調査のために調査委員が選任される（公認会計士が多い）場合が多い。

管財人も監督委員も選任されないから、再生手続は再生計画認可決定の確定で終了する（民再188条1項）。

実務では、札幌地裁等一部の庁だけで行われている。

自己管理型といっても、裁判所は監督しないわけではなく、許可を要する事項を指定したり（民再41条）、必要な資料を提出させたりして必要な監督

は行うことになる。

(2) 後見型

再生債務者は業務遂行権・財産の管理処分権は失わないが、裁判所が監督命令（民再54条以下）で選任した任意の機関である監督委員の監督を受ける方法である。

後見型と呼ばれるが、監督委員は民法の後見人と同様の立場に立つわけではない。裁判所は監督委員を監督する。

監督委員の職務は、要同意事項に対する同意・共益債権化の許可に代わる承認、裁判所から命じられた事項の調査・認可後は再生計画の履行の監督・裁判所から権限を個別に与えられた事項に関する否認権の行使などである。裁判所から命じられた事項の調査の主たるものは、開始棄却事由の有無、提出された再生計画案に対する不認可事由、手続廃止事由の有無である。

裁判所の監督機能を監督委員に代行させているというように考えればよい。

再生手続自体は、遅くとも再生計画認可決定確定後3年の経過で終了する（民再188条2項）。

実務では大半の庁（地裁）で原則として行われているが、各地裁ごとに運用は微妙に異なっている。弁護士の監督委員は財務の知識が疎い場合も多いから、公認会計士の補助を受けて調査をすることも多い。

(3) 管理型

管理命令（民再64条以下）によって管財人を選任して、再生債務者の業務遂行・財産の管理処分権を奪って、これを管財人に行使させる方法である。

法人である再生債務者の管理処分が失当である場合や、必要な場合に、裁判所の選任した第三者機関である管財人がこのような権限を行使するので管理型と呼ばれている。

再生手続は、再生計画の遂行が原則として完了するまで終了しない（民再188条3項）。

管理型でも裁判所は許可を要する事項を指定する（民再41条）などして管財人を監督している。

2 債権確定方法の違いの観点からの分類

　第13章で説明したが、倒産手続に参加できる再生債権をどのような方法で決めるかという問題である。通常再生では、実体的確定型（原則）と例外型（簡易再生・同意再生）に分類される。

　(1) 原則型

　再生債権の実体的確定を行う原則型で、実体的確定の概要は第13章で説明したとおりである。

　(2) 簡易再生・同意再生

　簡易再生は通常再生の例外型で、再生債権の届出は必要であるが債権調査や確定の手続は省略するという方法である。手続内確定の概要は第13章で説明したとおりである。

　簡易再生は、迅速に手続を進行させるために実体的確定方法をとらないということに法定多数の再生債権者が同意している場合の特則である。簡易再生は、届出再生債権者の総債権について裁判所が評価した債権額の5分の3以上の届出再生債権者が、再生債務者の提出した再生計画案に同意し、債権の調査確定手続をとらないことを書面で同意している場合に、再生手続中に裁判所が決定で行う（民再211条）。

　同意再生も通常再生の例外型である。全届出再生債権者が再生計画案に同意し再生債権の調査確定手続をしないことに同意していることが要件である（民再217条）から、再生計画案に対する決議はされないし、同意再生の決定の確定で再生計画認可決定の確定とみなされる（民再219条）。全再生債権は一般的基準で変更されるのは簡易再生と同じである。

　実務では、簡易再生や同意再生はほとんどない。簡易再生は、簡易迅速に再生を進めるために創設された和議型の手続であるが、簡易再生のために再生債務者は再生債権者の同意を取り付ける必要もあり、一般の通常再生が当初の予想よりは迅速に手続が進行することがわかったので、簡易再生を行う必要性がほとんどなくなったからである。同意再生は、前記の要件を満たす

ような事件はほとんどないからである。

3 再生計画

再生計画は、民事再生の根幹である。

弁済原資の調達方法の観点からは、収益弁済型、スポンサー型、清算型に分類できる。

収益弁済型は、スポンサーがつかない自主再建型で、再生債権だけではなく共益債権や一般優先債権も含めた弁済原資を将来の収益でまかなうというかなり苦しい方法で、再生債権については認可決定確定から原則10年間（民再155条3項）という長期の分割弁済型になる。

スポンサー型は、スポンサーが再生債務者を100％減資と新株発行という方法で傘下に入れて、弁済原資をスポンサーの出資や借入金でまかなうという楽な方法で、通常は一括弁済型になる。要するに、再生計画による権利変更後の再生債権の弁済をスポンサーからの資金で肩代わりしてもらうという方法である。ボランティアでスポンサーになるのではなく、経済的利益が見込まれるからスポンサーになる。スポンサー型の場合は、事業譲渡（民再42条・43条）という手法を採用する場合もある。100％減資と新株発行は再生計画の条項で行うことが可能であるが、この条項は再生債務者のみが提出でき（民再166条の2第1項）、管財人は提出できないので管理命令があるときは法律リスクがあるし、簿外負債がある等で法人税法上、債務免除益を繰越欠損金や資産の評価損で吸収できないという財務リスクがあるという場合などにとられることが多い。

清算型は、再生手続を開始してみたものの再建できないから、その手続を利用して資産を売却して弁済原資にあてるという、清算を再生手続で行うという失敗型で、通常は一括弁済ないしは換価の進度により複数回の分割弁済型ということになる。

(1) 再生計画の条項

再生計画の条項は、再生計画案に必ず記載しなければならない絶対的必要

的記載事項(民再154条1項1号・2号)、所定の事由がある場合には必ず再生計画案に記載しなければならない相対的必要的記載事項(民再154条1項3号・2項・158条・159条・160条1項)、再生計画に記載するかどうかは任意であるがこれらの条項を再生計画案に定めた場合は再生計画認可決定の確定で効力が生じる任意的記載事項(民再154条3項・4項・160条2項)の3種類がある。

再生債権者にとって最大の関心事である再生債権の権利変更条項について簡単に説明する。まず、権利変更の一般的基準(一般条項と呼ぶこともある)を定める必要がある(民再154条1項1号・156条)。一般的基準は、再生債権者の権利について、債務の減免、期限の猶予その他の権利の変更の一般的な基準を定めることであるが、第4章の債権者平等原則の項で述べたように、形式的な平等を原則とするが、衡平な差を設けることも可能である(民再155条1項ただし書)ことから、実際には権利変更条項を策定することは意外に難しい。

簡単な一括払いの一般的基準の例を挙げてみる。

「 1 再生債権の元金並びに再生手続開始決定日の前日までの利息および遅延損害金合計金のうち10万円までの部分は免除を受けず、10万円を超える部分は、再生計画認可決定確定日に80%の免除を受ける。

 2 1による権利変更後の債権額を、再生計画認可決定確定日から2カ月以内に支払う。

 3 再生手続開始決定日以降の利息および遅延損害金は、再生計画認可決定確定日に全額免除を受ける。

 4 再生債権者甲の再生債権については、甲の同意を受けて、再生計画認可決定確定日に全額免除を受ける。」

というようなものである。

1は、少額債権について優遇した条項、3は、実質的な劣後再生債権について劣後化した条項、4は、当該再生債権者甲の同意を得て再生債権を劣後

化した条項で、いずれも民事再生法155条1項ただし書の衡平を害しないと例示された差を設けているものである。4は、実際上は再生債務者の経営者等の再生債権をその同意を得て劣後化する場合に用いられる。甲の同意は再生計画認可決定が確定することを停止条件としている。それなら、甲は最初から再生債権の届出をしなければよいだろうという疑問も生じるが、甲は再生計画案の決議で同意する必要があるし、経営者として道義的な責任をとったというアナウンス効果もあるから、このような処理が行われるのである。

　再生債権が非金銭債権である場合は、権利変更の一般的基準の定め方はかなり難しい。教科書類にはほとんど書いていない。たとえば、請負代金全額を先払いしているのに300万円分の残工事を残したまま請負業者に民事再生が開始されたとする。この場合の残工事完成請求権は作為請求権で非金銭債権である再生債権であるが、前記の例のように、金銭債権について80％の免除を受けて残額20％を一括払いするという一般的基準を作るときは、残工事完成請求権をどのように権利変更して弁済するのかということである。権利変更は他の再生債権者との間の平等が要求されるから、残工事完成請求権を金銭債権300万円に変更したうえで一般的基準を適用するとか、残工事の評価額の80％相当額の金銭を、再生債権者が再度、再生債務者に支払うときは、残工事を完成するとかの条項を作ることになる。

　再生債権が停止条件付請求権や将来の請求権の場合の一般的基準の定め方も難しいが、停止条件の成就まで権利変更を留保して、停止条件が成就したら通常の一般的基準を適用するといったような定め方をする。特に、敷金返還請求権の場合は、共益債権部分も生じる（民再92条3項）し、敷金額から未払賃料等を控除した残額に権利変更をするのか、敷金額について権利変更してその残額から未払賃料等を控除するのかという問題もあるが、敷金返還請求権の判例からみて前者の権利変更によるとするのが通説である。一般的基準の策定は難しい。

　一般的基準を各再生債権者の債権額に当てはめて、具体的な免除額と弁済額を定めた個別の権利変更条項が必要となる（民再157条）が、手続内確定型

（簡易再生）の場合は権利変更の一般条項だけで個別条項は不要である。というより、手続内確定型の場合は個別の債権額が実体的確定していないから個別の条項は作れないからである。

　再生債務者が株式会社の場合には、株式の取得等の一つである減資と募集株式を引き受ける者の募集である新株発行については、会社法の規定によらないで、裁判所の許可と再生計画の条項で行うことが可能である。株主総会の決議に代えられるということである。裁判所の許可には債務超過会社であるなどの要件がある（154条3項・4項・161条・162条・166条・166条の2）。

　第2章で述べたように、債務超過の場合は株主の財産的権利は価値がなくなるから、株主は再生に協力しようとしなくなる場合も多いので、株主総会における決議ができなくなるから会社法の特則を設けたのである。前記のように、スポンサー型では、スポンサーは再生債務者の株主となって再生債務者を支配すること、つまり、100％減資と新株の発行で唯一の株主となることを要求するから、株主が少数で協力するという特別の事情でもない限り、この再生計画の条項を定めることが必要になる。

(2) 再生計画案の決議と認可

　再生計画案は債権者集会や書面による投票という方法で決議され、議決権の総額の2分の1以上で、かつ、債権者集会に出席した再生債権者（書面投票の場合は投票者）の過半数の同意があれば可決される（民再172条の3）。可決のハードルは、特別清算や会社更生（会社554条1項、会更196条5項）に比べて非常に低い。

　可決された場合、裁判所はその再生計画案について、不認可事由がないときは、再生計画認可決定をする（民再174条1項）。不認可事由は、①再生手続または再生計画が法律の規定に違反し、かつその不備を補正することができないとき、②再生計画が遂行される見込みがないとき、③再生計画の決議が不正の方法によって成立するに至ったとき、④再生計画の決議が再生債権者の一般の利益に反するとき（民再174条2項1号ないし4号）である。

　①は再生計画の権利変更条項が債権者平等原則に反するような場合など、

②は権利変更後の再生債権の弁済ができそうにない場合など、③は特定の再生債権者に利益を供与して同意させたような場合など、④は清算価値保障原則に反する場合などがその例である。不同意再生債権者の権利保護が、不認可事由を定めた趣旨である。

再生計画認可決定は即時抗告の対象となり（民再175条）、確定することによって再生計画は効力を生じる（176条）。

(3) 再生計画認可決定確定の効果

再生計画認可決定確定の主な効果は、実体的確定型では、①再生計画に明示されない再生債権は全部免責される（民再178条、例外が181条）、②再生計画の明示された個々の権利は権利変更条項によってその内容が変更（一部免除や弁済期の猶予など）される（民再179条1項）ということであるが、手続内確定型では、再生債権は再生手続参加の有無を問わず権利変更の一般的基準で権利変更されるだけ（民再215条1項）で、実体的確定型のように免責されるわけではない。

いずれにしても、権利変更の効果は、保証人や物上保証人には及ばない（民再177条2項）。効力が及ぶとすると、何のために保証や物上保証がされたのか意味がなくなるからである。民法の附従性の例外で、このような規定は、倒産法ではどの手続にもあり通有的なものである。

Ⅳ 通常再生手続の流れ

通常再生の手続の流れを、原則型を前提に、管理命令は発令されず、監督委員が選任されて、再生手続が中途で挫折して廃止決定を受けることなく終結決定に至る場合を想定して、簡単に説明する。会社更生の手続の流れは通常再生に比べて多少時間がかかるが、手続の流れ自体は通常再生と概略同じである。

1　手続の開始

再生手続は開始決定ではなく、申立てによって開始される。

申立ては書面で行わなければならない（民再規2条1項）。

裁判所によって取扱いは異なるが、申立ての前に事前相談と称して申立書を提出させてその不備の補正を促す一方で、監督委員となる弁護士に監督委員の就任を打診するという根回しをする裁判所が多い。

2　保全措置と監督命令

申立てと同時に保全命令の申立てが行われるのが通常であるが、申立てがなくとも裁判所は職権で保全命令が発令できる。実務では、申立日に弁済・担保供与禁止の仮処分が発令されることが通常であるが、発令が多少遅れる場合もある（民再30条1項）。特別の事情でもない限り、財産の仮差押えをすることはない。破産とは異なり、債権者が財産を無理矢理持って帰ろうとはしないからである。保全命令は、再生債務者に対する債務の弁済禁止（申立日前の原因による債権が対象で一部の債権について除外している）・担保提供禁止の仮処分がその主たるものであり、これで弁済は実際上ストップすることになる。弁済禁止の仮処分で事実上弁済ができなくなるという点は、アメリカで採用されているオートマティックステイ（申立てによる自動停止）と効果は余り変わらないことになる。

弁済禁止の仮処分で除外される債権は、通常は、①公租公課、②労働債権、③公共料金、④少額債権などである。どうしてこのような債権を除外するのかというと、①と②は開始後は一般優先債権となり随時弁済しなければならない、③は共益債権になる（民再50条2項）か事業継続のための必要不可欠な経費である、④は開始後は再生債権となるが手続外弁済が可能となる（民再85条5項）からである。除外された債権を支払っても、偏頗行為として否認されることはない。

弁済禁止の仮処分に違反してされた弁済は、当該債権者が弁済受領時にこ

の仮処分を知っていた場合は弁済の効果を主張できない（民再30条6項。したがって、不当利得として再生債務者に返還しなければならない）ものとして、弁済禁止の仮処分に実効性を持たせるようにしている。

民事再生法26条1項の保全段階の中止命令は、先行する他の手続（強制執行など）は余りないし、早期の手続開始により当然に中止や失効になる（民再39条1項）から、発令される事案は余りない。

申立てがされると、信用情報が流れるし、再生債務者も債権者に申立ての事実を連絡することが多いので、現場は債権者が駆けつけたりして一時混乱する場合も多い。

申立て後2、3日から1週間程度で、再生債務者による債権者説明会（民再規61条）が開催されることが多く、ここでは、監督委員もオブザーバーとして出席して、再生債務者（の代理人）から債権者に申立てに至る経緯や今後の再生手続について説明がされる。説明会場は公共施設等が使用されることが多い（どこでしなければならないと法律で定められているわけではない）が、寝耳に水の債権者（大半がこれで、申立て前に債権者に相談していると抜け駆け的に債権回収をされる危険性が高いから、相談しないのが普通である）の中には激怒する者もいて会場が混乱することもあるが、債権者説明会は再生債務者の謝罪と債権者のガス抜きの場でもある。

事業は当然のことながら継続される。事業を継続させるためには、従来の取引先（仕入先や売り先など）との取引の継続が必須のものになる。再生債務者から材料や商品等を購入している先は、再生債務者が倒産しても債務弁済の義務はあるし、再生債務者からの供給される材料・商品などが急になくなると困ることになるから、取引の継続に応じることが多い。仕入先など再生債権者は、弁済禁止の仮処分で債権が実質的に棚上げされ多くの回収を望めないのに、取引の継続に応じる場合も多い。その理由は、取引をやめると他に販路を探すことは容易ではないから、取引を継続して今後の販売による利益で倒産による損失をカバーしようとすることや、当該債権者に所得がある場合は、倒産によって受けた損失分は税法上の損金となり、損失の一部を

税金に転嫁できるからである。

　大半の庁では、同時に職権（申立てがあればそれでもよい）で監督命令も発令する（民再54条以下）。裁判所が再生債務者を直接監督する（民再41条参照）ことはなく、詳細な要同意事項を定めて、民事再生法120条１項の許可に代わる共益債権化の承認権限を監督委員に与えて（同条２項）、実際上の監督は裁判所から監督委員に丸投げされる。監督委員は就任直後から監督と調査を開始するが、最初は監督命令にある共益債権化の許可に代わる承認や裁判所が定める要同意事項の同意が職務の主なものである。

　共益債権化の許可に代わる承認がなぜ必要かというと、こういうことである。一つは、運転資金の問題である。当面の運用資金が不足する場合は事業継続にはスポンサー等からの借入が必要となるが、開始決定があるとその貸付金も手続開始前の原因に基づく請求権であるから再生債権になってしまうので、そうなっては誰も運転資金を貸し付けようとはしなくなるから、この貸付金を共益債権化する必要があるということである。次に、取引先との取引の継続の問題である。申立て後手続開始までの間に生じた債権についての弁済（保全命令では禁止されていないことに注意）が手続開始時時点で完了していないときは、その債権も再生債権となってしまうが、そうなっては、従来の取引先は、処分禁止の仮処分で債権回収ができなくなったうえに、申立て後も取引継続に応じてさらに再生債権の額を増やすことになってしまうから、誰も申立て後の取引に応じなくなるので事業の継続が困難になる。だから、申立て後手続開始までの事業継続に欠くことができない取引で生じた再生債権は手続開始までに弁済してしまえばよい（この弁済は偏頗行為の否認対象とはならないと考えられる。その理由は考えてみてほしい）が、取引のシステムである弁済期の関係で、手続開始時点で弁済期が到来していないことから弁済がされない場合がある（商取引は現金取引ばかりではないのである）ので、その再生債権を共益債権化する必要があるということである。

3　開始決定

　裁判所は、申立書やその添付資料で開始原因と棄却事由がないと判断できる場合は早期に（申立てと同時でもよいがその場合は保全処分は不要となる）、ある程度の調査が必要な場合（棄却事由の存否の調査）は、監督委員に簡単な調査をさせてその意見を聞いて（民再125条3項。通常は文書での報告を求めている）、棄却事由がないと判断すれば再生手続開始決定をする（民再33条1項）。

　棄却事由（民再25条各号）のうち、問題となるのは、「再生計画案の作成の見込みがないことが明らかである」という事由（民再25条3号の一部）である。再生計画では再生債権の一部でも弁済する条項が必要だから、再生債権に優先する一般優先債権や共益債権の額が多くて再生債権への弁済ができない可能性が高い場合がこの事由に該当するというのが教科書的な説明であるが、そんなことは当然で、実際には、事業継続ができるかどうかが、この事由の存否の判断の重要な要素になる。事業継続できなければ再生計画案の策定が覚束ないからである。

　開始の効力は決定時点から生じる（民再33条2項）。即時抗告はできる（民再36条1項）が、執行停止の効力は生じないということと同じである。倒産手続開始決定は決定時から効力が生じるとするのが倒産手続に共通する考え方である。迅速に手続を進める必要があるからである。

　申立てから開始決定までの期間は、実務的には、1週間から3週間程度である。

4　同時処分

　開始決定と同時に、裁判所は、再生債権届出期間、認否書の提出期限、調査期間等を決める（民再34条）が、再生債権者には再生手続開始の通知書（民再35条3項）と再生債権届出書が送付される。再生債権届出書を送付することは、法律上の要請ではないが、法定の届出事項（民再94条）を記載させ

て届出に遺漏がないようにするためである。

再生債務者に対しては、財産の管理状況等に関する定期報告義務が課せられるのが通常である。これは民事再生法125条2項に基づく命令である。

5　報告書等提出と再生債権届出

開始後1カ月程度で、再生債務者は、開始時の財産目録や開始に至った事情等を記載した報告書を裁判所に提出する（民再125条1項）。

この報告をさせるのは、裁判所が後見的な役割を果たすためには不可欠な情報であり、利害関係人の謄写・閲覧の対象にして（民再16条1項）、情報を公開して手続の透明性を図るためである。

同じ頃に再生債権届出期間が満了する。

6　債権調査

再生債務者は届出のあった再生債権と自認債権について認否書を作成して裁判所に提出する（民再101条）。

すでに述べているが、自認債権の制度は、破産や会社更生にはない民事再生に特有の制度で、信義則上、届出がない再生債権でも再生債務者が知っているものは自認して再生計画による弁済の対象にしなさい（民再101条3項）ということである。

実務では自認債権は意外に多い。再生債権者の中には、債務者が倒産すれば債権回収はほとんどできないから面倒な届出をしてまで権利行使はしたくないと思う者もいるからである。

届出再生債権者から認否書に記載された事項について異議が述べられる（民再102条1項）ことは、実務ではほとんどない。

7　再生計画案の提出

再生債務者は、裁判所が定めた期間内に、再生計画案を策定して裁判所に提出する（民再163条1項）。再生計画案を提出することは再生債務者の義務

である。再生債権者も再生計画案を提出することができる（同条2項）が、実務上はほとんど例がない（ゴルフ場の民事再生で会員が再生計画案を提出した例がある程度）。

提出期限は、民事再生規則84条1項では、原則として債権調査期日の末日から2カ月以内とされているが、実務ではそれより早い時期が提出期限として定められることが多い。提出期限は開始後に定めてもよいが、手続の迅速な進行のために開始決定時に定めておくのが実務である。

このあたりまでは、再生債務者は債権者の協力を受けて事業の継続をしながら、各種の義務を履行しなければならず、非常に忙しい。

8　付議決定

実務では再生計画案が提出されると、2週間から1カ月後に、当該再生計画案に対する監督委員の不認可事由（民再174条2項、ただし3号は除かれる）の有無などに関する報告書が裁判所に提出される。この報告は、民再125条3項に基づく命令である。どうしてこのような内容の調査命令が出されるのかといえば、裁判所は提出された再生計画案に不認可事由があるときは、決議に付する決定ができず（民再169条1項3号）、決議に付するに足りないという要件も満たすことになり、廃止事由（民再191条2号）があるから、直ちに再生手続廃止決定をしなければならないからである。この判断資料を得るために監督委員を調査機関として活用するのである。

裁判所は、監督委員の報告書等を重要な資料にして、再生計画案を債権者集会等の決議に付するかどうかの判断をして、決議に付する場合は、その付議決定を行う。

裁判所は、付議決定をする際には、決議方法を決める必要があり、決議は書面による方法と債権者集会を開催して賛否を問う方法とその併用型があるが、裁判所が裁量で決める（民再169条2項）。

付議決定に対する不服申立ては認められていない。

集会決議と書面決議は、それぞれ一長一短がある。最初は集会決議が原則

であったが、最近では否決される可能性が低い場合は書面決議を行うことも多くなっている。債権者集会をすると、会場（裁判所の法廷などは広くなく多数の債権者を収容できる設備がない）の手配や、手間がかかるので、郵送で処理ができる書面決議の方が簡単だからである。

9　再生計画認可決定

　債権者集会や書面による決議で、再生計画案に対する法定多数の同意が得られたら可決になるので、裁判所は不認可事由がないときは再生計画認可決定を行う（民再174条1項）。

　実務では、監督委員の調査等で不認可事由がないことが確認されて付議決定がされているから、債権者集会方式では可決されると直ちに会場の再生債権者に意見を聞いた上（民再174条3項）で、認可決定が行われるのが通常である。書面方式でも可決が確認されると直ちに認可決定を行っている。

　再生計画認可決定に対しては即時抗告ができる（民再175条1項）し、再生計画は認可決定の確定によって効力が生じる（民再176条）。

　再生計画認可決定は、主文と理由の要旨を記載した書面を再生債務者・届出再生債権者等に送達しなければならない（民再174条4項）が、送達に代えて官報公告をすることが可能である（民再10条3項）。また、即時抗告期間は送達を受けた場合は1週間である（民再18条、民訴332条）が、送達に代えて官報公告をした場合は公告の日から2週間である（民再9条）。

　通常は官報公告を行うので、再生計画認可決定があってそれが確定するまでは、官報公告の申込みから公告までの期間も勘案すると、再生計画認可決定の確定は最短でも再生計画認可決定から3〜4週間程度後になる。

10　再生計画の遂行

　再生計画認可決定が確定すると、再生債務者は再生計画を遂行しなければならない（民再186条1項）。

　再生計画の遂行の内容は、再生計画で定めた権利変更後の再生債権の弁済

が主な内容であるが、それ以外の組織等に関する条項が定められたとき（民再154条3項・4項）は、その履行（民再183条・183条の2）をしなければならない。

監督委員が選任されているので、監督委員が履行の監督を行う（民再186条2項）。

11 再生手続終結決定

監督委員が選任されているので、認可決定確定後3年間が経過したとき、または、その前に再生計画の遂行が完了すればその時点で、裁判所は再生手続終結決定をする（民再188条2項）。

この終結決定は裁判所の義務である。再生手続終結決定に対しては不服申立ては認められていない。

再生手続終結決定で再生手続は終了するが、再生計画による分割弁済が残っている場合は、再生債務者は権利変更条項に従った履行を続ける必要があることは当然である。

再生債務者が債務の履行をしない場合は、再生債権者の申立てによって、一定の要件で、裁判所によって再生計画の取消決定がされることがあり、再生計画取消決定が確定すると、再生計画の条項で権利変更された再生債権は原状に復することになる（民再189条1項・4項・6項・7項）。再生計画の取消しは、履行確保の一つの手段になっている。

V 会社更生

今まで、随所に会社更生に関する説明をしてきた。

民事再生と異なる会社更生の特色は、①その適用が株式会社に限られ、それも大規模の会社を対象とすることが想定されていて、厳格で強力な手続であるが、手続が複雑で相当の時間と費用がかかること、②管財人が必ずおかれるので、経営者は原則として放逐され、外部の管財人が会社に入ってきて

手続の透明性が確保されること、③担保権者も更生担保権として手続に取り込まれているので担保権の実行が禁止され、その権利を更生計画で変更できること、④一般の優先債権も手続に取り込まれて、手続外での権利行使は禁止されるが、公租公課と労働債権の一部は共益債権とされて一定の配慮があること、⑤手続債権である更生債権・更生担保権の確定手続は実体的確定型のみであること、⑥更生計画では資本・組織の組み替えが予定されていて、開始後は会社組織に関する重要な事項は株主総会や取締役会で決定できず、更生計画の条項によらなければならないこと、⑦民事再生の再生計画では会社法の規定によらないで行えるのは再生債務者の株式の取得と募集株式を引き受ける者の募集に関する定めだけであるが、更生計画では、それ以外にも組織変更・合併・会社分割・株式交換・事業の譲渡などが行えること、⑧更生計画の履行が確実と認められるまで手続が続くので、履行の確保ということを余り考える必要がないこと、などである。

　最大の相違点は、第三者の管財人が手続を遂行することと、株式会社の資本と組織の組替えが必須になっていることである。会社更生では、財務だけでなく、会社組織もリフレッシュスタートの対象となるということである。

　手続の流れ自体は、民事再生と余り異ならない。

　会社法の知識も充分でない段階では難しいし、随所に会社更生に関する説明を横断的にしてきたので、この程度にしておく。

第15章 清算型倒産手続の概要

事業者の清算型倒産手続である事業者破産手続と、株式会社の簡易な清算型手続である特別清算手続の概要を述べる。

I　倒産法における清算とは

　清算とは、一般的には貸し借りの結末をつけることであり、法人の場合は、法人が解散したときにその後始末のために、財産関係を整理することとされている（広辞苑）。

　倒産法で扱う事業者の清算とは、これよりは狭く、経済的に破綻した事業者が、その財産（破産では破産財団と呼ばれる）を換価して、債権者に法律上の順位に従って公平な弁済をすることによって、債務者の事業活動に終止符を打つ手続をいう。

　破産では、債務者が法人の場合は、各法律で破産手続の開始決定が解散事由とされている（一般社団法人及び一般財団法人に関する法律148条6号、会社法471条5号など）ので清算手続に入ることになるが、破産手続が清算手続に代置される（会社475条1号かっこ書参照）。破産では、破産債権に配当する原資がない場合は手続外債権である財団債権の按分弁済で破産手続は廃止（異時廃止。破217条1項）され、破産手続は終了するが、破産債権に配当する原資がある場合は配当を終了してから終結決定（破220条）で終了する。

　いずれにしても、破産では、弁済されなかった債務は民事再生や会社更生

のように手続内で免責される（民再178条、会更204条）わけではなく残存することになる。しかし、通常は破産手続の終了で当該法人は清算が結了して法人格は消滅し、債務者が消滅するから債務も消滅する（最判平成15・3・14）。ただし、他に連帯債務者・保証人・物上保証などがある場合は消滅の効果は及ばない。明文の規定があるわけではない（免責の場合は明文の規定がある。破253条2項、民再177条2項、会更203条2項、会社571条2項）が、そのように解されている。保証の附従性の例外である。

特別清算は、解散して清算に入った株式会社の債務超過の場合等の清算手続の特則を定めたもので、負債を残したまま清算を結了することはできないから、資産を超過する負債の部分を個別和解や協定という法定多数の同意で一部免除を受け、資産を換価して一部免除後の債務を弁済していくという、清算の特別手続であると考えておけば大体間違いはない。

II 事業者破産

事業者用の破産と消費者用の破産は、破産法では民事再生のように区別されていないが、その運用は全く異なっている。

事業者の場合は、なにがしかの財産は持っているのが普通であるから、破産手続が開始されると破産管財人が選任される（管財事件と呼ぶ）のが通常である。

財産を全部換価してみて、財団債権全額の弁済ができる場合は破産債権に対して配当され（配当事件と呼ぶ）、財団債権全額の弁済ができない場合は、財団債権に対して破産法の定めに従った按分弁済がされ（財団債権にも順位がある。破152条）、配当はされない（異時廃止事件と呼ぶ。破217条1項）。

破産管財人の業務の大半は、破産財団に属する財産の換価に費やされる。預金や生命保険等は解約し、在庫商品や有価証券等は処分し、不動産は担保権者と交渉して別除権の目的である財産の受戻しによる任意売却をし、債権は取り立てて現金化するということである。簡単に換価というが、実際には

なかなか大変な作業である。

1　配当事件

　破産手続が開始されると、破産管財人は破産財団（破産者の手続開始時の財産）に属する財産の換価を進めながら、破産債権の届出・調査・確定手続を経て、財団債権の弁済後の配当原資を破産債権に順位に従って同順位の債権者に平等に強制的に按分弁済をするという配当（破193条から215条）を行う。

　通常再生や会社更生では、手続債権者に対する弁済原資がないというようなことは通常は考えられない（このような場合は再建計画案が立案できないから最初から再建型の手続を選択しないし、申立棄却事由になる）が、破産では管財事件で配当ができるのは3割程度しかない。

　破産債権の確定手続は、通常再生・会社更生と同じ実体的確定手続がとられるが、債権調査の方法は書面調査以外に期日調査の方法も可能である点が期間調査だけである民事再生や会社更生と異なる点である。

　配当は、中間配当、最後配当、追加配当があるが、通常は最後配当1回切りで、それも、大規模な破産事件はほとんどないから、最後配当に代えて簡易配当（破204条以下）・同意配当（破208条以下）という簡易な配当方法がとられる場合が多いが、簡易配当をしないで最後配当を行う裁判所もある。

　配当は、破産法上の破産債権の順位に従い、同順位の破産債権に対する全額の弁済ができない場合は債権額に応じた金銭による按分弁済をすることであるが、実際には手続はかなり時間がかかって面倒である。

　まず、破産管財人は配当の許可を受けると、どの債権者の債権にどれだけの額の弁済をするかという書類（配当表）を作成して裁判所に提出する（破196条など）、それが配当の前提となる。この配当表に対して破産債権者は異議を述べることができ、異議があれば裁判所は異議について裁判（決定）をしなければならないし、それに対して即時抗告もできるから確定しなければ配当の実施ができない（破200条など）。この異議期間は最後配当をするという官報公告の日（または破産債権者に対する通知が到達したとみなされる日）か

ら起算される除斥期間の経過後1週間である（破200条1項）。あれやこれで、順調に進行しても配当表の提出から配当の実施までは2、3カ月程度はかかるのである。

　順調に最後配当手続が進んだ場合の経過は、①破産管財人は最後配当の許可を受けてから配当表を作成して裁判所に提出する。②通常は官報公告をするので官報公告の申込みをする。官報公告までは3週間程度かかる。③官報公告がされると、最後配当の除斥期間が開始する（除斥期間は破198条で2週間と定められている）。④除斥期間経過後1週間で配当表に対する異議期間が満了する。⑤異議期間が満了して配当表が確定したら、破産管財人は各破産債権者に宛てて配当額の通知（破201条1項）と配当金の支払方法（実務では破産債権者に配当金を取りに来させると事務が大変なので原則として銀行振込にするので振込先を記載した回答を受けるから、配当額の通知後2週間程度先の日を配当実施日とする）の通知を発する。⑥その2週間程度後の日に配当を実施する（大半が銀行振込）という手順になる。つまり、事務処理用の余裕日2週間を見ても10週間程度はかかるということである。官報公告に代えて届出破産債権者全員に対する通知の方法（破197条1項）をとるとすると、2週間程度の短縮が可能である。

　簡易配当や同意配当は多少手続を省略できるので、破産管財人は事務手続が楽なのであるが、時間的にはそれ程の大きな短縮にはならない。せいぜい1カ月程度の短縮に過ぎない。

2　異時廃止事件

　破産手続を遂行する費用はあるが、破産財団の換価総額では財団債権の弁済原資に足りない場合に、破産手続を廃止によって終了させる方法である（破217条）。

　管財事件の7割程度が異時廃止事件である。異時廃止が多い理由は、破産の場合は民事再生とは異なり、最後の最後まで債務者がジタバタして、どうしようもなくなって破産に至ったときには、配当原資となるだけの財産が残

っていないという場合が多いからで、破産管財人が破産財団に属する財産を換価して得た現金も、財団債権となる管財人報酬以外は未払公租公課の額（大半が財団債権である。破148条1項3号）に満たないということになるのである。配当できるか異時廃止になるかは、破産申立書の添付書類である債権者一覧表と財産目録（破規14条）を見れば、その記載が不正確でない限り予想がつく。

　異時廃止になる場合は配当ができないから、破産債権の調査確定手続をとることは、時間と費用の無駄であるから無意味である。だから、破産法は、異時廃止になる可能性が高い場合は、開始時点で、破産債権届出期間と債権調査期日・調査期間の指定をしないことができることにして（破31条2項）、手間を省くことができるようにしている。

　異時廃止には破産債権者からの意見聴取も必要である（破217条）し、配当終了による破産終結にしても、異時廃止による終了にしても、破産管財人の任務が終了するから、破産管財人の任務終了による計算報告が必要になる（破88条）。計算報告とは、破産管財人が破産財団に属する財産を換価してどのように現金を得たか、その現金を財団債権や破産配当としてどのように支払ったかという収支の報告のことである。

　破産法の規定では、異時廃止決定確定後に財団債権を按分弁済するようになっている（破90条2項）が、そのような悠長な方法では迅速性に欠けるので、財団債権の按分弁済を行った（破152条）後に破産廃止とするのが一般的な運用である。

III　事業者破産手続の流れと手続運用

　簡単な配当事件の破産手続の一般的な手続上の流れは、①破産申立て、②破産手続開始、③破産管財人による破産者の財産（破産財団）の換価、④換価と並行して配当の対象となる破産債権の届出・調査確定手続の実施、⑤配当、⑥任務終了の計算報告、⑦終結決定による破産手続の終了、ということ

になる。破産管財人は、開始後は、必要に応じて契約関係の処理や否認権の行使等を行う。

破産は倒産手続の最後の受け皿であるから、支払不能など開始原因があれば再建型にあるような複雑な棄却事由もなく、簡単に破産手続が開始されるし、開始後の手続も、清算が目的であるから会社更生や民事再生に比較すると特に難しいものはない。

破産法では、手続の迅速化・簡素化の観点から開始から終了までいろいろな手続のメニューを定めている。

破産法は、管財事件（配当事件、異時廃止事件）の場合、財産状況報告集会を開催するかどうかの選択、債権調査に関して期日調査か書面調査かの選択、手続開始決定時における債権調査期日（書面調査の場合は期間）および債権届出期間の指定をするかどうかの選択、配当ができる場合の配当手続の選択（最後配当・簡易配当・同意配当）、任務終了の計算報告集会・破産廃止の意見徴収集会を開催するかどうかの選択が認められているので、どのような手続運用をするかは、破産法の範囲内で裁判所の裁量に委ねられているから、各地の裁判所は、それぞれの実情に応じた運用基準を定めて運用をしている。

1　財産状況報告集会

破産管財人が倒産に至った経緯やどのような財産状況にあるかを報告する債権者集会を財産状況報告集会と呼ぶ（破31条1項2号・158条）。

この集会を開催するかどうかは裁判所の裁量によるが、開催される場合が多い。民事再生では、財産状況報告集会を開催するかどうかは裁判所の裁量による（民再114条・126条1項）が、実務上は開催されていないのと対照的である。その相違の理由は、民事再生では再生債務者が債権者説明会を開催する（民再規61条）ことによって財産状況報告集会の代わりが可能であるが、破産では規模も大きくないので破産管財人に集会で換価状況等も報告させて情報公開をすることとし、債権調査期日と同時開催にして、裁判所が破産管財人に対する監督をする（要するに、換価作業を迅速に行えと黙示の督促をす

る）ことに実際上の目的がある。

2 破産債権の調査方法

　破産では、債権調査の方法は調査期日を開催して行う破産管財人と出頭した届出破産債権者が認否・異議を述べるという期日調査と、前もって届出債権と破産管財人の認否書を開示（といっても裁判所まで見に行かなければならない）して届出破産債権者が異議期間中に異議を述べる書面調査の選択が可能である（破31条1項3号・117条から123条）が、期日調査を行う例が多いようである。

　破産では早期に破産債権を確定する必要性は高いものではない（配当までに確定すればよい）が、期間調査では調査期間の延長は認められないので失権（配当から除外される）の時期が固定化される（破112条1項）から、必要に応じて調査期日を続行・延期しながら失権の時期を弾力的に運用するというのが期日調査をする理由である。調査期日の続行・延期は調査期日で裁判所が言い渡せば、関係人への送達や公告は不要とされている（破121条10項）ので手間がかからないのである。

3 破産債権の届出

　破産債権届出期間を開始決定時に指定することが原則であるが、指定しないことも破産法上は可能である（破31条1項・2項）。異時廃止になる事案は配当ができないのであるから、配当の前提となる破産債権の調査や確定手続をする手間が無駄なので、開始時点に配当が可能と見込まれる場合だけ破産債権届出期間を指定して破産債権の届出をさせることとし、それ以外は指定しないこと（予想に反して配当が可能になれば、届出期間を指定すればよい。同条3項）にして破産債権の届出を不要としている。

4　配　　当

　破産財団に属する財産の換価が全部完了したときは、最後配当をしなけれ

ばならない（破195条1項）が、最後配当が可能な場合は、同意配当（破208条）、簡易配当（破204条）も選択できる。

　破産法上はどの方法でも裁判所が選択すればよいのであるが、早期配当と裁判所や破産管財人の手間がかからない順にいうと、同意配当、簡易配当、最後配当の順になる。

　同意配当は、届出破産債権者全員が配当内容について同意している場合にしかできない（破208条1項）から、債権の存在について争いもなく破産債権者の数も少ない簡単な事件の場合しかできない。

　簡易配当は、中間配当をしていない場合に選択できる（破207条）が、簡易配当には、①開始時異議確認型、②少額型、③配当時異議確認型の3種類がある（破204条1項）。

　①の開始時異議確認型（破204条1項2号）は、破産手続開始時点で、配当をする際には簡易配当をすることとするが、それに異議がある場合は異議期間内（調査期間の満了時か調査期日の終了時）までに異議を述べなさいという簡易配当の方法である。異議期間内に異議があると、この簡易配当はできない。

　②の少額型（破204条1項1号）は、最後配当が可能となった時点で、配当の原資が1,000万円に満たないと認められる場合の簡易配当の方法で、簡易配当に対する異議は述べられない。

　③の配当時異議確認型（破204条1項3号）は、相当と認めるときに利用される簡易配当の方法であるが、最後配当が可能となる時点で行える簡易配当である。異議がある場合はこの簡易配当の許可は取り消されて（破206条）、本来型の最後配当をすることになる。配当時異議確認型は、条文では「相当と認めるとき」となっている。簡易配当の方が最後配当より簡易迅速であるから常に相当であるということになるが、異議が出れば最初から最後配当をしなければならないので時間のロスが生じるから、「相当」とは、「異議が出る可能性が低い」ことをいうのである。

　簡易配当を選択する場合は、①の開始時異議確認型は採用せず、配当財源

が1,000万円未満の場合は②の少額型、1,000万円以上の場合は③の配当時異議確認型を選択するという運用をする裁判所もある。開始時異議確認型を採用しないのは、開始時異議確認型は、配当ができるとしても配当率も配当時期も不明である手続開始時点で官報公告と知れている破産債権者に通知をすることが必要で、破産債権者からの配当についての問合せに裁判所や破産管財人が対応するのが面倒だというのが理由である。

この運用以外に、簡易配当によらないで最後配当をする運用をしている裁判所もあるし、開始時異議確認型で運用をする裁判所もある。運用次第である。

5 異時廃止に関する意見聴取と任務終了の計算報告

破産手続の早期終了のため、開始時に職権で異時廃止に関する意見聴取集会（破217条1項）と任務終了の計算報告集会（破88条3項）を招集することとして（前者は破217条1項、後者については破135条2項による職権招集である）、その期日を指定しておいて、終了まで延期するという運用をする裁判所もある。これらの期日の延期については、期日に延期を言い渡せば、関係者の呼出しや官報公告は不要とされる（破136条4項）から裁判所には手間がかからない。

始まった時点で手続終了のための集会を招集しておくことは気の早い話であるが、財産状況報告集会の期日までに換価が終了して財団債権に按分弁済しているとき（破152条による）は、早期終了のため、一挙に全部の集会を開催して、異時廃止で破産手続終了ということにするのである。

異時廃止の場合は廃止決定の確定で破産手続が終了する（破217条8項）ので、破産管財人の任務が終了するから、廃止決定の前提となる破産廃止に関する意見を聴取する集会に、なんで任務終了の計算報告集会も招集するのか意味がわからないと思うが、計算報告集会は破産廃止決定が確定することを停止条件として開催することになるのである。

財産状況報告集会期日まで換価が全部終了しない場合は、当日は財産状況

報告集会だけをしておいて、換価と財団債権の弁済が終了する時期を管財人と打ち合わせ、その日以降の近い時期に意見聴取集会と任務終了による計算報告集会の期日を延期するという運用をすることになる。

6 開始から終了までの期間

破産の場合は民事再生や会社更生とは異なり、破産財団に属する財産の換価は確実に行うが、破産債権の届出から始まる調査手続がなされないまま終わることもあるので、簡単に終了する場合が多い。簡単な異時廃止事件の場合は開始から3カ月程度で終了することも多いのである。

手続の迅速化は倒産手続運用の眼目であるが、破産では、民事再生・会社更生とは異なり、開始原因の判定も難しくないので簡単に破産手続が開始され、手続開始直後から破産財団に属する財産の換価が行われて、否認等の難しい法律問題が起きることも少なく、民事再生・会社更生の再建計画の立案というような面倒な作業もなく、決議しなければならない必要的決議事項もないので、換価と配当が面倒なだけで、消費者倒産手続のように定型的な流れ作業のように処理ができるわけではないが、民事再生や会社更生に比べて終了までの時間は長くはないのである。また、破産管財人は、財務知識も必要ないから一定の法律知識があれば特別の専門知識がなくてもできる業務である。

Ⅳ 特別清算

これまで、随所に特別清算に関する説明を横断的にしてきた。

特別清算は、破産予防を目的とした手続で、簡易な清算型の倒産手続である。もっとも、全額弁済型でも利用される場合（一部の債権者が清算手続に協力しないので清算手続の遂行に著しい支障がある場合―開始事由の一つである）もあるから、必ずしも倒産手続であるとまではいえないが、債務超過の場合が大半である。

法文上は解散して清算に入った場合に、債務超過の疑いがある等の開始原因がある場合に特別清算手続が開始されることになっている（会社510条）が、実務では、特別清算手続をする目的で解散決議を行うのが普通である。

　すでに述べたように、特別清算の利用上の特色としては、特別清算が税金対策として利用される場合が多いことである。

　特別清算と破産との主たる相違点は該当箇所ですでに述べているが、整理すると以下のとおりである。

　①破産では、裁判所が選任する破産管財人が財産の管理処分権を有して（破78条1項）破産手続を遂行するが、特別清算では、清算人（会社478条）が引き続き（特別）清算人となり手続を遂行する。ただし、特別清算人には公平・誠実義務が課せられるし、清算事務を適切に行わないときは裁判所に解任され新たな清算人が選任される（会社523条・524条）。

　②破産では、破産管財人以外に監督委員や調査委員といった任意機関はないが、特別清算ではある（会社522条・527条から534条）。特別清算では、裁判所は清算人を直接選任するものではないから、通常再生と似た任意機関を選任して監督や調査をさせることにしているのである。

　③手続債権の調査・確定手続は、破産では、実体的確定がされる（破124条1項）が、特別清算はこのような調査・確定手続はなく、協定の決議のために債権者集会が招集された場合に、議決権に異議があるときは裁判所が議決権の額を決定する（会社553条）だけである。

　④破産では、破産管財人は否認権（破160条から176条）の行使ができるが、特別清算では、否認制度がない（否認回避のために特別清算が申し立てられる場合もないではない）。

　⑤破産では、破産債権には配当までは弁済ができないが、特別清算では、開始後も協定債権に按分弁済することが可能である（会社537条。実際には弁済は協定後にされる場合が多い）。なぜ按分弁済かというと、通常は債務超過で債権者平等原則があるからである。

　⑥破産では、配当がされるだけで破産債権の権利変更は行われないが、特

別清算では、個別和解や協定で協定債権の権利変更が行われる（会社564条・565条）。

第16章　消費者倒産手続の特色

消費者倒産の特色について概観する。

I　消費者とその倒産原因

　倒産法には消費者の定義規定はないが、これまで何度も述べたように、消費者とは、「事業を営まない自然人」をいうとされている。事業者以外の個人のことである。

　消費者契約法では、個人で事業としてまたは事業のために契約の当事者となる場合以外の者を消費者と呼んでいる（消費者契約法2条1項）。倒産法でいう消費者と消費者保護法でいう消費者とは多少概念が違っている。

　消費者の倒産原因は、事業者倒産とは異なり、たった一つだけで、種々の原因で支出が収入より多くなり、その不足分をサラ金・クレジットという小口金融業者等から借り入れた結果、債務弁済に窮して経済生活が破綻するということである。要するに、「収入に見合った消費生活ができなかった」ということが唯一の倒産の理由である。そのようになった原因は、不況やリストラなどで収入が減少したこと、不時の出費、ギャンブルや贅沢な生活などで支出が増えたことなど様々である。

　消費者倒産の原因は、このように単純なもので、事業者倒産の原因が、取引先の倒産、急激な不況・技術の陳腐化などによる売上げの減少、放漫経営など、複雑な要因が絡んでくるとの対照的である。

Ⅱ 高利金融に対する規制

消費者倒産は、サラ金・クレジットという高利の小口金融業者からの借入等が嵩んで経済的に破綻する状態をいうので、消費者倒産を勉強する上で、最低限度必要な現行の金利に関する法律知識を説明しておく。最近の改正で、高利金融の規制は非常に強化されたといえる。

1 利息制限法

改正前の1条では、元金が10万円未満の場合は年2割、10万円以上100万円未満の場合は年1割8分、100万円以上の場合は年1割5分を超える利息の契約は無効とするが、それを超える利息を債務者が任意に支払ったときはその返還を請求できないとなっていた。また、同法4条では遅延損害金の利率は前記の率の1.46倍を超える部分は無効であるが、債務者が任意に支払ったときは返還を請求できないとしていた。

ところが、判例は、同法の制限を超過する利息・損害金の支払いに関して、債務者が任意に支払った部分は、当然に残存元金に充当される（大判昭和9・11・18）とし、さらに元金充当の結果、元金が完済になった後に債務の不存在を知らないで支払ったときは、超過支払部分は不当利得として返還請求ができる（最判昭和43・11・13）として、民法491条の法定充当の処理を行うことにより、利息制限法の任意支払いの場合は不当利得とならないという規定を実質的に変更している。判例による立法そのものである。

実務運用は、この判例を前提にして行われていた。改正利息制限法（平成22年6月18日施行）は、判例の考え方に従って、任意支払いの場合はその返還を請求できないという同法1条2項、4条2項規定を削除したので、このような解釈問題はなくなっている。

2　貸金業法

従来の名称は、「貸金業の規制等に関する法律」であるが、平成19年12月から、「貸金業法」と改められた。サラ金等の貸金業者を規制する業法で、無理な取立行為の禁止や弁護士の介入通知があった場合等の債務者に対する取立行為を規制している。

従来は、同法43条では任意に支払いがあり業者が一定の書面を債務者に交付したときは、利息制限法の制限を超過する利息の支払いは有効な利息の支払いとみなすこととなっていたが、43条で要求される書面を債務者に交付することは貸金業者には手数がかかることから実際上は行われていないし、最高裁判決（平成18・1・13）が期限の利益喪失約款の下での支払いの任意性を原則否定したため、この43条のみなし弁済の規定が適用される場合はほとんどなくなったのである。

平成22年6月18日に施行された平成18年12月の改正法では、この43条が削除されたので、みなし弁済自体がなくなっている。

3　出資法（出資の受入れ、預り金及び金利等の取締りに関する法律）

同法5条では、金銭を貸し付ける者が年109.5％を超える利息の合意をしたときや、貸金業者が年20％（この率は73％、54.75％、40.004％、29.2％と順次引き下げられてきた）を超える利息の合意をしたときを、刑事罰の対象としている。平成22年6月18日施行の改正で、29.2％から20％まで引き下げられた。利息制限法と平仄を合わせたのである。

4　サラ金の利息

従来は、サラ金業者は、貸金業法によって利息制限法を超える利率で年29.2％までの利率で貸付を行っていて、利息制限法を超過する部分を俗に「グレーゾーン」と呼んでいた。

出資法で年29.2％までは出資法の刑事罰の対象にならないが、利息制限法を超過する金利（通常は上限29.2％）の合意は民事上は不当利得になる（貸金業法43条の要件を満たせば有効とされていたが、最高裁は非常に厳格な要件の解釈を行っていて43条で有効とされることはほとんどなかった）ので、利率は、黒（刑事罰）とも白（利息制限法に違反しない）ともいえないから、グレーゾーンと呼ばれていたのである。このグレーゾーン金利と元金を支払っていると、利息制限法による引き直し計算をすれば、どんどん元金にグレーゾーン金利分が充当されて、元金がなくなっても支払い続けることになり、過払いとして不当利得となる。前記のように、貸金業法・出資法等の改正で、平成22年６月18日から貸金業法43条が削除されて、出資法も上限が年20％まで引き下げられたから、元金10万円までの貸金業者の貸付に関してはグレーゾーンがなくなった。

5　過払金

ここ数年は、従来の法律によるサラ金業者を相手とする不当利得（過払金）返還訴訟が急増している。10年もサラ金等を利用している場合は不当利得の金額は100万円を超えることも珍しくない。グレーゾーン金利が撤廃されたといっても、改正法は遡及しないから当分の間は過払いが生じることになるから、ここ数年はまだ過払問題は残ることになる。

サラ金業者は、従来の法律による山のような過払金返還請求を抱えて、現在では、貸金業法の総量規制（年収の３分の１を超える貸付を原則禁止）もあって、あまり儲からない商売になっているようである。小口の消費者金融は金融機関も最近では参入してきているし、サラ金業者は貸倒れの可能性が高いからリスクヘッジとして高金利を取っていたのであるが、そんな金利は取れなくなったし総量規制もできたことで、今後は儲からない商売になったということである。銀行の傘下に入った大手のサラ金業者もある。独立系の大手のサラ金業者が倒産して会社更生の申立てをして話題になったことが記憶に新しい。

Ⅲ　消費者倒産手続における法律関係

消費者の法律関係は、事業者の法律関係と比べると単純で、ガス・水道・電気の継続的供給契約、賃貸借契約、労働契約などであり、複雑なものは考えられない。ここでは、賃貸借契約と労働契約について簡単に説明する。

1　賃貸借契約

建物の賃借人に倒産手続が開始された場合が考えられる程度である。各倒産手続で多少異なっている。

(1)　破　産

同時廃止の場合は、破産管財人が選任されないから、それを前提とする双方未履行双務契約の処理規定（破53条・54条）が適用されない。建物の賃借人の破産という事実が残るだけである。

家主は、賃借人の債務不履行による法定解除はもちろん可能であるが、賃借人が破産したこと自体を理由に賃貸借契約を解除できない。賃借人の破産で賃貸借契約を解除できるという特約がある建物賃貸借契約をよく見かけるが、この特約は借地借家法30条違反であるから無効である。

管財事件の場合は、賃貸借契約は双務契約で継続的契約であるから、賃借人に破産手続が開始された時点では、常に将来の賃料債務の支払と賃貸物を使用収益させるという債務の双方が未履行である。したがって、賃借人の破産として破産法53条、54条の双方未履行双務契約の処理規定が適用される。破産管財人は、建物賃貸借契約の解除と履行の請求の双方を選択できるが、建物は通常は破産者の住居で、破産財団の管理に不必要で、破産開始後の賃料は財団債権となる（破148条7号または8号）から早急に解除することにならざるを得ない。敷金返還請求権は破産財団に属する財産になる。しかし、破産管財人が解除してしまうと、破産者は住居を失い路頭に迷うことにもなりかねないし、再建の妨げにもなる。

そこで、破産管財人は、破産者が建物を住居として破産開始後も使用することを望む場合は、家主と交渉して、今後の賃料は破産者自身が自由財産や新得財産で支払うことにして賃貸借契約を破産者を賃借人として継続させ、敷金返還請求権（原状回復費用を控除すると余り生じない場合が多い）について、破産財団から管理処分権を放棄するか、自由財産から多少の金銭を入れさせて敷金返還請求権を放棄するという実務処理をする場合が多い。放棄されると敷金返還請求権の管理処分権は破産者に復帰する。この処理は妥当な処理だといえるが、法律的には余りすっきりしない。いったん履行を選択しておいて、賃借人の地位と敷金返還請求権を破産財団から放棄すると破産者に賃借権と敷金返還請求権という財産の管理処分権が復帰すると考えるか、賃借人の地位を家主の同意を得て破産者に譲渡し、敷金返還請求権を譲渡する（賃借人の地位の移転に伴い当然に敷金返還請求権が移転するとは考えられていない）と考えるかのいずれかである。権利は放棄可能であるが契約上の地位は債務負担も含むので放棄することはできないと考えると、後者の考え方になる。

　管財事件の場合も、家主は、賃借人の破産を理由とする賃貸借契約の解除は認められないのは同時廃止の場合と同様である。破産開始で未払賃料が破産債権となって支払われないことを理由に賃貸借契約を解除することはできない。破産開始時点で賃料不払いを理由とする解除権が発生していた場合（催告期間満了か無催告解除の特約があった場合）は、家主は破産開始後も賃貸借契約を解除できる。賃借権は解除で消滅する債権であるから、この債権の差押債権者は、民法545条1項ただし書を告知に類推するとしても、解除前の第三者にならないから、差押債権者と同視できる破産管財人も第三者にはならないからである。

(2) 個人再生

　小規模個人再生・給与所得者等再生の場合は、管理命令の対象ではないから、もう少し単純である。

　民事再生法49条1項で、再生債務者に解除と履行の請求の選択権が与えら

れる。賃借人である再生債務者は自分に都合のよい方を選択すればよい。いずれの場合でも、再生手続開始後の賃料は共益債権になる（民再119条2号）。開始前の滞納賃料は再生債権にしかならないから、手続開始後は弁済できない（民再85条1項）。

家主の解除の可否は、管財事件の場合と同様である。手続開始までに賃料不払いで解除権が発生していて手続開始後に賃料不払いを理由に解除される可能性がある場合は、家主と交渉して親族等から第三者弁済をしてもらって家主の解除を防御して明渡しを防ぐという方法しかない。

家主が賃借人の民事再生の開始を理由に賃貸借契約を解除できないことは破産の場合と同様である。

2　労働契約

使用人に倒産手続が開始された場合が考えられ、このような例は非常に多い。倒産手続ごとに多少異なっている。

(1)　破　産

同時廃止の場合は、労働契約には何の影響もない。使用人の破産を理由とする解雇は、労働契約法上許されない（同法16条）。

管財事件の場合は、労働契約は双務契約で双方未履行であるが、自分の労務を提供するという一身専属的な契約であることを理由に、双方未履行双務契約の処理規定の適用がないとするのが通説であるから、破産管財人は労働契約を解除できないということになる。

破産開始時点での使用主からの弁済期未到来で未払いの給料請求権は、一部が差押え可能であるから破産財団に属する財産となる（破34条3項2号、民執152条1項2号）が、破産管財人は、給料の一部でも破産財団に組み入れると、破産者は今後の生活ができないから黙示的に破産財団から放棄している。

退職金がある場合は、将来の請求権である退職金請求権のうち、破産手続開始までの間の部分は4分の1が破産財団に属する財産となる（破34条3項

2号、民執152条2項)。

　破産管財人は、労働契約を解除して退職させることはできないし、破産者に退職を強要することもできないし、それかといって破産者の退職まで待っていては、破産手続がいつまでも終わらないし、さあどうしようということになる。実務では、前記の計算による退職金の破産財団組入分の2分の1、つまり8分の1程度を破産者に新得財産などから支払わせて、退職金請求権を破産財団から放棄するというのが一般的な方法である。何で2分の1にしたかというと、懲戒免職を受けると就業規則で退職金を支払われないこととなっていることや、使用者が倒産して退職金が支払われない可能性もあるので、その程度にしておこうということにしたのである。

(2) 個人再生

　破産と同様に、双方未履行双務契約の処理規定の適用がないから、労働契約は継続されるだけである。将来の給料を原資にして再生計画による弁済をすればよい。

　また、使用者が、使用人の民事再生を理由に使用人を解雇できないのは、破産と同じである。

IV　破産免責

　破産免責について、簡単に説明する。

　破産で免責主義が我が国に導入されたのは、第5章で述べたように、第2次世界大戦後の昭和27年からである。

　破産免責とは、破産債権者の同意なくして、裁判所の許可で、破産手続で弁済されなかった破産債権（同時廃止や異時廃止では全額、配当事案では配当後の残額）の弁済の責任を免除することである（破253条1項柱書）が、全部の破産債権が免責の対象となるのではなく、免責されない破産債権もある。

　非免責債権は、破産法で免責許可の対象とならないとされている破産債権のことである。破産法253条1項各号に列挙されている。公租公課、労働債

権、不法行為による損害賠償請求権、扶養料請求権などの要保護性の高い破産債権を非免責債権としている。

1 免責の根拠

自然人の債務については、人的無限責任が原則であると考えられてきた。時効や免除などを除いては、債務は一生涯かけても返済するべきであるということである。

これに対して、財産責任主義とでもいう考え方が提唱されている。この考え方は、次のようなものである。経済社会では財産が基礎となって経済活動がされるのが通常で、実質的には財産を引当てにして債権が成立しているという側面がある。だから、財産を引当てに債権が成立するという側面に着目すると法人と自然人を別異に考えることはおかしいと考える余地があり、自然人は人格的主体であると共に財産主体であって、自然人であってもその全財産を投げ出すことによって、財産主体性は更新されるから、従前の財産主体性に付着している債務からも解放されると考えることも可能である、というものである。消費者保護を強調する者からは、この考え方が援用されることが多い。

2 免責の理念

免責の理念について説明する。免責は、誠実な債務者に対する特典であるという考え方と、破産者の再建の手段だという考え方に大きく分かれている。

最高裁（最大決昭和36・12・13）は、免責により債務者が債務について責任を免れることが、憲法29条の保障する財産権（ここでは免責の対象となる破産債権）の侵害となるかどうかが争われた事案で、破産債権について破産者の責任を免除することは債権者に対する不利益な処遇であることは明らかであるが、債務者を更生させ人間に値する生活を営む権利を保障することも必要であり、さらに、免責を認めないとすれば、債務者は概して資産状態の悪化を隠して、最悪の事態にまで持ち込む結果になって返って債権者を害する

場合が少なくないから、免責は債権者にとっても最悪の事態を避けるゆえんである。だから、免責の規定は公共の福祉のために憲法上許された必要かつ合理的な財産権の制限である、と判示している。これに加え、免責は誠実な債務者に対して与えられるものであることと、非免責債権もあるから、財産権の制限が合理的範囲にとどまっているとも判示している。

3 免責不許可事由

　免責不許可事由がない場合は、裁判所は免責許可をしなければならない（破252条1項）。これは、必要的免責と呼ばれている。

　免責不許可事由は、破産法252条1項各号に定められていて、11個ある。債務者の実体法上、手続法上の不誠実性が顕著なものを不許可事由としたものが多いとはいえる。不許可事由は、倒産犯罪のうち破産法265条から272条の破産犯罪に該当する場合もある。

　11個ある免責不許可事由は、多岐にわたるし、いろいろな観点から分類することができるが、分類する意味は特にない。頭の整理のために分類してみると、①破産者が債権者を害する行為を意図的にしたという類型、②破産手続の適正な進行を妨害した類型、③免責制度利用の制限という政策的な類型に3分類できる。①の破産債権者を害する行為を意図的にしたという類型は、さらに、破産開始前の行為の類型と、破産開始前後を問わない類型に分けることができると思う。

　①の債権者を害する行為を意図的に行った類型のうち、破産開始前の行為の類型は以下のとおりである。

　　㋐　破産手続開始を遅延させる目的で、著しく不利益な条件で債務負担をし、あるいは信用取引により商品を買い入れて著しく不利益な条件で処分したこと（破252条1項2号）

　　㋑　特定の債務について、その債権者に特別の利益を与える目的または他の債権者を害する目的で非義務行為として担保供与・債務消滅行為をしたこと（3号）

㋒　浪費・賭博その他の射倖行為によって、著しく財産を減少させまたは過大な債務を負担したこと（4号）
　㋓　破産開始前に破産開始原因があるのに、詐術を用いて信用取引によって財産を取得したこと（5号）
①の債権者を害する行為を意図的に行った類型のうち、破産開始前後を問わない行為の類型は以下のとおりである。
　㋔　債権者を害する目的で、破産財団に属する財産を隠匿・損壊・不利益処分その他の破産財団の価値を不当に減少させる行為をしたこと（1号）
　㋕　業務・財産状況に関する帳簿・書類などを隠匿・偽造・変造したこと（6号）
②の破産手続の適正な進行を妨害した類型は以下のとおりである。
　㋖　虚偽の債権者名簿を提出したこと（7号）
　㋗　破産手続で裁判所が行う調査で、説明を拒み、または虚偽の説明をしたこと（8号）
　㋘　不正の手段により、破産管財人等の職務を妨害したこと（9号）
　㋙　破産者の説明義務・重要財産開示義務・免責についての調査協力義務、その他の破産法上の義務に違反したこと（11号）
③の免責制度の利用制限の類型は以下のとおりである。
　㋚　過去の免責許可決定確定日・給与所得者等再生で再生計画が遂行された場合の認可確定日・小規模個人再生と給与所得者等再生でハードシップ免責がされた場合の免責にかかる再生計画認可決定の確定日から7年以内に免責許可申立てがされたこと（10号）
消費者破産の実務でよく問題となる免責不許可事由は、㋐、㋒、㋓である。
㋐はそれほど多いわけではないが、安く処分する目的でカードで電化製品等を買い入れて、それを処分して得た金銭を弁済資金等にしたというような行為である。
㋒は非常に多い。パチンコ、競馬、賭け麻雀などの賭博・射倖行為や、収

入に見合わないような高額商品を買うといった浪費が多い。

㈤もかなり多い。借金の内容を偽って、サラ金業者から金を借りたというような行為である。

免責不許可事由がある場合も、裁判所は、破産に至った経緯やその他の諸般の事情を考慮して、免責を相当と認めるときは、免責を許可することができる（破252条2項）。これを裁量免責と呼んでいる。

4　免責手続の審理

免責手続の審理は、破産手続に関する裁判と同様に、決定手続で行われ、任意的口頭弁論で職権探知主義が採用されている（破8条）。

裁判所は、必要に応じて裁判所書記官や破産管財人（管財事件の場合）に調査を行わせ、必要であれば、破産者を審尋し破産債権者に意見を述べさせれば足りる。

免責の効力を受ける破産債権者は、裁判所が定める期間内に書面で、または免責の審尋期日が開かれた場合はその期日において、書面や口頭で免責に関する意見の申述ができる（破251条）。意見の申述は破産者に免責不許可事由があるという申述であるから、免責不許可事由に該当する具体的事実を明らかにしてしなければならない（破規76条2項）。免責制度は許せないというような意見は申述にはならないのである。裁判所は申述された意見に拘束されることはない。

免責許可・不許可の裁判に対しては即時抗告ができる（破252条5項）。免責許可決定が確定すれば免責の効果が生じる（同条7項）。

V　消費者倒産を考えるうえでの視点

1　倒産原因をつくったのは誰か

消費者倒産、特にサラ金破産を考える上での大事な視点は、倒産原因をつ

くったのは誰かということである。安易に金を貸すサラ金業者や信販業者なのか、身の丈に合った消費生活をしないで前後の見境なくあちらこちらから借金をする消費者なのかという問題で、倫理観や道徳感といった価値観の問題である。

消費者保護を強調する者は、倒産原因はサラ金業者等の過剰融資であるとし、消費者は犯罪行為ともいうべき過剰融資の被害者だと主張するし、債権者側は、借りたものは返すのが当然で、免責はモラルハザードで、消費者は免責で合法的に借金を踏み倒す泥棒のようなものであると主張するし、その間にはいろいろの価値観がありうる。

債鬼という言葉がある。債鬼とは、債権の返済を強硬に迫る債権者のことを鬼にたとえていう言葉である。鬼とは悪い者、強い者をいうから、消費者保護を強調する者は、債権者を悪であり強者であるから善と弱者は保護すべきであると考えているのかも知れない。

収入の範囲で贅沢をしないで生活を切りつめて質素に生活している人も多く、このような人から見ると、ギャンブルや贅沢な生活などで身の丈に合わない消費生活をするために借金を重ねて、それが支払えなくなると簡単に破産して免責を受けて後は知らん振りというのは許せないと考えることも無理からぬことである。

2 価値観の解釈への反映

そのような中で、個人再生手続が創設されて、個人再生では立法的に一定の決着をみている。

個人再生では、概ね債権額の2割程度を原則3年間で分割弁済しなさいということになっている（民再231条・244条）。債務者は再建手続で救済してもらうためにはそれ位は払いなさい、債権者はそれで諦めなさいということである。

破産では、同時廃止で債務の弁済（配当）は全くされず、免責許可を受ければ、全部のサラ金等の借入金（非免責債権ではないのが通常である）は責任

免除となるから、免責不許可事由の解釈や、どのような事情があれば裁量免責をするのかについて、前記の価値観が反映されることになる。倒産理由を作ったのは誰かという価値観や、免責における債務者の誠実性に対する考え方の相違が、免責不許可事由の解釈や裁量免責の可否の解釈に反映する。

　本来は債務は支払うべきであり、免責は誠実な債務者に対する例外的な恩典であると考えると、厳格に解釈することになるし、免責はサラ金被害者のための生活再建手段であると考えると、緩やかに解釈することになるといえる。前記の最高裁がいう債務者の誠実性とは何かについて、理解も異なることになる。免責の根拠を例外的な恩典と考える立場では、破産債権者の権利実現に対する誠実性だということになるし、免責を生活再建手段と考える立場では、経済社会の健全な構成員として活動しようとする誠実性だと考えることになる。

　債権者保護を強調する者は、免責の根拠を例外的な恩典と考えるから、免責不許可事由を広く、裁量免責については不許可事由に該当する場合は原則として免責を認めず違反が軽微なもの限って免責すると解釈し、免責許可の審理手続については職権探知を徹底するという解釈する傾向になる。

　消費者保護を強調する者は、免責を生活再建手段と考えるから、不許可事由を狭く限定的に、裁量免責については著しく不誠実なもの以外は免責すると解釈し、免責の審理手続については職権探知を抑制するという解釈をする傾向になる。

　たとえば、前記のⅣ3㋑の「詐術」については、債権者保護を強調する者は、不作為の嘘でもよいと解釈することになるが、消費者保護を強調する者は、積極的な嘘をいうと解釈するといったことであり、審理については、前者は職権で充分な調査をして免責不許可事由を探知すべきだとするし、後者は破産債権者が免責不許可事由があると申述しない限り、職権探知は謙抑的に行うべきだとすることになる。

　破産免責について、裁判官は自己の価値観ではなく、あるべき価値観、あるいは中庸的な価値観を持って裁判すべきであるというようなこともいわれ

る。抽象論としてはそのとおりであるが、大体、何があるべき価値観で中庸なのか自体がわからないし、そのことを証明する資料もない。

　免責の裁判実務は、裁量免責については、免責の理念について中庸的な立場に立っているといわれている。抽象的には破産者の不誠実性が顕著かどうかが一応のメルクマールであるが、不誠実性が顕著かどうかは評価概念で説明概念に過ぎないから、一義的に決定できるものではない。不許可事由となる行為の態様や悪質度、不許可事由となる行為に至った事情、債権者の利益を害した程度、侵害利益の回復度、破産債権者の意向、破産者の反省度や更生・再建についての努力等の生活態度、破産者の個人的な事情などを総合勘案して、裁量免責の可否を判断することにならざるを得ないが、結局は、この問題は行き着くところは、個人の価値判断に帰着する。

第17章　消費者倒産手続の概要

消費者用の倒産手続については、いろいろな箇所で述べてきたが、さらに、各倒産手続の概要と特徴を簡単に説明しておく。

I　特定調停

特定調停法（特定債務等の調整の促進のための特定調停に関する法律）は民事調停法の特別法である。

第3章でも述べたが、利用者要件は消費者に限らないが、消費者の利用が圧倒的である。

申立ては、債務者だけができる。

他の消費者倒産手続と異なる点は、金銭債務に限られることである（特調2条2項）。

消費者がサラ金等の金融業者を相手に特定調停の申立てをすると、管轄する簡易裁判所は金融業者へ呼出し状を送付する。これによって貸金業者の取り立てが止む（これに反する取立ては貸金業法に反する）。これで消費者は貸金業者からの取立てを受けなくなる。

特定調停は、厳密には倒産手続ではないし、債務者と特定の債権者との間の手続であるから、開始（申立てで開始される）によっては、個別的権利行使の禁止効が生じることはないが、開始された後は、一定の要件で、申立てで、民事執行（だから強制執行以外に担保権の実行を含む）の停止を命じるこ

とができる（特調7条）こととして、調停の実効性を図っている。

　管轄は原則として簡易裁判所である（民調3条）。

　簡易裁判所は親切なところで、他の消費者倒産手続とは違って、弁護士に依頼しなくても調停委員会が処理してくれる。だから、弁護士に依頼することもないのが通例で、弁護士の費用が要らないのが特徴である。

　申立てを受けた簡易裁判所がどのような方針で調停をするかは、各簡易裁判所の運用によるが、おおむね、運用は統一されており、貸金業者から取引履歴を開示させて、利息制限法による引き直し計算をして、元金額を確定して、その元金額を40回から50回程度の均等分割払いとし、その間は利息・損害金を付さず、分割弁済を怠った場合は期限の利益を喪失させて、年18％の遅延損害金を付す、といったものが通常である。

　貸金業者は、通常は、代理権の問題（簡易裁判所では弁護士と認定司法書士以外は裁判所の許可が必要）があるのか、交通費がもったいないのか、取引履歴に関する文書は提出する（反すれば文書提出命令を受け、過料の制裁もある）が、調停期日には出頭せず、特定調停法17条1項による調停委員会に対する調停条項の定めの申立てもしないから、通常は、特定調停法22条によって、裁判所は民事調停法17条に定める調停に代わる決定を行う。

　調停は話合いによる合意で、調停に代わる決定は、裁判所の当事者に対する最終的な調停案の提示という性質を有するもので、当事者を拘束する性質を有するものではないから、当事者には異議権があり、この決定は異議の申立てによって失効する（民調18条。異議に理由は不要である）。しかし、申立人の異議申立ては通常はないし、相手方である貸金業者から異議申立てがされることはほとんどない。

　貸金業者は、元金の全額が分割払いでも返済される可能性があり、不払いの場合は調停調書を債務名義とする強制執行ができる（民執22条7号、民調16条、民訴267条と多少複雑な根拠条文となる）から、調停に同意しないで不成立にして、あるいは、調停に代わる決定に異議を述べて、調停を不成功に終わらせると債務者は個人再生や破産の申立てをする可能性も高く、そうなっ

ては多くの弁済は、ほとんど望めないからである。

　調停であるから、当事者の同意がなければ成立しないし、相手方当事者は調停に応じる義務はないが、我が国の民情は話合いであるうえ、前記の事情もあって、特に特定調停の成立率は高いのである。

　前記の運用方針からみて、利用する消費者にとっては、債務額が少なく、毎月債務の総額の2ないし3％程度を弁済することができる程度の定期収入があることが必要となる。

　元金が免除されることは実務上はないが、特定調停は、倒産というイメージから遠いし、否認対象行為となる偏頗弁済などを否認する制度もないし、破産における免責不許可事由があっても、問題なく利用できる利点がある。

　申立件数は、最近では激減している。減少の理由は、平成22年6月からグレーゾーン金利がなくなって最近のサラ金からの借入では利息制限法による引直し計算がなくなったことと、過去のサラ金からの借入では引き直し計算による過払金の返還が一連の最高裁判決によって容易にできるようになり過払金請求に流れているということのようである。

Ⅱ　小規模個人再生

　将来において継続的にまたは反復して収入を得る見込みがあることと、住宅ローン債務を除いて債務の総額が5,000万円以下であることが利用者としての要件であるから、そのような要件を満たすことが必要である（民再221条1項）。

　継続・反復して収入を得られる見込みがあればよいから、給与所得者以外にも、小規模な個人事業者なども利用が可能である。歩合による給料取得者、年金生活者、農業・漁業従事者なども利用が可能である。

　申立ては、再生手続の申立てと小規模個人再生によることを求める申述によってされるが、この申述は、再生債務者だけができ、債権者はできない（民再221条1項・2項）。

管轄は、地方裁判所の専属管轄である。
　開始原因は、通常再生と同じである。
　再生計画では、金銭弁済だけで、最低弁済額以上の額（計画弁済額と呼ばれる）を、原則3年間で金銭による分割払いをしなければならない（民再231条2項・229条）。分割払いの方法は、最低限度3カ月に1回である。
　最低弁済額は債務の総額によってかなり複雑な計算になっている。おおむね債務総額（基準債権の総額と呼ばれ、その定義規定が民再231条2項3号にある）の5分の1程度であるが、基準債権の総額が100万円以下の場合は全額の弁済が必要である。
　最低弁済額は、民事再生法が要求する最低限の弁済額であるが、再建型である以上、清算価値保障原則もあるから、その弁済率は、破産における配当率を実質的に超過するものでなければ認可されないことになる（民再174条2項4号）。といっても、再生債務者は、ほとんど資産を持っていないから、小規模個人再生では、将来の収入で、清算価値を大幅に超過する弁済を要求されているということになる。
　最低弁済額が定められるようになったのは、早期の再建の観点から、弁済期間は3年程度を目処にする（それ以上の切りつめた生活を債務者に要求しても無理だろう）、弁済額は、この程度なら債務者にも支払いが可能だろう、債権者もこの程度の弁済で我慢すべきである、といった価値判断から定められたものである。
　権利変更を受けない再生債権も法定されている（民再229条3項）。要保護性の高い扶養料などの債権などがこれに該当する。破産における非免責債権（破253条1項）と内容はほとんど同じである。
　再生計画案の決議は、再生債権者の書面決議で、かつ、消極的同意という方法（不同意でない限り同意したものとみなすということである）をとっているが、再生計画案は法定多数で可決される必要がある（民再230条）。
　消極的同意の方法を採用したのは、債権者の同意を取り付ける再生債務者の労力を省き、債権は貸金業者という均質性を有した債権者が大半を占める

から、貸金業者は素人ではないし、文句があるなら文書で不同意にすればよいと考えられたということである。

簡易迅速な手続であることが必要であるから、再生債権は、再生債務者の申立ての際の債権者一覧表によって、届出が擬制される（民再225条）し、実体的確定手続はとられず、最低弁済額の算出根拠となる再生債権を確定することなどを目的として、異議に対しては簡易な評価（不服申立ては不可）という制度が採用されている（民再227条）。

異議がない再生債権と評価済再生債権の総額が最低弁済額を決める基準額になる。

再生債権の中には、金銭債権以外や額が確定しない金銭債権も含まれるが、再生計画による弁済は金銭弁済のみであるから、再生計画認可決定の確定で、破産と同様の金銭化・現在化がされる（民再232条1項）が、条件付再生債権や将来の請求権は、将来の条件成就の有無にかかわらず評価額による弁済が行われる点が破産とは異なっている。

再生計画認可決定の確定で、手続は当然に終結する（民再233条）が、その後に計画弁済を開始することになる。簡易な手続であることから、履行の確保までは裁判所は面倒を見ないのである。

再生債権の一部弁済で足りるし、否認の規定は適用されないし、破産における免責不許可事由があっても利用が可能である。

しかし、手続には法律知識が必要であるから、弁護士に依頼することになるので、費用が必要となる。

申立てから終結までの期間は100日程度を目処にされている。

Ⅲ　給与所得者等再生

小規模個人再生の利用要件を満たす者のうち、給与またはこれに類する定期的収入を得る見込みがあることと、その額の変動の幅が小さいと見込まれる者が利用できる（民再239条1項）。

①小規模個人再生で要求される最低弁済額以上の額を満たすこと、②原則として可処分所得の2年分程度を最低弁済額とすること、の双方の要件を満たす最低弁済額を、原則3年間で分割払いをしなければならない（民再241条2項・3項・244条・229条）。

債務総額にもよるが、通常は①より②の方が多額になるので、小規模個人再生より最低弁済額のハードルは高い。

②の可処分所得要件は、可処分所得は収入から最低限度の生活を維持するために必要な費用を控除した額であるが、その必要な費用は「民事再生法第241条第3項の額を定める政令」に定められている。この政令では、年齢、居住地、扶養家族の数や年齢などに応じた詳細な具体的金額が定められている。もっとも、最低限の生活に甘んじなさいといっているわけではなく、可処分所得の2年分を3年で分割弁済しなさいとなっているので、まあ、節約すれば何とか支払える数字として弁済額が設定されているのである。

一方では、小規模個人再生とは異なり、再生債権の意見聴取はある（民再240条）が、再生計画案の議決は不要となっている（もちろん、裁判所の認可決定は必要である）。小規模個人再生より安定的な定期収入がある者に利用資格を与えていることとの関係で、手続をさらに簡易化・合理化したということである。

給与所得者等再生は小規模個人再生の特則であるから、それ以外は、申述、開始原因、再生債権の確定方法、権利変更を受けない再生債権、手続の終了等は、全部、小規模個人再生と同じである。

小規模個人再生と同じで、否認規定の適用もなく、破産における免責不許可事由があっても利用が可能である。

手続には法律知識が必要であるから、弁護士に依頼する必要があり、その費用が必要となる。

申立てから終結までの期間は、小規模個人再生とあまり変わらない。

Ⅳ 破　産

　自己破産の申立てが一般である。自然人であるから支払不能だけが破産原因である。

　消費者は財産をほとんど持っていないから、破産手続の費用を支弁する財産がないのが通常で、破産手続開始と同時に破産手続を廃止する同時廃止となる（破216条）。

　同時廃止になると、管財人は選任されないから、破産者は財産の管理処分権を失うこともないし、否認の規定の適用もない。配当されることもない、つまり、破産債権者には一銭も弁済がされない。

　財産があって同時廃止がされない場合（管財事件）でも、破産者の最低生活の保障等の観点から、自由財産という概念を作って、「破産者の総財産－自由財産＝破産財団」とし（破34条3項・4項）、破産財団に属する財産だけが破産管財人に管理処分権が専属し、換価されて配当等の原資になるとされている。また、固定主義を採用しているから、破産手続開始後に取得した財産（新得財産）は破産財団に属せず、破産者が自由に処分できる。

　同時廃止をするかどうかの基準は、裁判所ごとにまちまちである。大体50万円から100万円程度が同時廃止と管財事件との分かれ目である。

　同時廃止にしても管財事件にしても、破産手続が終了すると免責手続に入って行く。破産手続と免責手続は別個の手続であるが、消費者破産では免責を受けることが目的であるから、自己破産の場合は、原則として免責許可の申立てもされたものとして（破248条4項）、両手続を連動させるようにしている。

　破産手続が終了（同時廃止を含む）しても、免責に関する裁判の確定までは、非免責債権を含む全破産債権による強制執行等の個別的権利行使は禁止される（破249条）。破産手続と免責手続は別の手続で、破産手続の終了から免責許可決定の確定まではタイムラグがあり、その間に個別的権利行使を受けて

回収されてしまうと、後から免責許可を受けて確定しても不当利得にならないとする最高裁の判例があった（最判平成2・3・20）から、その間の個別的権利行使を禁止する必要があるので、現行法で個別的権利行使を禁止することとしたのである。

　非免責債権による強制執行等も禁止されるのは、免責不許可になった場合に強制執行等を禁止しておかなかったら非免責債権者だけが債権回収できることになり債権者平等に反するからで、また、免責債権か非免責債権かは微妙な例もあるから、執行機関にこれを判断させるのは不適当であると考えられたからである。

　免責が許可されても、許可決定が確定した場合は、破産法249条の禁止効は消滅するから、非免責債権による取立ては可能となるが、免責不許可決定が確定すると、免責の対象となる一般の破産債権の取立ても可能となる。

　財団債権の場合は権利行使は禁止されない。財団債権はおよそ免責の対象とはならないからである。

　消費者は破産者になり、それなりの制約、つまり、公民権の停止などの懲戒主義は取られていないが、弁護士・税理士・宅地建物取引主任者の欠格事由になるなど各法律で資格制限を受ける。

　手続には法律知識が必要であるから、弁護士に依頼するので、弁護士の費用が必要となる。

　同時廃止の場合は、配当されることもなく、免責許可になると破産債権は非免責債権以外は一銭も払わないで免責される。この点が利点でもあるがモラルハザードであるともいえる。

　免責不許可事由がある場合は裁量免責も受けられない可能性が高いときは、再建目的で破産手続を利用する意味があまりない。

　破産申立てから免責までの期間は、運用次第であるが、通常は4カ月程度である。

　「破産（同時廃止）＋免責」は、免責許可が受けられる消費者にとっては究極の債務者お助け法ということができる。消費者は破産者となって一定の

職業に就くことができなくなり（これも免責許可決定の確定で復権し資格制限はなくなる）、当分の間はブラックリストに載ってクレジットカードやサラ金の利用はできなくなる（個人再生の場合も同じであるが、これらは倒産の法律上の効果とは無関係である）が、特定調停や個人再生で支払うことができる定期収入がある場合でも破産を選択でき、破産開始の日から働いて得た給料等は自由に使えて破産債権の弁済に回す必要はなく、破産自体を理由に会社は破産者を解雇することはできず（公務員も同じで、この点は個人再生でも同じ）、家主は借家人の破産を理由に賃貸借契約を解除することもできない（個人再生でも同じ）し、破産の事実が戸籍に記載されることもなく、破産手続開始決定は官報に公告される（官報公告されるのは個人再生も同じ）が官報を見る人はほとんどいないから回りの人に内緒にしておくことも可能であるし、公民権が停止されるわけではないから選挙に行くことも議員に立候補することも可能である。

V　倒産手続の選択基準

　消費者倒産の手続は、特定調停、小規模個人再生、給与所得者等再生、破産という4種類がある。特定調停は金銭債権に限られ、小規模個人再生と給与所得者等再生には利用者要件や最低弁済額の要件があるが、それぞれの手続の利用要件を満たす場合は、第5章やこの章で説明したように、各手続にはそれぞれ特徴（長所と短所）があり、どの手続を選択するかを倒産債務者が最初に決めなければならない。

　これらの手続の間では、給与所得者等再生は小規模個人再生の特則となっているから、手続開始についてのみ、給与所得者等再生の申述をしてもその開始要件がない場合でも小規模個人再生の開始要件があれば申立人がその意思を表明している場合は小規模個人再生を開始できる（民再239条5項）ことになっている。

　小規模個人再生や給与所得者等再生が失敗（申立棄却や廃止）した場合は、

破産に移行することは実務上はない。この場合は民事再生法250条1項で職権破産が可能であるが、債務者財産には破産手続を遂行する費用がないのが通例であるから、職権で破産手続を開始する意味がなく、消費者は破産免責を受けたければ、改めて自己破産の申立てをすれば足りるからである。

●事項索引●

【英数字】

DIP（ディップ）型 268

【あ行】

跡懸り 62
異議者等 251
異議等 249
異議等の撤回 256
意見聴取集会 293
異時廃止 32
異時廃止事件 286
委託による保証 191
一部具備説 87
一般の先取特権 84
一般の先取特権の実行 151
一般破産主義 53
一般優先債権 84, 98
隠匿等の処分 217
売掛金 3

【か行】

買掛金 3
外国倒産承認援助法 76
開始後債権 99
開始時異議確認型 292
開始前会社 25
会社更生 283
会社整理 70
解除権 129
解除条件付請求権 88
価額償還請求権 229
家資分散法 68
過大な代物弁済 212
金公事 59
過払金 300
簡易配当 292
管轄裁判所 30
管財人 33, 106
監督委員 33

監督委員の職務 269
監督命令 278
観念的清算 8, 108, 264
管理機構 103
危機時期 41
危機否認 202
企業担保権 84
期日調査の方法 248
既存債務 218
寄託の請求 174
義務行為 225
旧商法破産編 68
旧破産法 69
給与所得者等再生 318
共益債権 96
共益債権化の許可に代わる承認 278
協定債権 86
銀行取引停止処分 2
金銭化・現在化 94
吟味筋 59
公事方御定書 58
具体的な賃料請求権 141
繰越欠損金 266
グレーゾーン 299
計算報告集会 293
形式競売 151
継続企業価値 264
契約に基づく手続債権の取得 194
決定 240
原状回復請求権 229, 231
原状回復請求権発生 129
権利固定 8, 87, 119
権利変更 45
権利変更条項 272
権利変更の一般的基準 272
権利保護条項 50
権利保護要件 136, 154
牽連破産 39
故意否認 202
行為の不当性 204

323

事項索引

行為の有害性　203
公開主義　239
公債権　257
公序良俗違反　213
公信力　120
更生会社　25
更生管財人　106
更生債権　85
更生担保権　85, 149
更生担保権の確定　258
公租公課　81
公の負担金　82
交付要求　257
衡平　45
公平・誠実義務　118, 119
高利金融の規制　298
個人再生　29, 33, 34
固定主義　55
個別的権利行使の禁止　109
個別の権利変更条項　273
固有必要的共同訴訟　254

【さ行】

再建　28, 263, 264
再建計画　263
債権者説明会　277
債権者の一般の利益　49
債権者平等原則　42
債権者平等原則の例外　147, 168
債権者平等の原則　6
債権者保護　310
債権譲渡　189
債権消滅行為　220
債権調査期間　248
債権調査期日　248
催告権　134
最後配当　291
財産減少行為　201, 206
財産状況報告集会　290
財産評定　16
再生管財人　106
再生計画認可決定　274
再生計画の遂行　282
再生債権　86

再生債務者　25
再生債務者等　115
再生債務者の第三者性　108, 155
再生手続終結決定　283
再生能力　26
財団・共益債権　96
財団債権　96
裁判所　30
債務者財産の確保　39
債務者の義務に属さない　225
債務超過　14
財務の健全化　265
債務免除益　266
裁量免責　308
債権者平等原則違反　218
詐害意思　210
査定異議訴訟　253
査定の裁判　252
査定の申立て　252
残余財産分配請求権　18
時期が債務者の義務に属さない　225
敷金契約　88
敷金返還請求権　88
事業管財人　106
事業者　26
事業者倒産の原因　297
資金繰り　17
資産の評価損　266
失権　247
執行行為の否認　202
執行停止の効力　243
実体的確定方法　245
私的実行　157
自働債権　167
自認債権　248
支払停止　19
支払不能　11
収益弁済型　271
収益力　267
住宅資金貸付債権の特則　75
受益者　202
受働債権　167
少額型　292
少額債権　46

324

事項索引

小規模個人再生　315
条件付請求権　87
商事留置権　150
商事留置権の消滅許可制度　162
譲渡担保　152, 158
商人破産主義　53
消費者　26, 297
消費者倒産の原因　297
消費者破産　27
消費者保護　310
書面調査の方法　248
将来の請求権　88
除斥　166
職権探知主義　241
処分権主義　239
所有権留保　152
審尋　241
身代限　60
身代限規則　67
随時弁済　97
スポンサー型　271
清算　28, 285
清算型　271
清算価値保障原則　49, 265
清算株式会社　26
整理屋　5
責任財産　9
善意取得　118
善意取引の保護　119
占有屋　4
相殺禁止の効果　183
相殺権　170
相殺適状　167
相殺の担保的機能　168
相当な対価　216
双方未履行双務契約　126
双務契約　127
即時抗告　243
訴訟終了宣言判決　255
訴訟手続の受継の申立て　253
訴訟手続の中断　109
租税　81
租税等の請求権　83, 257

【た行】

代位　189
対抗要件具備債務　120
対抗要件の否認　202
第三者性　108
第三者対抗要件　154
対審構造　239
対税型　36
担保供与行為　219
担保権　147
担保権消滅許可制度　161
担保保存義務　158
懲戒主義　56
賃貸借契約　135
通常再生　33
停止条件付請求権　88
出入筋　59
手形の不渡り　2
手続外債権　95
手続債権　8
手続債権確定訴訟　254
手続債権者表　247, 250
手続債権者を害する行為　201
手続債権の復活　232
手続債権の要件　86
手続内確定方法　246
電子記録債権　3
転得者に対する否認　202
同意配当　292
倒産　1
倒産原因を作ったのは誰か　308
倒産債務者　25
倒産手続の整序　38
倒産能力　26
同時交換的行為　220, 221
同時交換的取引　220
当事者適格　113
同時廃止　31, 319
特定調停　313
特別清算　294
特別清算人　107
取引の萎縮効果　185, 216
取戻権　122

325

【な行】

任意的口頭弁論　240
任意売却に伴う担保権消滅許可制度
　161

【は行】

配当　287
配当時異議確認型　292
配当事件　286
配当表　287
破産管財人　105
破産債権　85
破産財団　104
破産者　25
破産宣告　71
破産能力　26
破産免責　304, 310
破産予防　37
判決　240
判決手続　237, 239
非義務行為　225
非訟事件　236
非懲戒主義　56
必要的審尋　241
必要的免責　306
否認権　200, 227
否認訴訟の訴訟物　228
否認対象行為　202
否認登記　230
否認の請求　228
非免責債権　57, 204, 304
非免責主義　57
評価　260
ファイナンスリース　152
付議決定　281
附従性の例外　275
不足額責任主義　148
物上代位　157
不服申立て　243
分散　64
別除権　148

別除権協定　165
弁済・担保供与禁止の仮処分　276
偏頗（へんぱ）行為　201
弁論主義　239, 241
包括執行手続　8, 107
包括的差押え　8
膨張主義　55
方法が債務者の義務に属さない　225
法律管財人　106
保全管理人　105, 106, 107
本公事　59

【ま行】

前に生じた原因　188
街金　4
未確定　251
民事留置権　150
無異議債権　260
無委託の保証　191
無償行為　213, 214
無償否認　202
無名義債権　251
命令　240
免責　57
免責主義　57
免責手続の審理　308
免責の裁判実務　311
免責の理念　305

【や行】

約定劣後（破産・再生・更生）債権　83
優先債権　98
優先的更生債権　98
優先的破産債権　98
有名義債権　251, 256

【ら・わ行】

履行の請求　132
流質契約　155
留置権能　150
和議法　69

〔著者略歴〕

今泉純一（いまいずみ　じゅんいち）

〔**略歴**〕昭和24年7月7日神戸市に生まれる。昭和48年3月北海道大学法学部卒業、昭和53年4月弁護士登録（大阪弁護士会）。大阪社会保険医療協議会委員（公益代表）、大阪弁護士会倒産法改正問題検討特別委員会副委員長、民事調停官（非常勤裁判官）、旧司法試験考査委員（民事訴訟法）、日本弁護士連合会資格審査会委員などを歴任。現在、甲南大学法科大学院教授、（公財）交通事故紛争処理センター大阪支部審査員。

株式会社阪神受験研究会・信用不動産株式会社破産管財人、寺内株式会社保全管理人、九州寺内株式会社更生管財人、株式会社ザ・サイプレスゴルフクラブ検査役、大谷実業株式会社・医療法人燦恵会監督委員など、多くの倒産事件を担当。

〔**主な著書・論文**〕『家庭裁判所甲類審判事件の実務』（共著、新日本法規）、『倒産法実務事典』（編共著、金融財政事情研究会）、『会員権問題の理論と実務』（共著、民事法研究会）、『注釈民事再生法』（共著、金融財政事情研究会）、『実務倒産法講義〔第3版〕』（共著、民事法研究会）、『新版1問1答民事再生の実務』（共著、経済法令研究会）、「清算型の債務者の財産管理について」（判例タイムズ898号）、「ゴルフ場経営企業の倒産と会員の権利」（金融法務事情1442号）、「会員制ゴルフクラブの規約改正による構成員資格の変更」（民商法雑誌125巻2号）、「再生計画立案までの実務上の問題」（銀行法務21、581号）、「民事再生法47条の推定規定の意味について」（『民事特別法の諸問題第4巻』所収、第一法規）、「監督委員に関する若干の考察」（今中利昭先生古稀記念『最新倒産法・会社法をめぐる実務上の諸問題』所収、民事法研究会）、「信用金庫の会員の法的倒産手続と会員の持分払戻請求権・持分譲受代金請求権を受働債権とする相殺の可否」（甲南法務研究No5所収）、「保障給付に関する求償と免責について」（『民事特別法の諸問題第5巻（上巻）』所収、第一法規）など、多数

〔**事務所所在地**〕〒530-0047　大阪市北区西天満3-14-16
　　　　　　　　　　　西天満パークビル3号館7階
　　　　　　　　　　　エートス法律事務所
　　　　　　　　　　　TEL 06-6365-1728　FAX 06-6365-1724

実践 倒産法入門

平成25年6月4日　第1刷発行

定価　本体2,700円（税別）

著　　者　今泉純一
発　　行　株式会社　民事法研究会
印　　刷　藤原印刷株式会社

発行所　株式会社　民事法研究会
　　　　〒150-0013　東京都渋谷区恵比寿3-7-16
　　　　［営業］TEL 03(5798)7257　FAX 03(5798)7258
　　　　［編集］TEL 03(5798)7277　FAX 03(5798)7278
　　　　http://www.minjiho.com/　info@minjiho.com

落丁・乱丁はおとりかえします。　ISBN978-4-89628-869-8 C2032　¥2700E
カバーデザイン／袴田峯男